财税法治研究文库
7
总主编◎张怡

税收征纳合作法律制度研究

师璇◎著

河北经贸大学学术著作出版基金资助
河北经贸大学地方法治建设研究中心资助

法律出版社 LAW PRESS·CHINA
北京

图书在版编目(CIP)数据

税收征纳合作法律制度研究 / 师璇著. -- 北京 : 法律出版社, 2022
(财税法治研究文库 / 张怡总主编)
ISBN 978 - 7 - 5197 - 6825 - 6

Ⅰ. ①税… Ⅱ. ①师… Ⅲ. ①税收管理-法律-研究-中国 Ⅳ. ①D922.220.4

中国版本图书馆 CIP 数据核字(2022)第 107852 号

税收征纳合作法律制度研究
SHUISHOU ZHENGNA HEZUO FALÜ ZHIDU YANJIU

师 璇 著

策划编辑 沈小英
责任编辑 毛镜澄
装帧设计 臧晓飞

出版发行 法律出版社
编辑统筹 法治与经济出版分社
责任校对 王晓萍
责任印制 吕亚莉
经　　销 新华书店

开本 710 毫米×1000 毫米 1/16
印张 14.25 **字数** 237 千
版本 2022 年 11 月第 1 版
印次 2022 年 11 月第 1 次印刷
印刷 北京虎彩文化传播有限公司

地址:北京市丰台区莲花池西里 7 号(100073)
网址:www.lawpress.com.cn
投稿邮箱:info@lawpress.com.cn
举报盗版邮箱:jbwq@lawpress.com.cn

销售电话:010 - 83938349
客服电话:010 - 83938350
咨询电话:010 - 63939796

书号:ISBN 978 - 7 - 5197 - 6825 - 6
定价:78.00 元
凡购买本社图书,如有印装错误,我社负责退换。电话:010 - 83938349

总　序

“深化财税体制改革”一直是我国打破闭关锁国枷锁,实行改革开放持续探索的扛鼎之题。盖因“财政是国家治理的基础和重要支柱”,其基础和重要支柱的结构及资源的配置,乃是决定国家大厦岿然的关键。由此,党的十八届三中全会强调:“科学的财税体制是优化资源配置、维护市场统一、促进社会公平、实现国家长治久安的制度保障。”何为“科学的财税体制”?这确实是一个值得理论界和实务界共同深思的问题。诚然,“国家治理”相较于“国家管理”,更加突出法治在国家治理中的作用,但财税法治化实现的方略与路径任重道远。

首先,财税法治有待财税法基础理论的夯筑。财税法基础理论源自宪法思想的指导。从我国历史上来看,古往今来的改革总是以“变法”“修律”的方式进行,而“变法”和“修律”的重点亦垂青于财税问题。诸如商鞅变法中的统一租税制度改革,再如王安石变法中的“青苗法”和“方田均税法”,而明代的“一条鞭法”则更甚更显。苏轼曾言:“财政,为国之命而万事之本。国之所以存亡,事之所以成败,常必由之。”

其次,财税法治有赖于财税法的理论承接与社会现实回应。从我国改革开放的多年实践来看,现代化的浪潮推动了我国财税体制从传统的“国家财政论”到“公共财政理论”的历史嬗变，使我国公共事业的建设发展取得了前所未有的进步。尤其是在“利改税”和“分税制”等一系列税收法律制度建设与调整中，我国税法功能由弱到强，由粗陋到渐成体系并日臻完善，基本形成了社会主义初级阶段比较完整的税收法律理论和制度体系。概言之，“优化资源配置、维护市场统一”以确保财税法治的经济功能；“促进社会公平”以强化财税法治公平、正义和公开原则的社会功能；“实现国家长治久安”以彰显财税法治的政治功能；完善环境税、资源税等税种和税法，以实现财税法治的生态功能；拓展财税法治文化，以因应社会文化现代化发展的全新内容。从财税的深度而论，国家从市场主体和公民私人财富中获得财产的行为，虽然有其无可辩驳的法理依据，然而就其现代财税法治理念而言，国家对市场主体和公民财产权利的有限限制，当然涵盖了国家和公民社会生态不可或缺的“社会契约”前提的存在，涉及国家与社会的界限、国家与市场和公民个人之间的关系；而财税支出涉及国家如何使用公共资金的问题，财税监督又涉及国家、市场、社会和公民个人之间的互动关系。由此可见，财税法治从广度和深度上决定了国家治理所依附的财富及力量之泉源。

综上，即是我们广聚财税法治研究成果，倾力打造财税法治精品，编辑出版西南政法大学《财税法治研究文库》之初衷。

《财税法治研究文库》由西南政法大学财税法学研究团队主持编辑出版，由中国法学会财税法学研究会副会长张怡教授担任总主编。收入文库的成果将涵盖财税法基础理论研究成果，财税法实体法和程序法理论与实务研究成果，财税法学与宪法学、行政法学、刑法学、民商法学、国际法学、程序法学等法学领域交叉研究成果，以及财税法学与制度经济学、管理学领域交叉研究成果。在张怡教授的带领下，我校已在衡平税法、民生财政、人本税法等领域取得了具有较高学术声誉的研究成果。更进一步，我们将围绕国家发展战略和社会重大现实问题展开多学科跨专业的深入研究，期望通过《财税法治研究文库》的编辑出版，加强财税法学界之间的学术交流与合作，为国家治理现代化、法治中国建设奉献出高质量的智识成果。西南政法大学在努力实现“国内一流、国际知名”发展目标的征途上，这支财税法学研究团队也将以“惟精惟一”的学术态度，怀揣“家国情怀”，努力成就一方“名山之业”！

是为序！

付子堂*

2016年5月19日

* 西南政法大学校长、党委副书记，法学教授、博士研究生导师，法学博士。

序

2015年1月国务院法制办公室就《税收征收管理法修订草案(征求意见稿)》公开征求意见以来,随着预约裁定、申报修正、行政复议和解与调解制度进入法律修订讨论程序,更加促进了相关各界对于征纳合作理念的关注。应该说,税收征纳关系转型是当前税收征管立法理念的一个变化趋势,更是一种现实需要。

随着经济业务类型不断创新,产业融合化、国际化,导致部分特殊商品、资源难以准确进行纳税评估,税务机关的执法难度随之增加,税收流失问题亟待治理。与此同时,纳税人的权利意识日益增强,不仅希望争取最大的税收利益,对于税收执法过程也提出了更优服务的要求。法治文明应与经济社会协调发展,以回应市场主体现实需求,与其花费大量人力、财力、精力用于事后搜集数据、辨别真伪,不如引导、鼓励纳税人将自己的税收安排等意见,与税务机关预先进行及时、充分的沟通,从而使税收征纳工作提升效率,防范风险,实现“双赢”。在这样一种现实需要考量之下,征纳合作理念逐渐被双方所接受,并通过具体的制度设计不断渗透进税收立法、执法与司法之中。税法之“良法善治”,不仅应该研究如何监督征税权的运作,也应该探索如何更好地引导纳税人积极主动地参与税收执法过程,使税务机关在纠正违法行为和提供更好服务之间求得平衡,使纳税人在依法纳税与合法节税之间得以兼顾。

本书的主要内容及特色:

其一,有关征纳合作理论阐释,本书围绕税收征纳合作的概念、构成要素、理论基础与实践优势,进行了一次较全面、系统、深入的论述,推动了税收征纳合作相关理论成果的发展与积累。尤其是其对征纳合作三大构成要素的提炼,具有新意,为本书从理论夯实、问题提炼到制度体系完善的论证脉络打下了基础。

其二,有关预约裁定、风险提示、申报修正、自动报缴从宽处罚等相关制度的体系安排,内在逻辑关联性较紧密。一方面,关注征纳程序的阶段性需要,区分不同时段对于合作的差异化需求;另一方面,注重制度之间的衔接性需要,使制度之间逻辑连贯。为了实现规范、顺畅、充分的合作,针对征纳合作实践中现存的不公平、不规范、不认可等现象,在制度设计中贯以"激励+约束"的调整机制,形成税收征纳合作的顺畅路径。

其三,制度及规则设计紧扣我国司法实践的现实需要。一方面,根据《税收征收管理法》的修订需求,围绕预约裁定、申报修正、税务行政复议和解、税务行政复议调解等多项规则提出完善对策,凸显充分、适度激励与严格约束的优化方向;另一方面,在征纳税成本耗费大、评估棘手的问题上,力求在制度设计上提供可行思路。例如,体育服务企业、影视业等行业,税收监管较松懈,行业协会因无权调查资金流,仅靠行业自律规则进行规制,收效甚微。因此,提出强化行业协会代表纳税人预先与税务机关沟通合作思路,既是防患于未然,也是有针对性地解围、脱困。

其四,对征纳合作实际运行中现实问题的剖析,注重实践案例的梳理与归纳。本书以大量现实事例作为论证基础,论据内容丰富而翔实,既有同类案例的归纳统计,亦有经典案例的深入分析。

本书的作者师璇,是我指导的博士研究生。自2016年入学以来,对征纳关系相关理论、制度与实务问题持续关注,并在数年学习过程中,注重广泛收集资料、开拓视野、夯筑基础,为征纳合作相关问题研究付出了艰辛努力,最终完成了既定研究任务。本书在其博士学位论文基础上修订完成，在税收征纳关系的理论延伸与制度完善方面都具有现实意义，尤其是对于当前《税收征收管理法》的修改与完善具有一定的参考价值。作为其博士研究生导师，很欣慰地看到作者这份执着求索的精神，并祝愿其在财税法学的研究道路上不断跋涉，力争推出更高质量的研究成果。

是为序！

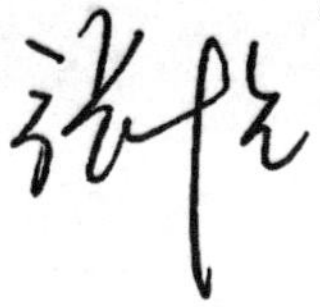[*]

2022 年 10 月 30 日于山城重庆

---

* 西南政法大学法学教授（二级教授）、博士研究生导师、博士后合作导师，中国法学会财税法学研究会副会长。

Contents

目录

导　论

2013 年 12 月，安徽省马钢集团运用税收预约裁定制度在企业重组中节约了 2 亿元资金支出，成为中国税务预约裁定制度实践的第一案，预约裁定也成为继预约定价推行之后为企业纳税服务提供的另一种个性化新模式；[①]2010～2018 年，鞍山、[②]大连、[③]成都、[④]北京、[⑤]广西壮族自治区[⑥]等省市陆续出台了纳税风险提示服务规范，积极探索引导纳税人合法申报纳税的优质服务；2019 年年初，北京市东城区税务局在"新税务　新服务"的主题下，结合减税降费各项工作的推进和增值税改革相关工作的落地，展开了及时、深入、全覆盖的纳税人培

---

① 参见夏海军：《"事先裁定"如何惠及更多企业》，载《安徽日报》2013 年 12 月 2 日，第 10 版。

② 参见《鞍山市国家税务局企业所得税信息监管办法（试行）》（鞍国税发〔2010〕63 号）第 4 条。

③ 参见大连市地方税务局《关于印发纳税人涉税风险提示公告管理办法的通知》（大地税发〔2011〕21 号）。

④ 参见成都市国家税务局《关于进一步深入开展纳税遵从风险提示专项服务活动的通知》（成国税函〔2012〕104 号）。

⑤ 参见北京市地方税务局《关于深化税收征管改革的意见》（京地税征〔2014〕3 号）第 3 条。

⑥ 参见广西壮族自治区人民政府办公厅《关于印发推进办税便利化若干措施的通知》（桂政办发〔2018〕51 号）第 3 条。

训。① 这些鲜活的案例都反映出一个显著趋势：征纳之间越来越积极地通过合作来交换涉税信息、沟通观点，以期依法高效地维护自身的税收利益，同时控制税收风险，可以说，“合作共赢”已然成为征纳双方的普遍共识。而且，2016 年 4 月，国家税务总局《关于全面推进政务公开工作的意见》（以下简称《政务公开工作意见》）明确提出了“征纳合作”概念。但与此同时，征纳合作实践与相关法律制度却存在突出问题，比如，由于缺乏中立第三方调解机构导致纳税人不愿参与税务复议调解合作；征纳合作所依托的多项税收法律制度尚存较明显的完善空间。概言之，检视税收征纳合作实践中的突出问题，剖析问题产生的制度根源，进而尝试探明优化征纳合作所需的制度完善路径是本书的要旨。

一、研究的目的与意义

征纳合作需要相关法律制度提供有力保障，适时研究税收征纳合作法律具有重要的理论意义和实践价值。

（一）选题的理论意义

1. 有助于税权制衡与实质正义的现代税法理论的拓展

随着政府职能的进一步法治化，税法转而更加注重实质正义，税收优惠制度就是这方面的典范。而预约裁定、预约定价、争议和解制度属于协商性执法规则，是典型的个别性制度，虽然不具有普适性，但其所蕴含的基本法理和实践精髓堪称当代税法之典型。这些制度都以税权制衡和纳税人权利保护为逻辑起点，有助于现代税法学理论的拓展。

2. 有助于信息理论、风险理论应用于税法学研究的深入

诚如诺斯所言：“制度存在的目的是减少人类互动过程中的不确定性。”征纳合作有利于消减信息不对称，促进基于合作性遵从的税收共治格局，其中，融合了风险理论、信息理论两大理论的重要指导意义。鉴于财政需要作为现代国家运行的重要基础之地位，税法最核心的目标追求仍旧为“管控”。然而，在“管控”的过程中，作为必要的工具与手段，“适

① 参见《东城区税务局减税降费：倾听纳税人心声》，载《北京日报》2019 年 4 月 4 日，第 7 版。

度自治”亦不会被排斥。征纳双方的信息不对称容易引发双向的税收风险,而征纳合作制度就是通过赋予纳税人适度的自治权限作为其参与合作治理的基础。通过纳税人实质性参与税收执法过程,一方面,国家减让税收利益、控制纳税风险,激励纳税人将信息主动交予税务机关;另一方面,税务机关也以开放的执法心态来强化为纳税人自发遵从税法提供更好服务的职责。如此可以同时降低双方的成本与风险。

(二)选题的现实意义

党的十九届四中全会第一次提出“健全社会公平正义法治保障制度”,体现出对于法治本质的关注:法律就是要维护社会公平正义。并提出一种社会治理的新思路,那就是“建设人人有责、人人尽责、人人享有的社会治理共同体”,通过共同体来实现社会治理的目标。具体到税法领域,2016年4月,《政务公开工作意见》明确提出了“征纳合作”概念。此外,《“十二五”时期税收发展规划纲要》、《“十二五”时期纳税服务工作发展规划》、《关于加强纳税人权益保护工作的若干意见》、《关于建立税务机关、涉税专业服务社会组织及其行业协会和纳税人三方沟通机制的通知》(以下简称《建立三方沟通机制的通知》)等规范性文件,也曾多次强调“征纳沟通”的重要性。税收治理是国家治理的重要组成部分,征纳合作是税收领域社会治理方略的重要思路,税收实现的方式在一定程度上影响甚至改变国家治理的方式。税收征纳合作法律制度的完善强调沟通合作与法治保障,这对未来的税收治理甚至国家治理的格局来说,将会产生较大影响。

1. 有助于征纳沟通执法模式的构建和征纳共赢格局的展开

完成税收任务、优化纳税服务、纠正不依法纳税行为是税收征管工作的三大基本目标,化解多重目标导致的税收征管困境[①]正是国家税务总局鲜明提出“征纳合作”的现实背景,征纳合作不仅有利于纳税人权利保护,亦是税务机关税收征管工作的现实需要。因此,以税收征纳合作法律制

---

① 税务机关通过税收征管要同时实现多重目标:一是完成税收收入任务,这是税收中心工作,是税务机关的立身之本;二是不断优化纳税服务,最大限度地方便纳税人,为纳税人消除依法纳税障碍,抚平纳税产生的“痛点”;三是准确识别纳税不遵从行为并通过公平公正的执法予以纠正。参见邓永勤:《税收共治的历史逻辑与实现路径》,载《税务研究》2016年第12期。

度研究作为选题开展深入剖析,如能形成创新性成果,将对赋予征纳双方适度自治权限、平衡权力与权利的力量格局进而搭建税收征纳沟通治理的合法性根基具有至关重要的现实意义。

2. 有助于征纳合作法律效果的提升

制度化是更好保障社会公平正义的路径。针对税收征纳合作法律制度进行系统化、整体化研究,从整体统筹的视角提出完善建议,可以有力地化解征纳合作的现实障碍,进而显著提升征纳合作的法律效果。从预约定价、风险提示、税务约谈等制度现实运行情况的实证调查,到具体制度设计的反复推敲,这些对于已经有一定实践基础的征纳合作制度具有重要现实意义,也对修正申报、预约裁定等新制度的税收立法提供宝贵的借鉴意义。从税收合作这一角度,研究多个制度内在顺应人性起点、制度间具体制度协调运作的研究几乎是空白。所以,选择这样一个新颖的切入点,既符合现代税法对于尊重人性、注重纳税人权利保护的精神,亦是对当前税收领域创建税收共治新格局的回应。

二、研究综述

(一)研究文献概述

首先进行量化的结构分析。一方面,在中国知网数据库中进行文献搜索,具体分成3类文献:第一,在中国知网数据库中以“征纳合作”为主题进行检索,共获得论文5篇,其中中文核心期刊及以上0篇,另有报纸8篇。第二,以“征纳合作”为关键词在全文范围进行检索,除去以上文献之外另获得文献15篇,其中中文核心期刊及以上5篇。第三,围绕征纳合作的具体规则,锁定“预约裁定(事先裁定)”“预约定价”“税收行政争议和解、调解”“修正申报”“税务约谈”进行检索,共获得文献242篇,其中,以“预约裁定(事先裁定)”为题名的中文核心及以上期刊论文有25篇,硕士论文有8篇;以“预约定价”为题名的中文核心及以上期刊论文有87篇,博士学位论文有1篇,硕士学位论文有43篇;以“税收行政争议和解、调解”为主题的中文核心及以上期刊论文有27篇,博士学位论文有3篇,硕士学位论文有20篇;以“修正申报”为主题的中文核心及以上期刊论文有1篇,硕士学位论文有4篇;以“税务约谈”为主题的中文核心及以上期刊论文有20篇，博士学位论文有1篇，硕士学位论文有2篇。另一方面，关于征纳合作涵摄具体制度的专注共有两部，分别为《税法之预约定价制度研究》和《税收预约裁定制度：路径与方法选择》。

通览理论和制度两大部分的基本结构可以得出初步判断：虽然具体制度的研究文献数量不少，但是具体制度之间的横线联系研究，尤其是从税收征纳合作视角进行贯穿性的研究还明显匮乏。

（二）研究内容分析

对于征纳合作法律制度这一主题，现有的研究主要包括税收征纳关系的基础理论、涵摄的具体制度两大部分。

1. 关于税收征纳合作关系基础理论的研究

其一，建立税收征纳合作关系存在可行性。在税收利益层面，征纳双方具有根本上的一致性。比如，学者欧纯智、贾康指出：尽管征纳之间存在公私性质的利益冲突，但是，从根本上来讲，税收是"取之于民、用之于民"的，因此，公私利益都是社会整体利益的表现形式，①纳税人和税务机关之间要通过加强合作来实现共赢。而税务行政手段的改进已为税收征纳合作制度构建提供了现实基础。正如姜明安教授所述：相较传统的税收行政管理手段，现代税收行政管理手段的权力性、强制性色彩日趋弱化，民主与协商的品格日益增长，②征纳双方主体相互合作的精神得以不断培养。

其二，税收征纳合作存在坚实的理论根基。首先，从经济学方面讲，征纳合作符合税收效率原则。从法律经济学与行政手段多元化角度，如果人民有充分的权利参与行政契约的行政作为，那么，便有利于保障人民权益，并可弱化单方行政处分的高权强制色彩，进而更容易获得人民的认同与合作。③ 借助行为经济学的相关理论研究纳税人的心理与行为特征，可以帮助法律、政策的制定者发现税制对于纳税人的"引导"机理。因势

---

① 参见欧纯智、贾康：《纳税人权益保障：征税权力制约范式考察分析》，载《地方财政研究》2017年第2期。

② 参见姜明安：《新世纪行政法发展的走向》，载《中国法学》2002年第1期。

③ 参见倪维：《税务约谈法制化建构之研究》，中国政法大学2008年博士学位论文，第40页。

利导的税制能更有效降低税收征管成本,并可激励纳税人主动加强与征税机关的征纳合作,加强涉税事宜的自主沟通。① 其次,社会学对于合作动机也已有基本认识,对于税法遵从与逃税行为也有相应解释,并且,社会学对于如何提升征纳合作水平有积极的指导意义。再次,人本主义、经济自由、税法私法化、行政民主等法学理念、原则与变革也为税收征纳合作提供了思想引领与发展契机。最后,心理契约理论在税收征纳合作关系构建中具有重要的指导意义。比如,演化博弈分析方法以心理契约理论为研究基础,承认纳税人具有自觉纳税的内在动机便是两者共同的出发点。因此,税收法律制度应着力于培植和促进征纳双方互信,构建纳税人自愿合作的和谐税收征纳关系。②

其三,税收征纳合作的价值表现为征纳双方的共赢。一是税收利益的平衡是法律维护事物平衡的具体表现。以税收债权债务法律关系为主的税收法律关系可以简称为税收征纳法律关系,是最主要的税收法律关系,其中客体表现的本质可以归纳为"税收利益"。③ 二是税收风险控制的规制目标是征纳双方共同追求的目标。学者徐长英、张红东提出,由税务机关帮助纳税人事先控制税务风险,鼓励纳税人自我规范,通过征纳合作降低税收成本。④ 三是在实现了税收公平的基础之上,尽量提升税收效率也是税法的一项重要追求。威廉·配第提出税收征管应遵从"节省原则",要求"尽量降低税收征收过程中的费用,最大限度地节约成本"。⑤ 在亚当·斯密治税观中占据最重要地位的就是对税收效率的考虑,⑥这一税收效率思想在当今看来仍是正确和有用的。⑦ 在征税过程中支出了多

① 参见黄凤羽、刘畅:《行为经济学视角下的自雇创业者税收行为研究》,载《税务研究》2015 年第 8 期。

② 参见韩存、毛剑芬:《利益相关者合作的税收征纳关系构建》,载《山东工商学院学报》2009 年第 3 期。

③ 参见刘剑文、李刚:《税收法律关系新论》,载《法学研究》1999 年第 4 期。

④ 参见徐长英、张红东:《非居民税收管理中存在的问题和解决办法》,载《涉外税务》2007 年第 3 期。

⑤ 参见[英]威廉·配第:《赋税论》,邱霞、原磊译,华夏出版社 2013 年版,第 37 页。

⑥ 参见杨斌:《亚当·斯密以来的西方治税观研究》,载《税务研究》1989 年第 12 期。

⑦ 参见安然:《互信产生和谐:心理契约视角的税收征纳关系》,载《税务研究》2006 年第 2 期。

少费用是衡量税收效率的重要指标,具体包括行政费用和从属费用。[①] "征税的行政管理费用不应铺张浪费,对于纳税人的从属费用决不能毫无必要地增加。"[②]简言之,税收效率应当是征纳双方效率的统一。

2. 税收征纳合作为什么要制度化以及如何制度化

其一,税收征纳合作关系制度化的正当性。制度的最大效用在于保障公平和正义。如何替广大的"无声的纳税人"[③]着想,设计一套相对公平、具有科学性与合理性的制度,从而最大限度地保障社会的公平与正义,是和谐社会必须要积极应对的课题。[④]

其二,制度化进路中的基本要点。关于制度化中的规则要点主要集中在满足纳税人实际需求、高效率、低成本、引导、预防等几个关键词上。学者李浩梅认为,需要通过引导和帮助纳税人依法纳税进而建立健全税收征纳合作机制。同时,对于复杂政策问题或者重大税务争议,运用大企业税收管理协调机制来进行协商处理,[⑤]学者王庆娇提出国税机关要辅导、帮助纳税人,依法提供高质量的纳税资料。[⑥]

3. 税收征纳合作相关制度的研究

其一,有关预约定价的研究是税收征纳合作法律制度中最广泛的。叶珊、应燕、王宗涛、刘畅等学者都曾提出:从理念层面上说,预约定价在私权勃兴、税权谦抑的转型背景下得以生发,[⑦]这种合作制度体现着征税机关与纳税人之间权力——权利相互制衡,是传统对抗式税收执法向协商式税收执法转变的产物。[⑧] 作为关于税收利益关系的安排和调整规则,

---

① 参见苏华炳、刘瑞杰:《西方税收原则理论演变评析》,载《厦门大学学报(哲学社会科学版)》1996 年第 2 期。

② [美]理查·A. 穆斯格雷夫、皮吉·B. 穆斯格雷夫:《美国财政理论与实践》,邓子基、邓力平译,中国财政经济出版社 1987 年版,第 205 页。

③ 其是李炜光教授在中国财税法学教育研究会 2006 年年会暨第五届海峡两岸财税法学术研讨会上的发言。

④ 参见倪维:《税务约谈法制化建构之研究》,中国政法大学 2008 年博士学位论文,第 6 页。

⑤ 参见李浩梅:《打造大企业税收服务和管理"深圳版"》,载《特区经济》2018 年第 12 期。

⑥ 参见王庆娇:《税收信息化建设过程中应加强数据管理》,载《湖南税务高等专科学校学报》2006 年第 2 期。

⑦ 参见叶姗:《税法之预约定价制度研究》,人民出版社 2009 年版,第 79 页。

⑧ 参见王宗涛:《反避税法律规制研究》,武汉大学 2013 年博士学位论文,第 150 页。

预约定价是基于税收减免权的税收征纳合作,是协商性税收执法模式的法律化表现,[①]蕴含了以纳税人为本的主旨,强调通过征纳合作迅速协商解决转让定价问题,体现出征税行为追求的效率与公平、形式正义与实质正义多重价值之间的相互影响,这些看似矛盾的价值在更高层次上得以统一。[②]

其二,预约裁定制度相关研究。一是预约裁定的本质属性。学者朱大旗、李帅均认为,预约裁定是一种纳税服务,[③]此外,学者滕祥志更进一步提出,预约裁定的本质和核心关乎税法行政解释权的运用。[④] 二是预约裁定的约束性特征。预约裁定对于税务机关具有约束力已经达成共识,但是对于纳税人是否具有约束力则未统一观点:学者杨同宇认为,依据信赖利益保护原则,若纳税人遵循预约裁定的内容作出相应经济行为,税法的适用就需与预约裁定相符;学者李帅认为该制度具有羁束行政行为与羁束纳税人行为的双重约束性。相应地,经济合作与发展组织(Organization for Economic Co-operation and Development, OECD)成员和非成员在实施税收事先裁定制度时,大多数规定了裁定结果对税务机关具有约束力。三是作出裁定的权力主体。学者有 3 种观点:朱大旗教授认为,应当将税收事先裁定主体限定为国家税务总局,以在最大限度上实现裁定尺度的一致,并保障裁定结果的准确性;[⑤]学者李帅认为,享有预约裁定权的主体应为市级以上税务机关;[⑥]此外,还存在一系列动态化的设想,比如,学者张松认为,可以从最高税务行政机关开始试行该制度,逐步扩大到市级以上税务机关。[⑦] 四是作出裁定的时间限制。各国对裁定时限的规定差异较大,但都有一定的限制措施。[⑧] 对此,王明世、李凯、李捷

---

① 参见叶姗:《税法之预约定价制度研究》,人民出版社 2009 年版,第 79 页。

② 参见应燕:《预约定价税收协调机制》,载《税务研究》2009 年第 8 期。

③ 参见李帅:《论我国税收预约裁定的制度构建》,载《经济法论坛》2017 年第 2 期。

④ 参见滕祥志:《开放税收司法与事先裁定制度须同步推进》,载《经济参考报》2018 年 4 月 18 日,第 7 版。

⑤ 参见朱大旗、姜姿含:《税收事先裁定制度的理论基础与本土构建》,载《法学家》2016 年第 6 期。

⑥ 参见李帅:《论我国税收预约裁定的制度构建》,载《经济法论坛》2017 年第 2 期。

⑦ 参见张松:《在我国设立税收事先裁定制度的探讨》,载《税务与经济》2013 年第 2 期。

⑧ 参见樊勇、韩文达:《我国税收事先裁定制度之完善》,载《国际税收》2016 年第 4 期。

等学者提出了6个月或者3个月的回复时限建议；学者杨同宇进一步提出了处理时限、沟通时限、公布时限的细化观点。五是其时效规则，李凯、李捷等学者建议裁定结果对申请人自作出裁定之日起两年内有效。[①] 六是在具体规则构建方面，学者王明世主张，完备的预约裁定程序需要有若干基本制度支撑，比如，会谈前置、信息报告、期间、时效、裁定公布及其配套制度，强调征纳双方召开会谈，由纳税人阐明自身申请裁定的焦点。[②]

其三，税务约谈制度相关研究。一是认为税务约谈建立在以诚信和服务为基础的征纳关系之上，通过对话最大限度地缩小和化解征纳双方日常矛盾和疑问，尤其是减少因纳税人对政策法规缺乏足够了解而导致的税收违法问题，将征纳关系从对抗型转变为合作型。[③] 二是认为行政约谈产生的理论背景主要为行政管理、行政法相关理论。现代行政发展的重要趋势之一就是重视合作、参与等非强制手段。[④] 三是从税务机关高效执法方式的角度看，提出税务约谈制度可能在执法证据不够充分的情况下取得稽查成果，可以降低稽查成本。[⑤]

其四，申报修正制度是较新的研究领域。一是申报修正期限存在争议。比如，学者李传玉、朱焰宇等认为，适宜根据各税种的征收期限进行单独设置。[⑥] 又如，学者刘晓晓认为，在稽查阶段申报修正没有存在的必要。[⑦] 二是李传玉、朱焰宇等学者认为，现行规范未对申报纳税修正作出

---

① 参见李凯、李捷、孙金山：《税务事先裁定的国际经验及借鉴》，载《国际税收》2016年第4期。

② 参见王明世：《税收预约裁定制度：路径与方法选择》，中国税务出版社2016年版，第113页。

③ 参见乔家华：《建立税务"约谈"机制创新税收管理和服务理念》，载《涉外税务》2003年第12期。

④ 参见郑毅：《论约谈》，"第六届全国公法学博士生论坛"会议论文，2011年10月于北京。

⑤ 参见倪维：《税务约谈法制化建构之研究》，中国政法大学2008年博士学位论文，第3页。

⑥ 参见广西国家税务局课题组等：《建立中国申报纳税修正制度的初步思考》，载《经济研究参考》2016年第35期。

⑦ 参见刘晓晓：《试论申报纳税瑕疵修正》，载《山西财政税务专科学校学报》2010年第1期。

基本法律规定，未统一界定含义，主体、期限、范围、责任规定均不明确。[①] 三是在处罚规则方面，李传玉、朱焰宇等学者认为，对于增额修正申报行为应减轻或者不进行税务处罚。[②] 四是学者刘晓晓认为，中国构建申报纳税瑕疵修正制度存在现实基础：税务行政手段越来越多地体现出民主协商的品格与征纳合作的精神。[③]

其五，有关税收行政争议的和解、调解制度的研究。一是税务争议和解的价值，学者叶金育、何兵均认为，这一制度拓展了正义的视野，[④]属于"接近正义"的改革范畴。[⑤] 二是有关税务和解、调解的实施要点，学者陈少英强调了自愿原则、中立第三方主持人的重要性，[⑥]学者叶金育更明确指出了保密制度的构建也是关系制度成败的一环。[⑦]

（三）既有研究的不足之处

1. 相关制度研究的完整性尚显不足

尽管有关税收征纳合作理论、制度的分项研究不在少数，但是，从整个体系层面进行的研究还非常匮乏，且对于税收征纳合作的理论基础研究不尽深入。一方面，对不同合作制度之间的整体构成、功能定位、划分与衔接缺乏系统梳理与整体研究；另一方面，在已有制度研究中也含有诸多研究盲区，如税务约谈处罚规则的规范。

2. 相关制度研究的前瞻性尚显不足

预约裁定、税收征纳合作中修正申报、税务行政复议和解、税务行政复议调解相关立法都已经进入征求意见阶段，这些方面的前瞻性研究应

① 参见广西国家税务局课题组等：《建立中国申报纳税修正制度的初步思考》，载《经济研究参考》2016 年第 35 期。

② 参见广西国家税务局课题组等：《建立中国申报纳税修正制度的初步思考》，载《经济研究参考》2016 年第 35 期。

③ 参见刘晓晓：《试论申报纳税瑕疵修正》，载《山西财政税务专科学校学报》2010 年第 1 期。

④ 参见叶金育：《税务和解实施的法律规制》，载《内蒙古社会科学（汉文版）》2013 年第 6 期。

⑤ 参见何兵：《现代社会的纠纷解决》，法律出版社 2003 年版，第 67 页。

⑥ 参见陈少英、许峰：《税务争议替代性解决机制探析》，载《北方法学》2008 年第 5 期。

⑦ 参见叶金育：《税务和解实施的法律规制》，载《内蒙古社会科学（汉文版）》2013 年第 6 期。

当给予更多关注。比如，修正申报处罚规则的规范化；又如，税务行政复议和解、调解制度适用规则中“其他合理性问题”条款，相关研究还比较匮乏。

3. 相关制度研究的深度尚存一定缺憾

比如，不少学者提出了协商式税收执法、征管程序中的协商与妥协，却均没有将协商、妥协行为与纳税人的权利体系完善相联系，显现出研究深度与体系性的不足。

三、研究方法与分析框架

（一）研究方法

1. 规范分析方法

规范分析方法是通过实在法来评价法律，力求论证“税收征纳合作应该是什么”的问题，致力于回答“征纳双方为什么选择合作”的疑问。首先考察问题表征并作出事实评价；而后以征纳合作现行立法与实务为核心剖析问题缘由，尤其是通过分析法律文本的构成、语境，推敲立法的本意；最后探明法律规范的完善路径，强调立法文本中概念的规范、统一，制度间功能的明晰与衔接。

2. 比较研究方法

通过对不同国家的征纳合作法律制度的比较，可以根据法律概念与结构的不同，分别进行以规范为中心的规范比较研究以及以问题为中心的功能比较研究。通过针对预约定价、预约裁定、自动报缴免罚等制度的比较研究，对中国税收征纳合作相关法律制度的完善具有借鉴意义。

3. 实证分析方法

在征纳合作现存问题的类型化研究部分，拟结合税收案例、新闻、调研进行实证研究，力争将重心放在法律现象的真实、有用、肯定、精确状况下进行研究。通过梳理税务约谈的新闻报道、税收行政管理和税务行政处罚的行政判决书，佐证征纳合作法律制度有关尊重人性理念的缺陷和税收行政执法权规制不力等问题。要广泛收集、整理既有数据文献资料，并主动进行深入调查、访谈、统计、案例收集以应对实证研究对于深度、精度的要求。

（二）分析框架

全文除引言与结论外，共分六大部分：导论部分包含本选题的问题缘起和研究意义、研究方法与分析框架、文献研究综述，以及本书的主要创新与尚存不足。第一章到第六章遵循以问题为导向的研究思路，本书的分析框架可概括如下：理论阐释—实践问题—制度缘由—完善整体思路与具体制度展开。其中的“完善整体思路与具体制度展开”分为四章，前面一章总述征纳合作法律制度体系完善的整体思路、制度体系的三级框架结构、制度运行基础的强化，后面三章依次分述申报纳税合作、纳税调整合作与争议消解合作法律制度的完善路径。

四、创新之处与研究不足

（一）创新之处

1. 从体系化的视角研究征纳合作相关制度整体

在宏观层面，主张完善税收基本法立法宗旨条款以彰显征纳合作理念，完善纳税人信赖利益保护相关权利以推进税法公平；在中观层面，注重厘清不同制度之间的功能定位、结构关系与前后衔接；在微观层面，对于功能相近制度进行整体化研究。比如，对于修正申报与税务约谈的处罚规则进行整体化研究。

2. 注重制度研究的前瞻性

其一，对于修正申报与税务约谈的处罚规则进行前瞻性研究，构建自动报缴从宽处罚制度，结合时间要素、主客观方面、行为性质等设计了一整套自动报缴从宽处罚具体标准。其二，以纳税便利的视角，注重研究纳税人在征纳合作中的实际需求。比如，提出构建预约定支制度，建议赋予纳税人主动进入税务约谈的申请权。其三，通过经典案例比较研究，发现税务机关、法官、学者对于合理性问题的不同立场，明确“合法却不合理”问题是和解、调解制度适用的巨大障碍。厘清学界对于税务行政复议和解、调解制度适用规则分歧的根源，需要对“其他合理性问题”条款提出完善建议，以及将“行政奖励”在税务行政复议和解适用范围条款中以“负面清单”方式予以排除。

3. 以法律形式确认信赖利益保护权、诚实纳税推定权等多项权能

围绕税收征纳合作主题，纳税人的具体权利包括税法的确定性和可预测权、信赖利益保护权、诚实纳税推定权。如此才有利于纳税人依法获得其所信任的规则内容，有利于在税收执法中践行纳税人信赖利益保护。以法律形式确认纳税人享有税法的确定性和可预测权，是纳税便利的具体体现，可以敦促税务机关提高纳税服务质量，积极辅助纳税人便利获知确定特定应税交易的申报内容所必需的税法规则。以法律形式确认信赖利益保护权、诚实纳税推定权，不仅有利于纳税人的权益保障，增加纳税人参与征纳合作的主动性、积极性，也是推动征纳双方自发合作的必要制度基础。

（二）研究不足

1. 税务执法和解案例收集有待完善

税务案件的数据主要来源于包括税务行政诉讼案件裁判文书公示、各级税务局官网公告、学者研究文献、媒体报道等，这就形成了有关税务行政诉讼案件数据较多、税务执法（税务检查、税务稽查和税务行政复议等）案件数据较少的研究局面。尤其是税务执法和解相关案例存在数据收集数量的不足，在一定程度上限制了税务约谈问题考察的完整性和制度完善建议的科学性。

2. 未明确税务行政诉讼调解适用标的规则是否有待完善

《行政诉讼法》第 60 条第 1 款规定，行政赔偿、补偿以及行政机关行使自由裁量权的案件属于税务行政诉讼调解的适用标的。争议消解合作相关制度的优化路径具有整体性，需要先针对税务行政复议和解、调解制度进行完善，再考察实施效果，而后考量是否需要修改税务行政诉讼调解制度的适用标的。因此，对于税务行政诉讼调解制度的适用标的规则，本书建议暂且先不作修改。

第一章　税收征纳合作的理论阐释

第一节　税收征纳合作的本体认知

一、税收征纳合作的概念

(一)税收征纳合作的基本内涵

1. 合作的内涵阐释

"合作"在《辞海》中被界定为"社会互动的一种方式",是指主体之间为达到某一特定目标,彼此通过协调作用而形成的联合行动。参与者须具有共同的目标、近似的认识、协调的互动、一定的信用,才能使合作达到预期效果。合作的特征表现为行为的共同性和目的的一致性。① 亦有学者从心理学角度进行内涵阐释:"两个或两个以上的个体为达到共同的目标而协调活动,以促进一种既有利于自己又利于他人的结果出现的行为。"②

2. 税收征纳合作的内涵阐释

围绕"征纳合作"概念,学界已经在其方式手段、制度呈现方面有了一定的研究基础。比如,在抽象方法层面,学者欧纯智、贾康认为,必须依赖相

---

① 参见辞海编辑委员会编纂:《辞海》,上海辞书出版社1999年版,第912页。

② 李幼穗主编:《儿童发展心理学》,天津科技翻译出版公司1998年版,第219~243页。

应的互动机制完善征纳合作：一是税务部门可以结合税收优惠并利用征管指导等方式引导纳税人积极纳税；二是纳税人可以取得进入某一税收征管领域的主体资格，获得税务部门设置的税收优惠指导。学者郝朝信、汪丽丽提出，税务柔性执法是构建和谐征纳关系的必由之路；以税收法治化为目标、倡导征纳合作、注重维护纳税人合法权益是和谐征纳关系的主要表现；采取纳税指导、纳税服务、协商和解等柔性执法方式可以减少执法阻力、降低税收管理成本。① 又如，在具体制度方面，学者王宗涛提出，预约定价作为征纳合作的一种具体制度，是传统对抗式税收执法向协商式税收执法转变的产物。学者应燕认为，预约定价体现了以纳税人为本的主旨，强调征纳合作、突出征税机关的服务意识。可见，已有学界研究主要是围绕"征纳合作"的外延展开的，对于"征纳合作"的内涵，还需要进一步推敲。

本书所论述的税收征纳合作是一种法律机制，其运用平衡利益、控制风险、更优服务的激励方式促使税务机关与纳税人自发参与征纳过程，使征纳双方得以通过信息交换、认知交流、咨询辅导、提醒与回复、争议和解等一系列具体合作方式，在法定框架内构建高效、互惠、低风险的税收执法模式。从程序安排、分工需要的形式层面看，税收征纳是税务机关与纳税人分工并合力推动的，税务机关履行税收征管职责的过程就是纳税人履行纳税义务的过程，"征"与"纳"本来就是同一事物的两个方面，税收实现离不开征纳合作。征纳合作的要害是部分税收征管权力的转移，使纳税人实质性参与到征纳实践中来。② 此外，能否激发双方合作的内力直接影响合作的质量，将其制度化的目的就是保障合作的规范性、提高合作的效率、维护合作的秩序。征纳合作机制的构建，是要在合作的程序、形式框架中，培养、强化征纳主体之间自发合作的主观意愿，矫正个人利益最大化、公私合谋等反合作思想，进而高效完成税款的征收与缴纳。

（二）税收征纳合作的构成要素

在整个税收征纳程序中，税务机关与纳税人双方主体之间的法律关

---

① 参见郝朝信、汪丽丽：《柔性执法：税务行政行为方式之趋向与选择》，载《税务研究》2014年第5期。

② 参见邓永勤：《税收共治的历史逻辑与实现路径》，载《税务研究》2016年第12期。

系存在产生、变更、消灭的过程，呈现不同的发展阶段。按照《关于〈税收征收管理法修订草案（征求意见稿）〉的说明》所指出的：税收征管基本程序以纳税人自行计税申报为基础，主要由申报纳税、税额确认、税款追征、争议处理环节构成。① 同时，针对纳税期限截止与税务争议产生两个关键性时间节点，笔者认为，税额确认与税款追征具有因果关系，是紧密相连的，税额确认程序出现异议便会引发税款追征，因此，两者可以统称为“纳税调整”环节，“纳税调整”包含了所需的辨别工具（税额确认）和调整手段（税款追征）两部分。基于以上分析，将整个税收征纳合作程序划分为3个阶段：征纳合作之申报纳税阶段、征纳合作之纳税调整阶段、征纳合作之争议消解阶段。为了实现征纳合作这一大目标，在每一具体阶段，征纳双方主体都需要合力推动本阶段合作的小目标的实现，而各个阶段分别对应的小目标就是税收征纳合作的具体构成要素。

1. 申报纳税合作

申报纳税合作发生在纳税期限截止之前。征纳双方之间进行信息交换、认知沟通、提示与修正的互动行为，合作完成筹划、核算、申报、纳税目标。在这一合作过程中，以纳税人的自行计税、申报为主，相应地，税务机关有责任提供优质的纳税服务予以辅助。申报纳税合作的功能是更高效地推动“依法申报”。需要强调的是，本书中的“依法申报”概念明确包含两方面构成要素：一是申报内容与纳税行为不潜藏纳税风险；二是纳税人承担的是法定的最低税负。② 前者意思明显，即纳税风险或有或无、有大有小，征纳合作的理想状态包含通过税务机关的优质服务使得纳税人在纳税期限截止之时的申报内容与纳税行为均不潜藏纳税风险。后者的意思需要具体解释，法定税负是存在合法区间的，并不总是唯一性的数额，比如，通过合法的纳税筹划可以在一定区间内降低实际税负。又如，工资薪金支出税前扣除以“合理性”为标准，这些区间的存在是税法的不确定性的衍生结果。学习相关规范是纳税人自己的事务，受理申请、进行宣传、接受咨询、提供辅导是税务机关的职责范围。

---

① 参见《关于〈税收征收管理法修订草案（征求意见稿）〉的说明》第3条。

② 纳税人有权依法承担最低的税负，可以依法享有税收减免等优惠措施，可以进行旨在降低税负的税收筹划。参见叶姗：《税法之预约定价制度研究》，人民出版社2009年版，第79页。

2. 纳税调整合作

征纳双方主体第二阶段的合作自纳税期限截止至税务争议产生之前,为了进一步促进税法遵从,避免重点检查或者税务稽查等强化征管程序的开启,税务机关通常会运用自查自报或税务约谈的非强制性干预手段引导、帮助纳税人自发修正,其内在机理是在纳税期限截止之后给予纳税人一次补救机会,激励纳税人针对已经做出的申报内容进行调整,使之符合税法规范。纳税调整合作最突出的功能在于它使税务检查信息获取难度与执法资源、能力不足之间的紧张关系不再那般凸显。倘若纳税人经过风险、利益、损失等因素的综合衡量,自觉纠正自身存在的税务问题,那么,税务机关便可能在证据不够充分的情况下获取稽查成果,降低税务稽查的成本,提高工作效率。[①] 一般而言,税务机关会运用风险管理针对特定行业、区域的纳税人展开选择性地引导工作,比如,发出纳税风险提示函用于督促纳税人自查自报,或者根据自查结果针对重点纳税人进行税务约谈,其工作方式的性质属于行政指导。[②] 这类引导纳税人自愿修正的方式不仅有利于征纳合作关系的促进,也有利于税收征管资源的节约,有效缓解税收信息获取需求与税收执法资源供给之间的现实张力。

纳税调整合作的功能是更高效地推动"公平调整"。[③] 税法公平表现为两个方面:一是国家与公民之间的税收公平,即在国家与公民之间,有关税收权利(力)与义务的分配不能显失公平;二是公民与公民之间的税收关系,即公民之间的法律地位平等,税收权利的平等享有,纳税义务的

---

① 参见倪维:《税务约谈法制化建构之研究》,中国政法大学2008年博士学位论文,第12页。

② 自查自报、税务约谈和税收政策风险提示的属性都属于行政指导,是指一种为谋求当事人作出,我不作出一定行为而实施的提供咨询、劝告、指示、建议、示范、推荐、告诫、警示等不具有国家强制力的行为。相对经济激励,行政指导的指向性更强、内容更具体、目的更明确。相对人对于是否接受指导具有行为选择上的任意性。参见陈治:《经济法上的非强制性干预研究》,载《现代法学》2010年第4期。

③ 需要注意的是,本书所使用的"纳税调整"是一个概括性名词,如果从其主因视角进行区分,"纳税调整"具体包含两类程序:一是纳税人对于申报内容的自我修正;二是税务机关对申报异议引发的调整。本书所使用的"纳税调整"需要与税收学领域的相似名词进行界分。在税收实务领域中,涉及"调整"一词的主要规则包括两类:一是基于反避税而进行的增值税销售额核定和企业所得税特别纳税调整;二是基于会税差异产生的税前收支项目调整。

合理分担。[①] 这就要求在纳税调整合作中做到过程公平与结果公平：税务机关与纳税人之间的权义结构、调整程序与方式、税收利益分配结果需要在两主体之间实现公平，同时，调整结果即税负的承担需要在纳税人之间实现公平。

3. 争议消解合作

征纳双方主体第三阶段的合作始于税务争议产生，贯穿税务争议处理的始终。争议消解合作的功能在于更高效地“弥补前期合作不足”，即通过沟通、妥协，尽力消解税务争议，促使征纳矛盾缓和，继续推进税收公平的实践。经税务检查后，如果税务机关认为纳税人存在逃避缴纳税款的行为，便会送达《税务行政处罚事项告知书》。倘若纳税人对具体行政行为持有不同意见，就意味着税务争议产生，其中，最为集中的就是处罚性行政行为。此时，纳税人可以在 3 日之内申请听证，[②]还可以通过申请行政复议来维护自身权益。在税务争议的处置过程中，同样存在征纳双方合作的可能性。比如，和解与调解作为常见且有效解决税务争议的手段，以解决争议问题为中心，通过当事人协商合作而完成，具有非对抗式性。[③] 而且，税务行政和解、调解是作为行政行为的替代性措施得以制度化的，征纳双方通过相互妥协来消解合理判断中的事实或者法律问题的不确定状态，[④]最终依据契约确认的事实或法律来确定征纳双方的权义结构。[⑤] 可见，在这一阶段，征纳双方通过协商达成妥协以消解争议、修复关系、重拾信任。

二、税收征纳合作的主要特征

（一）主体特征：合作主体的 3 个层次

税收征纳合作的相关主体大致可以区分为 3 个层次：第一层次包含税务机关与纳税人（含税务代理人、扣缴义务人），双方是开展征纳合作的

---

① 参见张怡：《衡平税法研究》，中国人民大学出版社 2012 年版，第 325 页。

② 参见《税务行政处罚听证程序实施办法（试行）》（国税发〔1996〕190 号）第 3 条、第 4 条。

③ 参见赵银翠：《行政复议和解制度探讨》，载《法学家》2007 年第 5 期。

④ 参见［德］哈特穆特·毛雷尔：《行政法学总论》，高家伟译，法律出版社 2000 年版，第 355 ~ 356 页。

⑤ 参见赵银翠：《行政复议和解制度探讨》，载《法学家》2007 年第 5 期。

核心主体；第二层次包括第三方调解机构、涉税服务组织、行业协会等辅助征纳合作的机构，主要职能是为征纳合作的核心主体提供税法知识、平台、技术、人力等多方面的辅助；第三层次是法院、检察院等裁判、监督机构，主要职能在于外部的监督与规制，进一步推动征纳双方依法进行合作。本书所论“征纳合作”的核心意蕴是指第一层次中的税务机关与纳税人，第二层次、第三层次的主体对于税务机关与纳税人的合作而言是发挥能力辅助、外部监督功能的主体。

（二）内容特征：自发合作的动力机制

1. 纳税人自发合作动力的利益结构

作为纳税人自发合作动力的利益主要包括：首先，最常用的是被让与税收利益。利益是人们为了生存、享受或者发展所必需的资源与条件。[①]纳税人自发合作通常是基于一定的利益驱动，正如纳税人逃避纳税义务的核心目的在于降低税收负担一般。确切地讲，是在制度框架内，在征纳主体之间就税收利益进行衡平、分配，主要表现形式是税务机关对纳税人减让应纳税款。从成本—利润模型来看，如果可以通过征纳合作降低税收征管成本，那么，税法框架内税收利益的适度减让也是具有合理性和效率性的。其次，控制纳税风险。纳税风险控制主要包含两个方面：一是税收负担意外增加的风险，税收负担意外增加的主要成因是纳税人的经济行为（多为纳税筹划行为）不当致其被税务机关予以调整；二是税收利益消极减损的风险，税收利益消极减损的主要成因是纳税人由于不熟悉税法规则导致其怠于行使或者是完全不知晓自身权利，以及对于任意性规则所涉权利的放弃，比如，满足税收优惠条件却不知晓，退税权因已过时效而归于消灭，由于未及时掌握税法新规而错失进项税额抵扣的机会。既然规避风险也是纳税人的常见诉求之一，那么，规避风险也可以成为激励纳税人自发合作的一种手段。在实践中，风险的控制要求税法规定的法律后果和税务机关的执法立场具有确定性，可以为纳税人提供明确的行为指引。最后，获取更优纳税服务。纳税人自觉合作的动力还可以源于得到税务机关更为优质的纳税服务。纳税人可以用更好的纳税信用、

① 参见陈庆云主编：《公共政策分析》，北京大学出版社2006年版，第248页。

更自发地参与税收执法的实际行动,去"换取"税务机关更为及时的优质服务,进而可能形成市场先机,这种良性循环关系非常有利于带动纳税人自发参与征纳合作。

2. 税务机关自发合作动力的利益结构

税务机关自发合作动力的利益主要包括:一是执法成本的节约。纳税人的对抗行为是税务机关涉税信息获取、处罚执行等执法成本攀升的主要原因之一。相反,征纳合作必然显著节约税务机关的执法成本。二是执法风险的控制。比如,降低因税务争议、纳税服务不满意被投诉的风险,等等。

(三)形式特征:征纳沟通式的税收执法

"征纳沟通"概念第一次现身于规范性文件是在国家税务总局2009年颁布的《全国税务系统2010—2012年纳税服务工作规划》中,"根据纳税人对宣传内容的需求,以纳税知识、税收政策和征纳沟通渠道作为宣传重点"是2010~2012年纳税服务工作的主要任务。此后至2019年,国家税务总局接连3次发布了健全与完善征纳沟通机制、拓展征纳沟通渠道的相关文件。征纳合作中的沟通蕴含着充分、和谐、平等,而非沉默、规避或是争辩。

1. 征纳沟通的形式界定

沟通的核心价值在于尊重与合作,沟通是主体之间进行合作的必要方式,不可或缺。心理学研究认为,交流是一项重要的社会认知过程,是交换信息、动机、思想、方式等内容的有效路径,在合作过程中主体之间的交流可使彼此产生信任,为了增加自身利益进行合作,以促进多方互惠的实现。而且,关于这一方面的研究还表明,主体之间进行沟通有助于提升合作的成功率。① 本书所论述的征纳沟通,具体表现为纳税人在税款缴纳中的主动参与、协商,税务机关积极回应纳税人需求以协助其履行纳税义务,以及征纳双方为了避免、消除税务争议而共同达成的合法妥协。然而,在法学视域中,"预防强于救济"。因此,本书着重强调的是征纳双方

① 参见赵俊茹、李江霞:《关于合作行为的研究述评》,载《天津市教科院学报》2002年第3期。

在争议产生前[①]的积极交流，尽量避免针对税务争议的沟通。也就是说，税收征纳双方主体进行交流的首要方式是互动式协商，比如，纳税人的申请与税务机关的答复，征纳双方就模糊性规则具体适用签订的税收契约，申报实操中的纳税辅导等；还有税务机关为帮助纳税人维护自身税收利益、控制纳税风险而做出的提示、引导、建议等。

不同于处罚涉税违法行为的强制性干预，税务机关对于纳税人合作内力的激发方式是非强制性干预。为了获得受干预对象或其他利益相关者的认同，使其在利益衡量的基础上自愿选择合作策略，以强化干预的民主性和可接受性，税务机关可以采用利益让渡、沟通协商、教育说服的具体方式。[②] 而且，在税务机关与纳税人之间构建公私合作型的税收执法模式，是公权力主体对于管理——服从型税收执法模式自我反思的结果，是当前以申报纳税和优质服务为核心的税收征管模式的必然要求。

2. 征纳沟通的具体方式

征纳沟通的具体方式主要包括以下几种：一是认知交流，主要表现为征纳双方就税收法律规则理解进行沟通交流、进行统一，进而促进制度依法、顺畅适用。二是信息交换，表现为两方面：一方面，纳税人提供自身的涉税信息，尤其是单个纳税人自身具有的因行业属性、特定业务等因素而形成的特殊性，需要税务机关依据税法给予充分、必要考量；另一方面，税务机关以开放的执法方式在一定范围内公开、沟通其税收风险点、执法尺度、执法惯例。三是税收风险提示与回复，主要表现为对税法新规的精准辅导、沟通落实。四是遵从税法引导与自动报缴，如通过税务约谈引导纳税人补缴税款。五是争议商谈，商谈是解决税务争议的新模式，具体包括税务争议的和解与调解。[③]

3. 征纳沟通式的税收执法形式

在税收行政执法中，践行正当沟通程序有其必要性。行政立法的本

---

① 国家税务总局《关于2019年开展“便民办税春风行动”的意见》指出，拓展征纳沟通渠道，增进征纳理解互信，有效减少因政策理解不一致、信息不对称等原因造成的纳税服务投诉。可见，税务争议的“预防”是征纳沟通的重要着力点。

② 参见陈治：《经济法上的非强制性干预研究》，载《现代法学》2010年第4期。

③ 参见臧荣华：《税务争议解决的新模式：商谈》，载《甘肃理论学刊》2013年第2期。

质是由一种多元利益表达整合而形成的公共产品。也就是说，立法过程就是一种集体行动逻辑。发达国家通常是在立法中通过运用正当、民主、开放、中立的沟通程序来进行决策。行政立法决策只有强调正当程序才能守护程序的工具性功能。① 同理，税收执法程序中的沟通是这一路径的必要延续。而且，行政执法领域中的沟通机制是公众参与法治政府建设的重要方式，可以推进政府与社会良性互动。②

税收征管制度中完备的正当沟通程序是民主参与税收执法的程序性保障。"如果人都是天使，就不需要任何政府了。如果是天使统治人，就不需要对政府进行任何外来的或内在的控制了。"③是故，只要存在行政权力运行的空间，就需要设计严密的权力控制体系以防范权力滥用对法律公正价值造成侵蚀。公正的法治秩序是正义的基本要求，而法治取决于一定形式的正当过程，正当过程又主要通过程序体现出来。④ 如果税法中缺乏征纳沟通的精密程序设计，那么，所谓的征纳沟通很可能将流于形式。具体而言，税收征纳流程中的许多环节都存在征纳沟通，比如，在纳税期限截止前，纳税人与税务机关签订预约定价协议；又如，在税务机关掌握违法事实之前，为引导纳税人自行补缴税款而约谈纳税人；再如，税务机关与纳税人针对税务检查中存在的课税事实难以查清或者证据不足的情形达成和解协议；等等。在语言学看来，目的是理性主体行为的决定性因素，所以话语互动的过程就是目的协商的过程。⑤ 征纳双方在每一阶段内进行的口头抑或是书面形式的协商，都是为了在税法制度框架内、在各自可以接受的范围内完成税款征收职责或纳税义务，借助正当的沟通程序尽力追求合法性与合理性的统一。税收征纳合作的正当程序设计应该主要着眼民主、开放、中立的沟通：允许纳税人充分说明自身的特殊情

---

① 参见于立深：《行政立法过程的利益表达、意见沟通和整合》，载《当代法学》2004 年第 2 期。

② 参见王锡锌：《公众参与和中国法治变革的动力模式》，载《法学家》2008 年第 6 期。

③ [美]汉密尔顿等：《联邦党人文集：关于美国宪法的论述》，程逢如、在汉、舒逊译，商务印书馆 2004 年版，第 264 页。

④ 参见[美]约翰·罗尔斯：《正义论》，何怀宏、何包钢、廖申白译，中国社会科学出版社 1988 年版，第 84～86 页。

⑤ 参见谢群：《话语互动的目的协商论》，载《外语学刊》2014 年第 3 期。

况以争取在税务机关自由裁量的范围内按照最低税负纳税；税务诉讼的和解需要中立的第三方主持等。总之，限制与规范征税权力的行使——这种公开透明的程序机制有利于保障纳税人在税收征纳过程中得到平等的对待。[①]

综上，征纳合作的重心是在税收征纳过程中以纳税人权利为基础、以提升税收利益、规避税收风险为核心激励机制，进而引导纳税人自发合作。

三、税收征纳合作相关概念的界分

（一）征纳合作与纳税人协助的关系厘定

征纳合作区别于被动服从的纳税人协助。[②] 当合作预期收益较小时，纳税人的合作意愿降低，此时，纳税人向税务机关申报纳税是出于对"协力义务"[③]的被动履行。显而易见，在征纳双方共同完成税款征纳的过程中，当税务机关自发合作意愿既定时，如果纳税人提供涉税信息是缘起于被动服从性的"协助义务"[④]规定，那么，征纳过程仍旧是"纵向管理与服从模式"；而如果是发自纳税人的内心意愿，那么，征纳过程将发展成为"横向合作模式"。

（二）征纳合作与征管合作的关系厘定

征纳合作区别于不同地域税务机关之间的合作治理。由于国税地税机构已经合并，就现在而言，征管合作，主要是指不同地域的税务机关之间进行的合作治理。比如，境内不同地区税务机关之间的信息沟通、协同执法；又如，不同国家之间的税务机关就跨国涉税信息进行的信息交换。

---

① 参见施正文：《税收程序法论——监控征税权运行的法理与立法研究》，北京大学出版社2003年版，第41页。

② 参见中共中央、国务院《关于完善促进消费体制机制 进一步激发居民消费潜力的若干意见》明确了相关企业在知识产权保护、质量管理、信息内容管理、协助申报纳税、社会保障、网络安全等方面的责任和义务。

③ 纳税人有协助稽征机关阐明课税原因事实之协力义务。参见葛克昌：《藉税捐简化以达量能平等负担——核实、实价与推计课税之宪法基础》，载《交大法学》2014年第1期。

④ 国家税务总局《关于印发〈新企业所得税法精神宣传提纲〉的通知》（国税函〔2008〕159号）第31条规定，新企业所得税法及其实施条例规定的特别纳税调整的主要内容……增列了成本分摊协议条款，强化了纳税人、关联方和可比企业对转让定价调查的协助义务。

无论上述哪一种征管合作,都是发生在税务机关之间的合作行为,其参与主体不包括纳税人,这是征管合作与征纳合作的重要区别。

(三)征纳合作与协同治理的关系厘定

征纳合作区别于不同国家机关、市场主体等掌握涉税信息的主体之间针对税收违法行为的协同治理。税收征纳合作限于税收征纳双方主体之间、税款的征收与缴纳过程之中,因此不同于税收协同治理。税收协同治理,主要是指税务机关与其他国家机关、金融机构、社会公众等主体之间进行信息共享、协同治理纳税人的违法行为。在税收协同治理中,存在违法行为的纳税人是被治理的对象;而在税收征纳合作中,纳税人是参与合作的一方主体。

第二节 税收征纳合作的理论基础

一、税收征纳合作的经济学基础

(一)合作博弈与税收征纳合作

博弈论包括非合作博弈和合作博弈两大部分。论及合作,并非必然建立亲密的盟友关系。比如,战争的双方若都没有必胜的把握取胜,那么,最务实的策略就是通过谈判达成停火协议,从实质上看,他们寻求的就是合作策略。① 在双方之间存在有约束力的合作协议的博弈,被称为合作博弈。合作博弈应当建立在有合作前景与可能的基础上,双方可以期待合作为自己带来更多收益。而且,需要找到一个能为各方接受的分配方案,这就必然要求合作方案具备公正性与合理性。盈利分配与成本分摊均为合作博弈面临的基本课题。就如在税务机关与纳税人之间,当存在税收利益划分不确定的情形下,存在盈利分配的可能。在税法领域,盈利分配有不少存在于税法的模糊性规则之中。税法的模糊性规则如何正

---

① 在现实中,协议可以有多种版本,固然每一种版本都可以达至"停火"的目的,从而使每位局中人从中获益,但是不同版本的协议将使他们各自的得益有所不同。出于利益最大化考量,博弈双方都不可能有太多的退让。为了避免谈判可能陷入僵局,2005 年诺贝尔经济学奖获得者美国教授谢林利用合作博弈的理论提供了一种可能的解决办法,那就是通过"焦点仲裁人"的调解把博弈双方引导向"焦点均衡"。

义地走向实践化,是征纳双方面临的“共同难题”。规则的不确定性同时降低征纳双方的效率,因此,这些问题不是税务机关单方的,更不是纳税人单方的,而是征纳双方共同面临的。通过合作,征纳双方将克服这些“我们的问题”。

同时,还必须看到:合作不仅是态度问题,更重要的是方法问题。在合作实践化路径中,方法比态度更重要。[①] 而在税收征纳双方之间,由于存在法律地位不平等、信任赤字等客观事实,法律制度的保障是必需的。

此处,需要特别说明的一点是:在征纳双方的合作博弈中,纳税人参与的具体形式值得关注。

征纳双方的囚徒困境可以区分为 3 种情况:第一,两个法律主体参与,两方可以在重复的博弈中实现合作;第二,征纳双方的群体规模超过两人但还不是很大时,可以通过“协商”来解决面临的困境,寻求建立约束各自行动的规范从而走出“囚徒困境”,即群体通过对话达成“交互理性”;第三,如若一个“囚徒困境”的征纳参与人数众多,那么,由于成本太高征纳多方进行协商的难度较大。在上述情形中存在如下认识:在参与人数有限的情形下,“对话协商”是解决囚徒困境的可行方法。[②] 是故,以纳税人所在的行业协会作为控制纳税一方群体数量的主体成为较优选择。

(二)资源优化配置与税收征纳合作

从税收征纳合作的经济基础来看,征纳合作蕴含市场经济的基本精神。这是因为,从经济学视角看,税法作为调整公共物品供需关系的部门法,理应注重资源的高效配置。税收征纳合作有利于资源优化配置并且建立高效廉洁的服务型政府。这是因为,市场主体及其所在的行业协会最贴近市场,深谙本行业人工成本价格,这种专业性是税务机关远不能及的。[③]

---

① 参见潘天群:《合作之道:博弈中的共赢方法论》,北京大学出版社 2010 年版,第 100 页。

② 参见潘天群:《合作之道:博弈中的共赢方法论》,北京大学出版社 2010 年版,第 52 页。

③ 参见师璇:《职业足球“侧自律”人工成本治理模式的困境及其破解》,载《天津体育学院学报》2019 年第 1 期。

二、税收征纳合作的社会学基础

(一) 对于合作动机的基本认识

德国社会学家诺贝特·埃利亚斯曾经如此诠释合作的动机:我们为什么合作? 在人的行为驾驭方面,天性反射机制的松动本身乃是漫长的自然进化史过程的结果。但因为有了这种松动,便产生了人类共存中的种种并非在人的自然本性中前定的过程和转变;因为有了这种松动,诸社会集体和那些身处其中的单个人,便拥有了一种并非自然进化史的历史。在自然的普遍的休戚相关中,社会集体和单个人构成的是一个性质独特的自律的连续体。[①] 合作机制是人类与人类社会能都生存并兴盛起来的重要因素。

(二) 社会学对于税法遵从与逃税行为的解释

社会互动理论有利于解释“合作”这一工具的突出实效性。一方面,税法遵从度受到社会环境的影响。在社会互动理论的思维范式中,逃税决策不单纯是预期效用理论所假设的个人主义博弈的结果;同时,也会明显受到社会因素与心理因素的影响。例如,纳税人的反应不仅受到税收审计概率和惩罚程度的影响,还受到征纳双方作出决策的环境的影响。[②] 对社会和心理因素的关注突出地表现为对于群体行为的关注。这说明,在税法遵从行为中存在社会规范,它以其他人的相似行为作为评判标准。只要个体认为纳税是符合社会规范的行为,就会选择税法遵从;然而,如果逃税行为变得普遍,税法遵从的社会规范就会消失。个体与他人社交互动的性质会影响其遵从决定。社会规范概念的建立和扩展与一系列理论研究路径是一致的,例如,基于社会习俗、税收道德、公平、社会互动等视角展开的理论。[③] 另一方面,真正对提高税法遵从度起作用的是纳税人权利的落实,通过给予纳税人与其纳税义务相对称的权利,能更有效地降

---

① 参见[德]诺贝特·埃利亚斯:《个体的社会》,译林出版社2003年版,第50页。

② See Alm J., Jackson B. & McKee M., *Estimating the Determinants of Taxpayer Compliance with Experimental Data*, National Tax Journal, Vol. 45, p. 107 – 114(1992).

③ 参见刘柏惠:《自然人逃税行为的理论解释与治理路径》,载《国际税收》2018年第11期。

低逃税水平。[①] 社会学通过理论分析和相应的实证检验,可以发现一些符合直觉的影响逃税的因素,获得确定性的结论。例如,借助提高审计概率、进行重复审计、提高罚金以及奖励税法遵从行为等措施,从正反两方面对纳税人实施直接影响,降低逃税水平。这些发现扩展了人们对逃税行为治理工具的认知。

三、税收征纳合作的行政学基础

现代行政学中的服务型政府理论对征纳合作理论提供了强有力的支撑。公共性是现代行政体系合法性的依据,现代行政的公共性在新公共服务中得到了特别的强化,政府在行政活动中追求服务中心主义就是重要的表现之一。服务型政府提供公共服务的过程同时也是政府与公民之间互动、合作的过程。公民可以通过参与法定的民主程序与公共服务提供者进行协商,进而满足其对于特定公共服务的需要;同时,政府通过对公民意愿的积极前瞻与回应,[②]使“民主政府是为它们的公民服务而存在”的愿景得以实现。[③] 这一观点与国家税务总局提出的公众参与税收领域重大行政决策的指导意见相契合。税收领域公共性实现过程的实质就是纳税人与税务机关的相互合作与相互作用,通过沟通对话产生共通感觉,以达成符合公共利益的共识,实现私人财产权与公共财产权的利益平衡。

公民本位是服务型政府的核心理念,以服务公民为导向的服务型政府的建设过程,就是由政府单向度治理向政府、公民、社会合作的多元化治理转变的过程。在政府进行公共治理的过程中,需要公民和社会组织的广泛参与,[④]进而达到沟通信息、合作治理的目的。因此,税收征纳合作

---

① See Kogler C. et al. , *Trust and Power as Determinants of Tax Compliance: Testing the Assumptions of the Slippery Slope Framework in Austria, Hungary, Romania and Russia*, Journal of Economic Psychology, Vol. 34, p. 169 – 180(2013).

② 参见郑巧、肖文涛:《协同治理:服务型政府的治道逻辑》,载《中国行政管理》2008 年第 7 期。

③ 参见[美]戴维·奥斯本、特德·盖布勒:《改革政府》,上海市政协编译组、东方编译所编译,上海译文出版社 1996 年版,第 149 页。

④ 参见朱友刚:《服务型政府视角下的政府信息公开研究》,山东大学 2012 年博士学位论文,第 34 ~ 35 页。

体现出服务型政府视域下的税务机关管理与服务并重的执法模式的转变。

四、税收征纳合作的法学基础

既然合作如此重要，为什么合作始终没有被提升到法学理论言说的高度？其实，个体间相互合作与依赖是现代社会的鲜明特征，在人们相互合作的过程中发挥桥梁作用的恰恰就是现代法律。[①]

（一）经济法学基础

1. 人本主义理念与税收征纳和谐关系

人本主义理念是经济法的元理念，经济法的人本主义理念是一种共生理念、和谐理念。经济法所追求的目标是对私人利益与社会利益的协调保护。这种追求是经济法不同于传统部门法的一种基本精神。[②] 经济法所追求的和谐社会归根结底就是要实现人与人之间利益的和谐。经济法使国家管理经济的手段日趋规范化和刚性化，也积极运用了利益诱导、信息服务等尊重市场主体选择自由的间接、柔性的手段。从这一方面来看，经济法的调整手段亦能体现其以人为本的人文关怀[③]与合作精神。

2. 经济民主原则与税收征纳合作

经济民主的实现离不开充分讨论的对话机制。现代经济法的一个重要价值取向就是其制度执行更富有社会大众基础。[④] 日本经济法学家金泽良雄则认为，以公正为核心的经济民主，是在构成市场的主体之间实现经济机会均等和经济平等。[⑤] 税收领域要做到经济平等，税负的公平显然是非常重要的。[⑥] 此外，经济民主的实现亦离不开经济自治团体社会管理职能的发挥。经济自治团体中的经济民主是将国家部分的经济管理权让

---

① 有学者认为，合作其实一直没有被忘记也无法被忘记，其已然通过其他法学理论形式呈现在世人面前，尽管这一理论没有被直接冠以合作之名。参见张泽想：《论行政法的自由意志理念——法律下的行政自由裁量、参与及合意》，载《中国法学》2003 年第 2 期。

② 参见张守文：《论经济法的现代性》，载《中国法学》2000 年第 5 期。

③ 参见王全兴：《经济法基础理论专题研究》，中国检察出版社 2002 年版，第 24 页。

④ 参见李昌麒、鲁篱：《中国经济法现代化的若干思考》，载《法学研究》1999 年第 3 期。

⑤ 参见［日］金泽良雄：《经济法概论》，满达人译，甘肃人民出版社 1985 年版，第 182 页。

⑥ 参见王保树：《市场经济与经济民主》，载《中国法学》1994 年第 2 期。

位于行业协会等经济自治团体的基础。由于在更大程度上体现了决策的民主性质，因而，经济自治团体即为经济民主的一个重要表象，且昭示出经济民主的发展方向。[①] 总之，经济民主以及与之相称的企业基础是现代经济法存在的重要前提之一，而行政权力本位与经济民主存在天然的对抗性，经济民主在税收法律制度体系中的实现，唯有征纳双方合作才是可行路径。

3. 经济效率原则与税收征纳合作

经济效率是国家加强经济立法所要追求的重要价值目标。经济法理论认为，提高经济效率是一项系统工程：其一，要有一个足以促进和保障经济效率的制度安排，其核心是正确处理政府有效干预权与市场主体充分自主权之间的关系；其二，要有一个足以保障市场主体实现利益价值的企业运行机制，其核心是既赋予他们广泛的法律权利，同时又要为他们行使自己的权利扫清障碍；其三，市场主体必须通过合法、正当的方式获取经济利益，不得滥用其权利。[②] 税法作为经济法的重要组成部分，同样将经济效率作为价值目标之一。毋庸置疑，政府干预权与市场主体的自主权分别属于公权力与私权利。正确处理二者关系，保障政府干预权的有效性和经济自主权的充分性，势必需要一个相对完善的制度。

4. 税收法定原则、税收公平原则与税收征纳合作

一方面，税收法定主义的限制与税收征纳合作。税收法定主义是税法最重要的基本原则，然而在特定情形下，为了求得具体案件的妥当和合理，必须对税收法定主义施加一定程度的限制。例如，倘若税务机关在减轻或者免除纳税义务时，已经形成了对纳税人有利的行政先例，税务机关即可能要受其约束。此外，纳税人信赖利益保护也是对适用税收法定主义原则的例外情形。[③] 这些都为征纳合作制度的展开提供了理论支撑。另一方面，在税收法律制度中同时包括税收法定和税收公平两大基本原

---

① 参见鲁篱、苏明：《经济法价值新论》，载《西南民族学院学报（哲学社会科学版）》2001 年第 3 期。

② 参见李昌麒：《经济法学》，法律出版社 2007 年版，第 83 页。

③ 参见刘剑文、熊伟：《税法基础理论》，北京大学出版社 2004 年版，第 127 页。

则,其中,前者是“体”,后者是“本”,[①]从一定程度上讲,两者本就不可兼得。由于优先落实税收法定,必然衍生纳税人之间税收不公平和纳税人与国家之间的税收不公平。在这一背景下,通过税收征纳合作来矫正上述两种不公平,是对纳税人合法权益保护的必然需要。

(二)行政法学基础

税收征纳合作在提升征管效率、促进征纳和谐关系等方面的实践优势在行政法学视野中可以找到如下理论根基。

1. 行政法学平衡论与行政执法模式优化

行政法学平衡论也为税权的实质分配研究提供了新的工具。[②] 现代行政法要实现平衡,构建平衡的行政法机制与行政法制度结构,以实现行政法权利(力)格局的结构性均衡。经济行政法权利(力)配置格局中的行为模式,对于必要的经济行政行为——尤其是行政机关的自由裁量行为,要本着遵从市场竞争、提高企业效率的理念来设计程序,严格限制行政权力的运用,进而保障市场主体得以全面、充分地参与到行政中来。[③] 对于税法而言,“市场主体全方位参与行政”即意味着征纳双方合作完成税款征收与缴纳。税收征纳过程的本质是公私利益的划分。公私利益之间具有可转化性,[④]且公共利益与私人利益的妥协和交换可以达到社会利益的最大化,在行政法学领域运用和解程序的动力也由此而生。[⑤] 可见,经由公私利益的转化,税法中的公权力与私权利可以达到平衡。

在税收征纳实践领域,治理的高效性与合作的合法性本就具备契合性。一方面,在税务机关视角下,纳税人的涉税信息存在诸多“盲区”:比如,尽管银税联网,但是,银税联网只是税务稽查选案之后的重要稽查手段,并未成为选案标准的常规工具;又如,税务机关对不同行业、不同领域纳税人的具体涉税信息及其特征的掌控能力缺失的问题比较突出,进而

---

① 参见[日]金子宏:《日本税法》,战宪斌译,法律出版社2004年版,第57页。

② 参见王文婷:《税法规范生成的相关问题探讨——以税权的分配为进路》,载《中共山西省委党校学报》2015年第5期。

③ 参见罗豪才、宋功德:《行政法的失衡与平衡》,载《中国法学》2001年第2期。

④ 参见陈剩勇:《协商民主理论与中国》,载《浙江社会科学》2005年第1期。

⑤ 参见施建辉:《行政执法中的协商与和解》,载《行政法学研究》2006年第3期。

影响对“应税所得率”的具体适用比例、[①]“类似企业的利润率水平”的具体把握[②]等模糊性规则的裁量。另一方面，从纳税人角度讲，由于对税收规则整体尤其是税务机关内部把握的标准和对模糊性规则的具体裁量结果等不甚了解，很难进行理性预判，严重影响财务业务的理性规划与税收风险的规避。比如，关于企业所得税“应税所得率”的上下限跨度较大，而具体适用比例属于税务机关的自由裁量权范畴，是以在实务中呈现不规律的适用情形。本书在“中国裁判文书网”上连续抽取了最新的10个涉及应税所得率具体适用的行政判决书进行统计，发现：仅有1个是税务机关适用了本省发布的政府规范性文件；[③]1个[④]反映出税务机关在税法规定的应税所得率范围之外进行了“逾限裁量”；[⑤]3个案例中税务机关在自由裁量权的范围内适用了该行业最低限度的应税所得率；[⑥]5个案例中税务机关在自由裁量权的范围内适用了该行业幅度范围内不同水平的应税

---

① 《企业所得税核定征收办法（试行）》第8条规定，应税所得率按8种不同行业类型规定的幅度标准确定，其中，农、林、牧、渔业为3%～10%，制造业为5%～15%，批发和零售贸易业为4%～15%，交通运输业为7%～15%，建筑业为8%～20%，饮食业为8%～25%，娱乐业为15%～30%，其他行业为10%～30%。

② 参见《企业所得税法实施条例》第115条。

③ 参见长春市南关区人民法院行政判决书，（2017）吉0102行初48号。其中的应税所得率适用了该省的政府规范性文件——吉林省地方税务局、吉林省国家税务局转发国家税务总局《关于印发〈企业所得税核定征收办法〉（试行）的通知》（吉地税发〔2008〕31号）之规定，适用了批发业应税所得率的中线比率。

④ 参见辽宁省昌图县人民法院行政判决书，（2016）辽1224行初7号。长兴荣建材有限公司属于制造业，按照《企业所得税核定征收办法》之规定，应该适用5%～15%的应税所得率。然而，铁岭市稽查局适用了4%的应税所得率，属于“逾限裁量”行为。但是，辽宁省昌图县人民法院却认为，被告铁岭市稽查局对原告作出的税务处理决定、税务行政处罚决定认定事实清楚、证据确实充分、程序合法、适用法律正确。

⑤ “逾限裁量”的概念借用了德国行政法学对行政机关裁量瑕疵的分类，具体是指当为保障裁量而设定的构成要件未被满足，或者财政机关选用了不在规定范围内的法律后果时，就出现了逾限裁量。参见[德]迪特尔·比尔克：《德国税法教科书》，徐妍译，北京大学出版社2018年版，第125页。

⑥ 参见成都市锦江区人民法院行政判决书，（2015）锦江行初字第1号；衢州市柯城区人民法院行政判决书，（2014）衢柯行初字第3号；安徽省滁州市中级人民法院行政判决书，（2013）滁中法行终字第126号。

所得率。[①] 可见,在征纳双方涉税信息严重不对称的现实情况下,通过在法律制度框架内的征纳合作实现征纳双方的信息交换,有利于征纳双方的理性判断与风险控制,最终提升税收治理的效能。

2. 行政法原则发展视域下的税收征纳合作

行政法的变革首先应以合作为要求,以服务社会公众为己任,其中,关注行政主体与行政相对人之间合作关系的生成与完善,此为变革所须考虑的客观因素;同时,行政法的变革还要慰帖人心,相关制度构建须符合本土文化之精神,这是变革所应考虑的精神因素。[②] 简言之,修复依法行政原则与行政合理性原则之间的裂痕是一场必须开启的变革。

为践行这一变革,首先需要认识到两者在何种层面上达成统一:民主作为依法行政的程序保障,要求依法行政必须是一种民主行政;法治作为依法行政的机制保障,要求依法行政必须是一种法治行政;人权作为依法行政的价值追求,还要求在依法行政中必须坚守公民权益保障原则。[③] 其中,对于民主、法治、公民权益保障的追求具体表现为在行政执法中考量多种行政合理性。为推进这一变革,可行路径是在行政法基本原则中引入可接受原则。[④] 行政执法活动可接受度仍待提升,这一问题的成因是多元的,但是其核心根源还是在立法上,由于滞后、混乱、脱节等立法技术缺憾,直接影响了法律的可接受度。而追求行政法治的可接受度,有时必然会以牺牲必要的法治的刚性和确定性为代价,比如,运用沟通、协商、和解[⑤]等非强制性执法方式,目的在于使治理的结果更加贴合法治的理念。税收征纳合作不仅有助于行政效率的提升,同时,执法结果的可接受性对

---

① 参见广东省高级人民法院行政裁定书,(2018)粤71行终237号;四川省泸州市江阳区人民法院行政裁定书,(2017)川0502行审2号;山西省汾阳市人民法院行政判决书,(2017)晋1182行初7号;新疆维吾尔自治区伊宁市人民法院行政判决书,(2016)新4002行初65号;江苏省兴化市人民法院行政判决书,(2015)泰兴行初字第0001号。

② 参见张治宇:《合作行政法——行政法学理论基础之重构与应用》,西南政法大学2016年博士学位论文,第110页。

③ 参见周佑勇:《论依法行政的宪政基础》,载《政治与法律》2002年第1期。

④ 参见张治宇:《合作论——从政治哲学、法哲学到行政法哲学》,法律出版社2017年版,第144页。

⑤ 参见张治宇:《合作论——从政治哲学、法哲学到行政法哲学》,法律出版社2017年版,第147~151页。

税收法律主体之间和谐关系的培养必不可少。然而,实践中的难点在于合法性与合理性如何兼顾。税收公平原则与可接受原则一脉相承,但是,不宜依据行政合理性原则跨越税法确定性规则以追求税收公平和执法处置的可接受度,需要强调的是,税收征纳合作应以行政合法性作为行为边界,在授权的范围内以行政合理性为有益补充。比如,《税务行政复议规则》提出"其他合理性问题的具体行政行为案件"可以适用和解、调解规则,也是一种行政均衡①思维的体现。

(三)民法学基础

1. 税法的私法化

税法的私法化脱胎于平等个体间权利本位的民法。从税法产生的根源而论,税收的本质属性就是国家与纳税人之间的"契约之债"。而且,法学研究、立法实践均已表明:税法已然进入私法化的变革之中。在"公法的私法化"②过程中,私法的理念与原则不断融入公法领域的现象十分明显。比如,私法中当事人之间的意思自治和协商精神向行政法的渗透,这一现象使公民成为一个意思自治的法律主体,在行政机关行使行政权时,尽可能让公民表达自己的意愿,最终目的在于提高行政行为过程及其结果的可接受度。③ 又如,行政机关签订行政合同以代替行政行为。沟通机制使行政机关了解相对人的需求,征求相对人意见,以保障在订立行政合同时尊重其合法利益。④

同样,税法也受到了私法思维范式的深刻影响。中国税法私法化的变革包含课税理论依据、税收法律关系、税法规范及税法概念的私法化。⑤作为税收法律关系的核心问题,税收法律关系的性质决定税权行使的基本理念,决定税收法律关系中权利义务结构的具体配置。分析税收法律关系的性质,同样是我们寻求纳税人权利与国家征税机关税权平衡的一

---

① 参见司久贵:《行政权正当性导论》,武汉大学2001年博士学位论文,第180页。

② 参见[美]约翰·亨利·梅利曼:《大陆法系》,顾培东、禄正平译,知识出版社1984年版,第112页。

③ 参见章剑生:《现代行政程序的成因和功能分析》,载《中国法学》2001年第1期。

④ 参见张树义:《行政合同》,中国政法大学出版社1994年版,第13页。

⑤ 参见王春婕:《我国税法私法化的变革环节及其价值探讨》,载《山东经济》2003年第5期。

条重要的法律途径。围绕税收法律关系的性质问题，在德国有两种截然不同的观点："税收权力关系说"和"税收债务关系说"。其中，"税收债务关系说"强调，纳税义务是依据法律规定而自动产生的，并不以行政权力的行使为前提。"税收债务关系说"引入了税收债务观念，实质上体现出私法概念被税法借用。① 此种观念为税法学理论带来了一系列突破性变革，它标志着税收法律关系中的权力要素渐隐幕后，自此，纳税人的法律地位得以提升，有关征纳双方法律地位的平等问题正日益成为学界的共识。正因如此，依法产生的税款请求权才是税法的核心，从本质上讲，税收法律关系是一种公法之债。②

2. 税法私法化对于税收征纳合作的影响

应该说，税法私法化因其可以重塑征税权力与纳税权利之间的关系、实现以民生为价值取向的税法改革，为税收公平与权利保障带来变革契机。税法私法化的重要意义在于其革新了税收与税法的正当性基础，③使税收征纳关系发生质变：从管理与被管理的不平等关系转变为契约平等关系。如此一来，现代国家的税收征纳模式将由非对称性给付关系的"强制模式"转变为基于平等关系的"合作模式"。④ 随着诸多私法因素进入税法视野，税法固有的公法属性随之削弱，其后，税收立法、执法与司法将尤为突出地强调纳税人权利，平衡征纳双方的税收利益，横亘于公私权力(利)之间的二元对立与公权运作的单向性、强制性趋于缓和，进而为权利、平等、自由、协商等价值在税法中的生成提供了机遇。⑤ 在这样的契机中，征纳双方在制度框架内就征纳行为协商订立预约定价、税务争议和解等税收协议成为可能，同时，纳税人质疑税务机关单方面的决定权具备了

① 诚如海扎尔所述，税法是一门与私法相衔接的公法，课税构成要件与民法的概念形式联系，为此，从原则上讲，应当从租税概念和私法概念相一致的立场来解释税法。参见[日]北野弘久：《税法学原论》，吉田庆子、陈刚译，中国检察出版社2001年版，第6页。

② 参见王春婕：《我国税法私法化的变革环节及其价值探讨》，载《经济法学研究》2003年第5期。

③ 参见邓成明、阳建勋：《论税收民生与中国的税法转型》，载《江西社会科学》2010年第9期。

④ 参见单飞跃：《纳税便利原则研究》，载《中国法学》2019年第1期。

⑤ 参见陈治：《税法的私法化及其限度》，载《税务研究》2008年第3期。

正当性基础。①

第三节　税收征纳合作的实践优势

片面强化监管,抑或是引导、沟通、合作,此为税收征管领域内的两种竞争性诠释。征纳合作之所以越来越得到理论界、实务界的共同关注,其根本原因在于:相较以往片面强调税务机关征管权威,通过强化严格监管的方式取得税收的执法模式,征纳合作模式实现了政府和纳税人的“双赢”,有其正当性和实践优势。一方面,从税务机关的视角看,其参与征纳合作的过程就是运用一系列非强制性干预手段推进征收程序顺利进行的过程。在这种干预模式下,国家税收法律政策得以宣扬,执法尺度得以传递,涉税信息更加及时、准确、便利地获取,税法规则本意在沟通、商讨中更好地被遵从,执法风险得以控制。另一方面,从纳税人的视角看,不同于非自发地履行纳税协力义务,自觉参与征纳合作是在行使合作式执法模式中的权利。纳税人参与征纳合作,就可以把握信息交换、诉求表达、补救过错的机会,不仅可以确定申报内容、控制纳税风险,亦能为自身合法权益提供更大程度上的保障。概言之,征纳合作是税法释放征纳权利(力)“双赢”功能的重要且不可或缺的工具。

一、提升税收征纳双方的效率

“十三五”规划建议提出:“建立税种科学、结构优化、法律健全、规范公平、征管高效的税收制度。”提升税收征纳效率是深化财税体制改革的重要工作目标,而提升税收征纳效率离不开征纳双方的合作。征管模式的确定要树立征管成本约束原则,而合作有利于获取资源。对于征纳双方主体来说,都存在突出的信息不对称问题。税务机关获取纳税人的涉

① 比如,《企业所得税法》第10条规定,在计算应纳税所得额时,与取得收入无关的其他支出不得扣除。其中,税法并未明确规定“其他”的具体范畴,亦未授权税务机关对此具有自由裁量权。事实上,不同的行业多有其不同的特殊支出需要,纳税人与税务机关的法律地位不平等,有关其他支出与取得收入的合理性判断,税务机关几乎享有“决定权”。税法私法化的变革使征纳关系趋于平等,那么,纳税人就获得了以协商方式说明自身特殊性支出之必要性、合理性的权利。

税经济信息，纳税人获知税务机关的执法尺度与监管风险点，这些都是合作可以带来的“资源”。一般而言，在征缴入库的税款数量一定的前提下，征税的成本越低，税收的行政效率便越高。[①] 提高税收行政效率是税务机关依法进行税务管理的应有之义。[②] 而在平衡的税收征纳法律关系中，征税与纳税双方便利是统一的。国家征税活动需贯穿“方便且有利于纳税人”思维，在税法中实现对纳税人形式方便与实质有利的结合。

（一）涉税信息共享的实践考察

信息不对称是制约税务机关提升征纳效率的障碍。通过强化税收的社会协同治理来提升税收信息供给质量与数量，是近些年来中国税收治理领域法律政策层面较为关注的方式。然而，这方面最为棘手的问题就是如何在法律政策层面使涉税信息资料持有部门、组织的信息提供义务明确化、精准化。其一，尽管《税收征收管理法》[③]《车辆购置税法》[④]《环境保护税法》[⑤]都已经规定了税务机关与政府其他管理机关之间的信息共享制度，但还多流于形式，尚未制定具体规则。税务机关与某一个具体国家机关就哪些信息、在何种事由发生之时、按照何种程序进行信息共享，其中的具体部门、启动事由、法定程序、步骤流程等都需要在做好调研工作之后认真设计。比如，针对小额贷款公司，存在大量账外经营问题，在税务检查时隐藏其借贷合同。这些问题在其正常经营过程中无论是通过税银联网，还是和某一些国家机关合作都很难获取。但是，一旦发生涉及非法集资的刑事报案时，由于存在债权人的监督，公安部门就会要求小额贷款公司上报全面的借贷合同资料。此时，是税务机关进行信息共享的重要时机。又如，俱乐部因转会争议向行业协会申请仲裁，相关纠纷可能涉及“阴阳合同”问题，这也是税务机关获取涉税信息的时机。诸如此类的涉税信息共享都需要结合实际行业特征精细设计，反复研究终而形成具体翔实的共享流程方案，这样才会提升其治理效率。就目前的立法来讲，

---

① 郭维真：《税法学》，北京师范大学出版社 2013 年版，第 68 页。

② 周敏、彭骥鸣主编：《税务行政管理学》，社会科学文献出版社 2005 年版，第 251 页。

③ 参见《税收征收管理法》第 6 条。

④ 参见《车辆购置税法》第 16 条。

⑤ 参见《环境保护税法》第 15 条。

需要实地调研、细化规则的工作还有很多。其二，对相关部门的范围界定也不尽全面，比如，旅游局、文化局、体育局等行业主管部门不在其列。事实上，相对工商部门，旅游局、文化局、体育局才是直接接触本行业纳税人的政府部门，但是，却不为法律法规所关注。可见，法律、政策的制定者对社会实践调研这一研究基础缺乏足够的重视。其三，仅有政府其他管理机关进行信息供给不足以保障税务机关对于涉税经济信息的需求，纳税人账外经营的现象不仅针对税务机关，在其他政府管理部门中同样存在，也就是说，仅仅依靠政府部门的联合是远远不够的。因此，通过行业协会或其他经营者掌握纳税人生产能力、制作纳税评估样本体现出征纳合作在优化资源配置方面的实践优势。

（二）税收征纳成本的组成结构

1. 征税成本

先来分析征税成本的原意。从广义上来讲，税收成本，是指为取得税收收入而发生或可能发生的一切费用之和，涵盖从税收制度的创设、税务机关的征管到纳税人交纳税款所引发的一切经济支出以及征税行为给社会带来的超额负担。本书所论证的征纳成本属于其狭义范畴，包括征税成本和纳税成本。从税收理论发展历史中看，税收成本的含义是不断发展变化的，最早提出税收成本概念的是经济学家亚当·斯密。他在《国民财富的性质和原因的研究》中提出了"最少征收费用原则"。[①] 这里的征收费用不仅阐释了税收成本的最初含义，而且直指狭义税收成本中征税成本。再来观察征税成本的现实表达。一方面，征税成本仅表现为显性的财政支出，包括征收税款所耗费的物力成本与人力成本，比如，税务机关工作人员的工资薪金支出、金税三期工程的开发与运行成本等；另一方面，征税成本包含的隐性的机会成本等，亦应被考量。

2. 纳税成本

纳税便利有助于控制纳税成本。单飞跃教授提出，纳税便利原则根源于宪法规定的人民主权与人权保障原则，其包含三个方面的基本主张：

---

① 参见[英]亚当·斯密：《国民财富的性质和原因的研究》，郭大力、王亚南译，商务印书馆2002年版，第190页。

一是为纳税人提供与其履行纳税义务相匹配的便利条件应属政府的义务；[①]二是税收立法应追求确定、简便、易懂；三是税收执法亦要规范、科学、以人为本。[②] 以上主张对应着税收立法与税收执法两大层面，其实现都需要税收征纳合作。具体而言，税收立法不可避免地存在模糊性缺陷，税法授予税务机关自由裁量权的领域是可以通过协商实现征纳合作的领域，在税收执法方式中贯彻人本理念亦有利于征纳合作关系的构建。

3. 争议处置成本

以税收行政复议和解、调解制度为例，由于受到互联网经济、产业融合等创新经济发展模式转变的影响，近年来税务争议案件新型化、多样化趋势日渐凸显，案件涉及的领域也日趋拓宽。在此背景之下，如何利用有限的法治资源处理那些情节严重、社会影响较大的税务争议案件，确保税收行政复议资源的合理、高效分配，实现复议程序的繁简分流，是复议机关面临的共同课题。[③] 这一问题在税务行政诉讼调解中亦存在。

（三）税收征纳效率的主要影响因素

税收征纳效率包括纳税人和税务机关的双方效率，追求税务机关与纳税人的双方便利。以往片面强调税务机关的征管权威，不利于税收执法成本的有效控制。税收征纳效率的提升，至少与以下几个方面紧密相关。

1. 税收征管严格程度的适度性

税收征管的严格程度与效率之间存在辩证关系。在传统意识下讨论税收执法模式建构，人们大多习惯从严格税收征管的角度出发，从强化管理、便利征收的立场思考机制与制度设计。然而在事实上，严格的税收征管在中国税收执法实践中表现出一体两面：短期执法效果显著，但是，却存在激化征纳矛盾、执法手段合法性不足等现象。从短期来看，对纳税人进行严密监控有利于减少纳税中的“搭便车”问题；然而，从长期来看，相

---

① 比如，五证合一、国地税合并、减少填单、简化手续等一系列便利纳税人的重要行政管理改革，是税收征纳合作不可或缺的基本条件，具有减轻纳税人和税务机关双向负担的实践效果。

② 参见单飞跃：《纳税便利原则研究》，载《中国法学》2019 年第 1 期。

③ 参见叶金育：《税务和解实施的法律规制》，载《内蒙古社会科学（汉文版）》2013 年第 6 期。

对轻松的合作型税务管理则更有利于显著提高征纳效率,有效降低征纳成本,最终促进税法遵从。① 显而易见,符合法治理念的严格征管,还必须以税法的完备、精细为必要前提,然税法的模糊性问题是相对突出的。是故,片面强化税收征管可能导致税收征纳效率降低。应该强调的是,不宜过于严密监控的观点强调摒弃传统税收征管模式下对纳税人“有罪推定”,不代表税务机关怠于执法、放任迁就,依法保持适度严格的税收征管是必要的。

税收征管能否维持在适度严格的水平,主要受到信息质量、审计能力等的影响:首先是涉税信息的供给质量。在事实上,囿于获取与求证涉税信息的征管成本、技术条件等客观条件,税务机关不可能获知纳税人全部且真实的涉税信息。而协税护税网络非常脆弱、运转无力,对解决税源信息不对称的问题所起的作用并不是很大。② 此外,在税收征纳过程中,征纳合作是明确税法规则的适用以预防、控制、消解税务争议的必要工具,然而,在实践中税务机关单方裁量计税基础的公允性尚存不足。其次是税收审计的严格程度。税收审计的实践效果反映的是税务稽查手段的质量。在审计能力方面主要存在两项问题。一是税法体系中缺乏具体明确、按行业细分的税务稽查选案标准规则。由于规则的缺失、人员业务素质不高等原因,在部分行业尤其是没有可以以产定销货物投资的服务业,税务机关对其涉税信息的动态监控与精细管理能力尚且不足,以至于迟迟不能在相关行业开展密切监管。③ 比如,《税务稽查工作规程》只是框架性地规定了税务稽查选案的指导性方法,包括计算机分析、人工分析、人机结合分析等。在实务中,税务机关运用增值税专用发票用量变动、税负变动等 11 项指标对纳税人进行稽查选案,而这些指标多为“比例”形式,纳税人通过人为修改达标的可操作性较大。二是税务稽查的周期过长。依据《推进税务稽查随机抽查实施方案》的规定:对非重点税源企业,采取以定向抽查为主、辅以不定向抽查的方式,每年抽查比例不超过 3%。换

① 参见杜剑:《我国税收征纳成本研究》,西南财经大学 2008 年博士学位论文,第 131 页。

② 参见贾绍华:《中国税收流失问题研究》,中国财政经济出版社 2015 年版,第 23 页。

③ 参见师璇:《职业足球“侧自律”人工成本治理模式的困境及其破解》,载《天津体育学院学报》2019 年第 1 期。

言之，对大多数企业来说，评价 33 年才可能被纳入抽查范围。然而，据原国家工商总局（现为国家市场监督管理总局）相关研究表明，中国企业的平均寿命相对短暂，二至四成的企业在最初的 2 年内便会退出市场，四至五成的企业可以持续 7 年以上，到第 13 年降到四成以下。[①] 在较低精准选案标准和较低抽查概率的双重税务稽查现实情形下，税务审计的质量不甚理想，逃税行为在中国被稽查的概率比一些发达国家要低，进而成为中国逃税者较多的缘由之一。[②]

2. 税制的简便性、易用性与规则的明确性

基于税法专业的特殊性，相较其他大多数法律，税法的模糊性不仅是无法完全克服的，而且保留适度的模糊性也是税收立法与执法所必需的。在传统的非对称性给付关系的“强制模式”中，税收立法中的模糊性规则强调税务机关的“单方决定性”，比如，销售额的确定规则[③]、税务机关“独享”[④]核定应纳税额[⑤]的适用权等。这种“单方决定权”缺乏法律层面和行政监督层面的约束，在实践中容易违背立法者的初衷进而损害纳税人的合法权益。

3. 执法的规范性、科学性与程序的便捷性

税务机关能否做到规范、科学、便捷地执法，不仅要看是否依法行政，还要站在以人为本的高度考量税务机关是否在执法过程中体现人文关怀。具体而言，一是只有保证税收执法行为内容、程序的规范性，才能防

---

① 参见国家工商总局企业注册局、信息中心：《突破“瓶颈期”与“危险期”迎接成长关键期——全国内资企业生存时间分析报告》，载《中国发展观察》2013 年第 9 期。

② 参见贾绍华：《中国税收流失问题研究》，中国财政经济出版社 2015 年版，第 25 页。

③ 参见财政部、国家税务总局《关于全面推开营业税改征增值税试点的通知》附件 1《营业税改征增值税试点实施办法》第 44 条。

④ 参见浙江省衢州市柯城区人民法院行政判决书，(2016)浙 0802 行初 83 号。浙江省衢州市柯城区人民法院指出，是否要对纳税人采取核定应纳税额的方法征收税款，决定权在税务机关，纳税人无权以自己财务管理混乱、账目不健全主张采取核定应纳税额。从理论上讲，税务机关“有权核定纳税人的应纳税额”是一种具体的行政职责，不可推卸，即是说，当纳税人“账目混乱或成本资料、收入凭证、费用凭证残缺不全，难以查账”时，税务机关必须运用核定方法确定应纳税额。但在实践中，“职责”演变成了“权利”。这是因为：一是“混乱”“残缺不全”“难以”这些词语具有突出的主观性，税收立法缺乏定量的判断规则；二是税法没有赋予纳税人与税务机关平等协商权利以制约税务机关的“单方决定权”；三是在司法“谦抑”的背景下，缺乏有效的监督。

⑤ 参见《税收征收管理法》第 35 条。

止公权力随意干扰市场主体的正常预期,即是说,让法律成为指导纳税人作出经济决策的核心准则。二是在税收执法中,积极回应纳税人的共性与个性需求,凭借专业优势尽力为纳税人考虑在前,尽可能提供优质与便利的纳税服务,这些都是提升税收征纳效率的具体手段。相反,随意性、选择性的执法行为与烦琐的征纳程序不仅损害纳税人的合法权利,甚至为恶化征纳关系、激化税务争议埋下风险与隐患。如此一来,税收征纳效率必然降低。

4. 整体层面上的纳税遵从度

法律的实然效果如何,固然离不开执行力度,但最终还要取决于守法者的自觉认同与主动配合程度。纳税人被动地默认与服从,无疑会使法律规范的认可效力大打折扣。反之,法律规范一旦被内心确认,便能化成守法者的自觉行动,最终转化为巨大的物质力量。[①] 税法遵从的主观态度如何,是纳税人一方影响税收征纳效率的重要因素。纳税便利原则对于纳税人纳税遵从主观程度的提升具有重要的指导意义。亚当·斯密就曾明确提出:完税日期与完税方法,必须给予纳税人最大便利。[②] 单飞跃教授认为,纳税便利对内表现为更低的税收遵从成本,对外表现为更高的纳税人满意度,是税收征纳双方便利的统一。[③] 对于征纳双方都便利的税收征纳过程是税收征纳效率提升的具体化。

(四)税收征纳合作对于征纳效率的正向功能

以征纳合作促进效率的提升,重点与难点均在于纳税人。总结以上影响税收征纳效率的主要因素可知,对于纳税人来说,保持适度的征管严格程度,税制简便易懂与规则明确,以及规范、科学、便捷的税收执法,是税收征纳效率提升的客观因素,普遍性的纳税遵从主观心态是税收征纳效率提升的主观因素,税务机关和纳税人基于平等关系的"合作模式"对于以上方面的促进或者缺陷克服都是必要的。

主要理由包含以下 3 点。其一,信息共享不能完全解决涉税信息不

---

① 参见胡平仁:《法律接受初探》,载《行政与法》2001 年第 2 期。

② 参见[英]亚当·斯密:《国民财富的性质和原因的研究》,商务印书馆 2002 年版,第 189 页。

③ 参见单飞跃:《纳税便利原则研究》,载《中国法学》2019 年第 1 期。

对称性问题。税收征纳中的信息不对称本就包含涉税经济信息和税收执法具体决策两方面,后者不对称问题的化解必须通过征纳沟通,而前者不是信息共享一种方法就能完全破解的。由纳税人自觉提供涉税信息既是高效路径,也是必要手段。这是因为,由于复杂的利益关系,通过协税护税的网络途径获取信息未必顺畅。在税收执法实务中,这一困境的表现是多种多样的。① 比如,由于缺乏具体规定,相关单位经常以保护个人隐私或商业秘密为由拒绝提供或者提供不准确、不全面的涉税信息。② 对涉税信息协助义务人开展涉税信息的查证,就是在这些经济主体中摸清涉税信息的来龙去脉,但是由于税收稽查的后置性、选择性,已税资产与逃税资产的产权界限在定案之前未能在经济运行中得以明确。银行、证券、保险、私营企业、互联网企业等经济主体正是依靠这些资产实现其经济利益,因此,当税收征管与稽查需要这些涉税相关经济体履行单纯协助义务时,自然就会遇到阻抗。③ 其二,通过征纳双方较充分的协商,不仅有利于执法结果贴近立法本意、体现税收公平、提升其可接受度,亦可在一定程度上制约税务机关对自由裁量权的滥用。其三,以人为本的税收执法过程蕴含着对纳税人话语权的应有尊重,具体包括税法规定的陈述权、申辩权等,这种征纳主体之间就特定涉税事项进行的质疑、陈述、申辩等一系列协商过程,其实质就是征纳合作进行税款征缴的过程。以人为本理念在税收征管中的践行,有利于培育纳税遵从的主观心态。

此外,税收征纳合作还有利于经济的增长。复杂的监管制度成为制约经济增长的因素之一,④是因为其消耗多种社会资源,⑤提高了立法、执

---

① 以旅游服务业为例,涉税信息在政府间实施共享制度的成本是巨大的,因为从表面看,旅游局是旅游行业的行业主管机关,理应成为最佳的涉税信息提供方,但是旅游局与旅行社之间并非单纯的"监管"关系,而是存在非常密切的利益关系。参见师璇:《"营改增"后旅游服务税收监管风险研究——以河北省为例》,载《地方财政研究》2017 年第 3 期。

② 参见任东飚等:《试析自然人税收征管的问题及对策》,载《税务研究》2017 年第 10 期。

③ 参见师璇:《职业足球"侧自律"人工成本治理模式的困境及其破解》,载《天津体育学院学报》2019 年第 1 期。

④ 监管复杂性阻碍地区生产总值和人均收入的增长,这一理论假设得到了计量经济学的数据研究支持。See Giuseppe Di Vita, *Institutional Quality and the Growth Rates of the Italian Regions: The Costs of Regulatory Complexity*, Papers in Regional Science, Vol. 97, p. 57 (2017).

⑤ 参见张晓芳:《制度成本视域下党内法规效能提升探赜》,载《理论导刊》2019 年第 4 期。

法、司法与守法成本:越复杂的监管制度,其调查研究、起草修改、征求意见等立法成本就越高;越复杂的执法手段越消耗执法所需的人力、物力、财力资源,即制度维持成本走高;越复杂的规则设计越可能诱发纳税人的避税动机,即制度预防成本[①]攀升。

二、平衡征纳之间的税收利益

在公权与私权之间,夸大或者压制其中的任何一方,对现代社会的发展来说都是不明智的。[②] 现代税法需兼顾公共财产权与私人财产权,符合"平衡论"的价值追求。而税收征纳主体之间最核心的冲突体现在税与非税的利益划分过程中,为此,税收利益的平衡是培养良性税收征纳关系的重要环节。

(一)自由裁量权视域下的征纳利益倾斜

此处所说的"征纳之间的利益倾斜",特指在税法不完备的情形下,税与非税的利益划分偏离立法本意以及法律公平、正义的核心价值。在税收执法实务中,由于税务机关的强势地位(法律地位、专业知识层面都具有比较优势),无论税法有没有明确授予税务机关以自由裁量空间,税务机关大多数情况下都掌握自由裁量权。在多数情形下,税务机关同时是"剩余立法权"的享有者,这种权力配置的失衡情态会成为行政权力异化的重要根源,[③]极易引发相关利益划分偏离公平价值。在税法不完备的情况下,如果任由税务机关单方面决定,就容易受到税收任务、执法水平、地域差异等多方面因素的综合影响。

(二)征纳利益平衡需要以民主参与方式来达成

鉴于利益总是"量"的问题,因而包含着权衡与妥协。[④] 利益的冲突与调和是人类社会发展的原动力,其中,对于利益冲突的平衡是人类社会制度安排的原点。税法体现了人类对税收利益关系的判断和各方主体对税

---

① 参见张旭昆:《制度演化分析导论》,浙江大学出版社2007年版,第128页。

② 参见李娟:《行政法中平衡论的对立观念探源》,载《法商研究》1997年第5期。

③ 行政权的异化是行政权的运行脱离了其设定的本意,向另外的方向发展。参见胡建淼:《公权力研究——立法权·行政权·司法权》,浙江大学出版社2005年版,第290页。

④ 参见[美]史蒂芬·霍尔姆斯、凯斯·R.桑斯坦:《权利的成本——为什么自由依赖于税》,毕竟悦译,北京大学出版社2004年版,第71页。

收利益最大化的追求。税法是税收利益的均衡分配之法,无论是其理念、原则抑或是制度,都应该且能够通过利益均衡推演来进行剖析。① "自由裁量权"应当是一种分辨真与假、对于错的艺术和判断力,不应以执法者的利益和私人感情为转移。② 为此,执法权有必要受到监督与制衡。

在税收征纳的整个过程中,存在多个征纳协商的环节,可以为税务机关对私人财产权与公共财产权进行权衡提供机会。征纳双方沟通、协商就是双方为了消除分歧、改善关系而交换意见,就是双方为了谋求契约利益而相互磋商的过程,③通过沟通与协商,使双方相互理解从而在税收制度框架内彼此妥协各自得到符合自身利益标准的可接受的分配结论。征纳合作的心态转变是公私利益平衡的起点,征纳合作的具体行动是公私利益平衡的工具。民主参与的税收执法,就是通过充分的沟通、权衡、妥协,可以纠正税务机关滥用自由裁量权、纳税人沉默造成的公私利益分配不当的问题,最终趋近税收公平下的立法本意。税收征纳合作相关制度的完善,需要建立一个制度平台,促使"征纳沟通执法"模式形成常态,以替代税务机关或松或紧的选择性执法。

三、控制征纳双方的税收风险

(一)征纳合作有利于税务机关的风险控制

如前所述,税收征管存在多重目标:完成税收收入任务;不断优化纳税服务,最大限度地方便纳税人,为纳税人消除依法纳税障碍,尽力抚平纳税产生的"痛点";准确识别纳税不遵从行为并通过公平公正的执法程序予以纠正。如果依靠强调权威、强化征管的执法模式,显然就会陷入税收征管困境。可见,向征纳合作执法模式转变有其显著的必要性。一方面,税务机关通过与纳税人进行沟通、协商的合作方式提高具有不确定性的税法规则在执法中的公允性,减少税额争议的产生;另一方面,通过纳税人的主动供给,涉税信息数量与质量的双重提升,可以有力地弥补掌握

---

① 参见叶姗:《税法之预约定价制度研究》,人民出版社2009年版,第107页。

② 参见[美]伯纳德·施瓦茨:《行政法》,徐炳译,群众出版社1986年版,第586页。

③ 参见于立深:《契约的方法论——以公法哲学为背景的思考》,北京大学出版社2007年版,第143~144页。

涉税经济信息的政府部门、市场主体信息供给的不足，从而降低监管风险。

（二）征纳合作有利于纳税人的风险控制

纳税筹划是纳税人用于降低税负、争取财产利益最大化的重要工具。但在税收实务中，不恰当的纳税筹划常常与不合理避税相连接，很可能陡增纳税人的税收风险。如果纳税人选择“无声无息”的行动模式，对可能受到的税务稽查采取“放任”态度，这是不明智的。因为，基于税收法律制度体系复杂、庞杂且专业，一般纳税人对于税法的诸多具体性规则，尤其是税务机关的税务稽查标准、自由裁量标准等细致性规则不甚熟悉，这同样是一种“信息不对称”。纳税人很可能在主观上低估了自身纳税筹划所潜藏的利益，或者因为害怕被判定为不合理避税而错失好的筹划决策。正如《中国预约定价安排年度报告（2019）》所言，单边预约定价可以为企业提供税收确定性，[①]征纳合作可以使纳税人对缴纳的具体税额有较稳定的预期，避免税务稽查甚至税务争议导致多重资源消耗。

四、促进税收执法的可接受性

（一）“可接受性”的概念与意义

1.“可接受性”的概念

此处“可接受性”概念的核心是“法律接受”。“法律接受”概念阐述的是人对于法律的认同、服从、接纳、内化的主观[②]心理，与之相应的即是“法律不接受”概念，表达的是人的规避、漠视、违背抑或是抗拒的心理状态。[③] 法律规则之所以需要证明自己的正当性，就是因为法律规则有其客观性和主体性，前者是指真实性，而后者就是指可接受性。[④]

---

① 参见国家税务总局办公厅：《中国预约定价安排年度报告（2019）》，载国家税务总局官网 2020 年 10 月 29 日，http://www.chinatax.gov.cn/chinatax/n810214/n810606/c5157990/content.html。

② 参见孙光宁：《可接受性：法律方法的一个分析视角》，北京大学出版社 2012 年版，第 71 页。

③ 参见胡平仁：《法律接受初探》，载《行政与法》2001 年第 2 期。

④ 参见于立深：《行政立法过程的利益表达、意见沟通和整合》，载《当代法学》2004 年第 2 期。

2."可接受性"的意义

不为公众接受的法律,即无法出于法律确信而被公众认可、自愿遵从,便会因其缺乏"道德效力"而受到正当性质疑,其实然效力就会大打折扣。倘要增加具体行政行为的社会可接受程度,便需设计一种客观中立的程序,用以整合社会诸般关系,如此还能为行政机关提供随时反思权力运行合理性的机遇。① 但若某一行政部门有失公正地、武断地作出决定已然成为人们的普遍认识,对于政府的这种认识便会降低公众对该部门的信任度以及遵从该部门决定的自愿性。② 是故,在现阶段,通过现代行政程序来整合社会关系,确保社会长期稳定,具有重要的战略意义。

(二)税法的"可接受性"

传统税收征纳关系认为,征纳双方的对抗性较突出,这种关系主要反映的是纳税人不接受纳税义务、行政行为的问题,表现在逃避纳税义务、规避税法规则、放任法律责任发生等方面。引导纳税人自愿接受的税收执法模式必不可少,这是因为:一方面,税收实务中的大量争议是由不当执法行为所造成的;另一方面,如果将征纳合作的相关制度细数下来,其中不仅包括大量的程序性规则,已存在不少的实体性规则,直接影响税收利益相关者的收入分配数额。而且,也有不少学者认为,尽管强制性是税收的基本属性之一,也不宜过分宣传,因为如此强调容易使纳税人产生被迫感和重负感,而这种难以接受的主观感受,会对征纳双方关系的日渐紧张产生潜移默化的影响。因此,应该更新观念——宣扬纳税具有自愿性的特征。③

(三)税收征纳合作与税收执法行为的"可接受性"

通过税法制度的完善、执法模式的变革等方式,尤其是征纳双方沟通方式的运用,在税收征纳过程中逐渐培养合作、和谐的关系,有利于增加征收税款、违法处理决定行为的"可接受性"。而对纳税人经济利益与经济自由的保障既是纳税人自愿进行合作的关键前提,亦是增加纳税义务、

① 参见章剑生:《现代行政程序的成因和功能分析》,载《中国法学》2001年第1期。

② 参见[美]欧内斯特·盖尔霍恩、罗纳德·M.利文:《行政法和行政程序概要》,黄列译,中国社会科学出版社1996年版,第4页。

③ 参见杨斌:《税收学原理》,高等教育出版社2008年版,第3页。

行政行为的可接受性的必要基础之一。法律意义上的自由,包括政治自由、经济自由以及许多其他自由权利。其中,经济自由权利主要包含所有权不可侵犯、交易自由与市场中契约关系的法律保护等。[①] 具体到微观规则层面,税收立法中包含一些模糊性规则和税收公平不足的具体规定,运用不当就可能侵害私人财产权利、破坏平等市场主体之间由订立契约形成的利益分配关系,或者影响税收横向公平。因此,通过税收征纳沟通执法可以更好地保护契约自由、维护税收中性,促进纳税筹划权利与税收征管权力的平衡;同时,为了避免和应对合理性不足的具体行政行为,在税收执法、行政、司法环节适用和解或者调解程序,从而控制、应对税务争议。有理由相信,征纳合作的开启与不断维系会将征纳和谐关系的构建送入良性循环轨道。

税收征纳的过程及其利益分配的结果能否达至公平,不仅对市场主体之间的经济公平发挥基础性作用,产生直接影响,还会迅速渗透到社会公平维度,进而对社会整体公平乃至社会稳定产生深远影响。[②] 在进行一次收入分配之后,为了防止两极分化,税收便被作为再调剂的方式,[③]旨在增进社会合作、提升社会发展的质量。可见,税收征纳合作具有促进社会公平、合作与和谐的社会功能。

---

① 参见[印]阿马蒂亚·森:《以自由看待发展》,任赜、于真译,中国人民大学出版社 2013 年版,第 6 页。

② 参见杨杨:《和谐社会下税收公平制度选择》,西南财经大学 2008 年博士学位论文,第 1 页。

③ 参见吴忠民:《社会公正论》,山东人民出版社 2004 年版,第 88 ~ 95 页。

第二章　税收征纳合作中的问题及其缘由

第一节　税收征纳合作的问题

一、申报纳税合作尚未实现依法申报

如果纳税人的申报内容存在潜在风险，或者纳税人已经缴纳了超过法定最低税负标准的税赋，本书称其为“未实现依法申报”。在实践中，税收风险的有无与大小、已纳税款与法定最低税负之间有无差异及其大小，两项问题都存在“不确定”现象。亚当·斯密就曾强调：“赋税虽再不平等，其害民尚小，赋税稍不确定，其害民实大。”①只有税收优惠、应纳税额等申报内容得到及时的确定，纳税人才能够从容地进行纳税筹划、申报纳税。相应地，税务机关依照税法提供与之匹配的优质服务是征纳合作的应有之义。由于税法规则的不确定性、专业性和纳税筹划行为的前瞻性等现实问题的存在，直接引发了申报纳税合作“依法申报”标准的不确定性。即在经济高速发展背景下，纳税人无风险地依法筹划、核算、申报的需求与纳税服务有限供给能

---

①　[英]亚当·斯密：《国民财富的性质和原因的研究》，郭大力、王亚男译，商务印书馆2002年版，第189页。

力之间存在显著矛盾。

(一)预约定价服务质量尚未达到转让定价依法申报合作标准

预约定价是在征纳双方自愿、平等、互信的基础上达成的协议,是税务机关为企业提供的服务,为税企双方增进理解、加强合作、减少对抗提供了有效途径。① 面对关联企业间涉税业务的特殊性、税法具体规则的不确定性问题,纳税人为了使计税依据、税率等申报内容确定化,就需要运用预约定价为申报纳税做重要的准备工作。但是,预约定价制度的实际运行还存在以下问题:

1. 整体数量不高,且双边或者多边比例不高

中国预约定价的实践始于20世纪90年代末,在1998年,税企签订首例预约定价。《中国预约定价安排年度报告(2018)》统计数据显示,自2005年1月1日至2018年12月31日,中国税务机关已累计签订156例预约定价,其中,有89例为单边预约定价,67例为双边或者多边预约定价。② 转让定价在不同国家与地区征税主体之间的矛盾远远大于征纳矛盾,双边或者多边预约定价能够满足跨国企业国际转让定价业务申报内容预先确定的需要,这一功能是单边预约定价所不具备的。

2. 制度核心功能所含涉业务领域的签订比重较低

在已签订的转让定价协议中,涉及有形资产使用权或所有权转让的关联交易占全部关联交易类型的65.07%;涉及无形资产使用权或所有权转让,以及劳务交易的比重分别为14.83%和20.1%。然而,对无形资产和提供劳务的交易定价进行税务审计是国际公认的难题,二者理应成为预约定价协议的重点攻坚方向。但是,中国无形资产与劳务关联交易类型比重却比较低。

3. 税务机关处理的预约定价申请的数量不多

税务机关每年能够处理的预约定价申请的数量并不多。③ 虽然从正

① 参见国家税务总局:《中国预约定价安排年度报告(2018)》,载国家税务总局官网2019年4月12日,http://www.chinatax.gov.cn/n810214/n810606/c4244610/content.html。

② 参见国家税务总局:《中国预约定价安排年度报告(2018)》,载国家税务总局官网2019年4月12日,http://www.chinatax.gov.cn/n810214/n810606/c4244610/content.html。

③ 参见郁启生、唐恩亮等:《中国预约定价管理实践与展望》,载《国际税收》2017年第6期。

式申请到达成安排,2018 年中国签署的预约定价都是在 1 年内完成的,但是其总数仅为 2 例。且从 2005 ~ 2018 年的统计数据来看,处于意向和申请阶段的预约定价尚有 16 例。①

4. 小规模企业无法进行预约定价申请

对于较小规模的企业来说,尽管其涉及关联交易的金额不甚显著,但是,这一问题的潜在风险不可忽视:鉴于其本就处于纳税评估样本匮乏、自身专业水平不高的双向困境之中,如果再加上预约定价"弃而不用"的问题,那么,小规模企业关联交易一旦出现税收异议,其自身权益保障将陷入被动。

5. 纳税人信息权利保护不到位

纳税人普遍认为,在税收情报交换中,执法方式对纳税人的保护不力。如何在情报交换中体现对纳税人的合理保护,如何制定所交换的情报的保密规则,如何确定可以交换的情报,这是各国在情报交换实践中反映出来的共同问题。

(二)预约裁定服务尚难回应特定复杂事项依法申报合作需要

同样是为了在申报纳税的准备阶段明确申报内容,纳税人对其预测的未来发生、有重要经济利益关系的特定复杂事项,难以直接适用税法制度进行核算和计税时,即可申请预约裁定。预约裁定是处于试行阶段的制度,②其在适用申报内容预先确定方面存在"盲区"。2012 年,青岛市李沧国税局开始探索在税收征纳活动中适用事前询复服务;2013 年,安徽省国家税务局主动提供上门服务让马钢集团顺利完成重组并节省了 2 亿元税款;2015 年,陕西省国家税务局专门设计了定点联系企业涉税事项预约裁定的标准流程、表格等,并运用到事先裁定实务中去。③ 预约裁定制度在多地进行了试点实践,并在 2015 年写入《税收征收管理法修订草案(征

① 参见国家税务总局:《中国预约定价安排年度报告(2018)》,载国家税务总局官网 2019 年 4 月 12 日,http://www.chinatax.gov.cn/n810214/n810606/c4244610/content.html。

② 国家税务总局《关于加强纳税人权益保护工作的若干意见》(税总发〔2013〕15 号)第 2 条第 4 款规定,可以探索为纳税人提供特定商务活动的涉税事项事先裁定;国家税务总局《关于进一步加强大企业个性化纳税服务工作的意见》(税总发〔2013〕145 号)第 3 条第 9 款规定,试行大企业涉税事项事先裁定制度。

③ 参见熊晓青:《事先裁定热点问题研究》,载《国际税收》2016 年第 4 期。

求意见稿)》(以下简称《征管法征求意见稿》)。[①] 设立税收事先裁定制度的首要意义就在于"税收合作信赖主义",它是由民法诚信原则移植到税收法律关系之中而产生的,用以实现税收征纳双方权利义务分配的公平,促进公私利益的平衡,体现正义、公平的终极法律目标。由此,宜将税收征纳双方的关系看作是一种相互合作、信赖,而非对抗的关系,征纳双方应当建立起密切的沟通渠道和信息联系。[②] 税务机关与纳税人谈签预约裁定协议,为纳税人的纳税筹划方案提供确定性的预期。[③]

然而,目前预约裁定制度的适用受到金额标准、事项范围等因素的现实制约。比如,"有重要经济利益关系"如何把握?当代经济日新月异,新型经济模式不断涌现,其早期规模未必很大,那么,如何满足规模不大的企业纳税筹划的确定性需求,存在现实缺憾。而且,目前尚未有自然人提出申请。事实上,大半的裁定主办机关参与了企业交易安排的策略选择与制定,在缺乏有效制约及监督的情形下,存在"寻租"的可能;当纳税人的权利受到侵犯时,亦缺乏有效的救济途径。[④] 此外,需要作出补充说明的是,尽管个案批复也可以应对税法适用不确定的问题,但是其存在时滞性[⑤]缺陷,不能满足在纳税期限截止之前申报内容确定化的需求。

(三)风险提示服务质量尚未达到风险高效控制合作标准

1. 检测结论不具有法律确定力

税收政策风险提示是已经在全国范围运行的具体风险提示服务项目,具有现行的试点意义。但是,从目前的实践来看,其法定确定力水平尚存较大提升空间。细数税收确定性涉及的具体项目,除却转让定价涉及的收入项目调整外,纳税人还有税前扣除支出项目能否通过合理性审查的隐忧:由于支出合理性规则的模糊性较强,可以在企业所得税税前扣

---

① 参见《征管法征求意见稿》第46条。

② 参见张松:《在我国设立税收事先裁定制度的探讨》,载《税务与经济》2013年第2期。

③ 参见章建良:《引入预约裁定制度 减轻税务风险》,载《中国会计报》2015年1月30日,第14版。

④ 参见席卫群、胡芳:《税务事先裁定制度在我国的建立:前景与挑战》,载《税务研究》2018年第7期。

⑤ 国家税务总局《关于印发〈税收个案批复工作规程(试行)〉的通知》(国税发〔2012〕14号)第8条第2款规定,上级机关交办、本机关领导批办、相关部门转办、纳税人直接提出申请,拟作出批复的,应当逐级发送至税务行政相对人的主管税务机关调查核实。

除的支出项目也成为税务行政诉讼中的常见争点。[1] 虽然现行的企业所得税申报纳税系统已经具备了税收政策风险自检功能，但其检测结论是“参考性”的。[2] 在税务检查后，纳税人依然可能因不符合合理性要求而被认定为偷税，这一问题在无形资产、劳务这类价格评估难点领域尤为突出。

2. 服务对象的针对性不强

在税收征管实务中，税务机关大多采用统一的标准、方法进行风险管理控制，比如：仅仅在风险排序环节根据风险大小将风险分为高、中、低3个等级。这种风险管理方法没有充分考量不同企业规模所形成的纳税人的特殊性，容易导致大企业仍旧以事后风险管理为主，缺乏针对资产重组、股权投资等复杂事项与集团属性风险的监控，并且，误判问题也不能根除，[3]此其一。其二，税务机关提供的风险提示服务对不同行业的区分度不完善。其三，对于无形资产、劳务等难于进行价格评估的业务领域缺乏有效的风险监控能力。可见，税务机关提供专业化风险提示服务的能力尚且不足。

3. 服务时间存在滞后性

现行的纳税风险提示服务主要分为两类：一类是企业所得税税收政策风险提示，另一类是多省市税务机关开始尝试提供纳税风险提示服务。后者与前者最大的不同在于：纳税风险提示服务是在纳税人申报纳税之后发出的，主要功能在于督促纳税人自查自报。换言之，由于时间滞后，不能避免纳税人承担相应法律责任。

4. 给纳税人带来的潜藏问题

纳税风险提示服务是税务机关主动提供的一项服务，应站在纳税人需求的角度上进行制度设计，保证服务供给行为的恰当与适度，不应该给纳税人带来过重的心理与资源负担。如若不然，数量庞大的风险提示服

---

① 在中国裁判文书网上公布的涉及企业所得税税前扣除争议的案例有49例，占到企业所得税税务诉讼案件总数的10.99%。

② 《关于〈国家税务总局关于为纳税人提供企业所得税税收政策风险提示服务有关问题的公告〉的解读》指出，风险提示指标的设定还需要不断完善、修改。因此，所提示的风险信息仅供纳税人参考。

③ 参见施文：《大企业税收管理：阻力与对策》，载《国际税收》2014年第8期。

务可能陷入强制披露的困境。由于设定了纳税人的回复义务，提示条款的数量与质量需要严谨推敲。比如，风险提示具体项目的供给应该与纳税人的现实需求紧密结合，而不是税务机关依据自身税务检查选案标准进行简单的“制度腾挪”。自2017年提供税收政策风险提示服务以来，对很多纳税人来说，收到“税收风险提示提醒函”的一个共同感受就是“困扰”。这种“困扰”主要表现在以下方面：其一，纳税人怀疑自己是不是已经被税务机关列为稽查对象；其二，针对税务机关列举的诸多异常情况风险点，不知如何回复是好；其三，有些被税务机关指出的“异常情况”（如本月销售额明显升高，怀疑存在虚开增值税专用发票问题）在纳税人看来是真实的业务（旺季到来）。这些问题有违风险提示服务的设置初衷。①

（四）纳税辅导服务质量尚未达到依法申报合作标准

广大纳税人专注于市场经营，并非财税专业人士，在享受减税降费政策的过程中难免存在障碍，需要花费大量时间、精力进行掌握和消化，纳税人是否及时、准确地掌握并适用减税降费政策，将直接影响纳税人的获得感。然而，实践中的纳税辅导服务质量尚难满足纳税人的现实需求。

1. 税法新规宣传辅导的及时性、精准度有待提升

以往的纳税辅导主要集中在增值税一般纳税人的纳税辅导期管理制度，有关税法新规及时、广泛宣传与精准辅导的力度与纳税人的掌握技能、现实需求之间尚存明显差距。税务人员在办税大厅的导税前台，经常接受纳税人有关税收优惠的税种、税额及其办理流程的询问。自2016年“营改增”以来，每年繁复的税法新规给市场主体带来了不小的学习压力，尤其是2019年减税降费力度空前，如何及时、精准、全面地掌握增值税、个人所得税等新规则、控制纳税风险、保护合法利益是广大纳税人的急切需要。因此，进行及时、精准、全覆盖的纳税辅导成为税务机关的重要现

① 风险提示服务的设置本意是充分发挥税务机关的专业优势，在纳税人完成申报纳税表填报、正式申报纳税前，由税务机关先以发函的方式向纳税人提示其可能存在的纳税风险，再由纳税人以填表反馈的方式解释说明问题原因、调整申报纳税数据，通过这样一来一回的沟通过程，税务机关可以运用非强制性干预的建议方式引导、辅助纳税人依法完成申报纳税。

实任务,也对税务机关纳税辅导服务能力提出了新的挑战。比如,增值税的税收新规涉及税率、起征点、进项税额抵扣等多项税收实体要素,涉及的小规模纳税人数量众多;又如,个人所得税汇算清缴的具体细则还处于税收立法尚未完善阶段,这些新问题都对税务机关的宣传辅导工作提出了挑战。如何及时、精准地向纳税人讲解税法实体性内容和办税申报流程等程序性内容,如何帮助纳税人、缴费人明晰规则口径和适用标准,确保纳税人准确理解税法新规、充分享受减税福利都是亟待解决的纳税服务问题。

2. 常规纳税咨询的回复精准度、法律约束力不够理想

纳税人具有申报内容预先确定的需求,其中的"预先",是指至少应当在纳税期限截止之前,在纳税人填写申报纳税表之前则更优,这种时间要求是纳税人合法申报纳税的必然要求。纳税人在纳税筹划过程中,需要预先确定不同财务方案的税收负担与风险,这样一来,税法中的不确定性规则就成为纳税人追求税收确定性的现实障碍。在传统的纳税服务体系中,纳税人可能选择纳税咨询来解决申报内容不确定的问题。然而,由于咨询服务人员专业能力有限,提供日常纳税咨询服务的工作人员一般只能解答公众和纳税人提出的常规涉税问题,以致咨询回复的精准度不能充分满足纳税人需求。最重要的是,如果仅仅以电话形式或者在纳税服务厅进行纳税咨询,得到的答复对税务机关无法产生法律上的约束力,因而不利于纳税人信赖利益的保护。

二、纳税调整合作尚未达至税法公平

(一)纳税调整只能由税务机关启动

在纳税期限截止之前,纳税人可以修改自身申报纳税相关表格的内容;而在纳税期限截止之后、税务检查尚未开始之前,如果纳税人自主发现错误、有修改的需要,就不能再进行修改,即针对已经作出的申报内容进行纳税调整的程序只能由税务机关启动,进而形成纳税人与税务机关之间不公平的现象。纳税调整合作作为征纳合作的重要构成要素,必须体现合作的平等性要求,为纳税人参与合作创造便利。如果不允许纳税人在税务检查之前自主作出纳税调整,那就意味着即便纳税人自己发现

申报错误也必须等到税务机关开启税务检查之后再改正，进而承担更高额的滞纳金。这不利于鼓励纳税人主动遵从税法，不利于税务检查工作量的降低。换言之，申报纳税修正是申报纳税制度的有机组成部分。如若纳税人不能自行启动纳税调整程序，那么，这对申报纳税资料的真实性来说，无疑是缺少了一件利器。[①] 纳税人享有依法进行申报纳税的权利，申报纳税权利的完整化、人性化离不开纳税调整中的公平启动程序的制度供给。

（二）利益格局调整有待公平

在税收利益格局调整的过程中，税务机关采取的调整方式及其形成的调整结果，都存在纳税人与纳税人之间的不公平现象，即税收执法行为存在过程不公平与结果不公平问题。

1. 自查自报中的方式不公平与结果不公平

税务机关行政指导方式的不公平容易导致纳税调整阶段利益格局秩序混乱，现以 2018～2019 年规范影视行业税收秩序工作为例进行深入考察。偶然事件（群众举报）开启了影视业偷税重罚的强制治理局面，对今后类似涉税违法行为起到强烈教育警示作用。然而，结合在此后发布的国家税务总局《关于进一步规范影视行业税收秩序有关工作的通知》（以下简称《规范税收秩序通知》），应该注意到当下针对税收监管行业启动税务稽查的效果具有一体两面：对于解决特定行业税收秩序混乱问题收效显著；与此同时，也必须看到影视业税收征管治理模式依然深陷种种现实樊篱。

其一，根据《行政处罚法》第 32 条、第 33 条规定，当事人主动消除或者减轻违法行为危害后果的，应当依法从轻或者减轻行政处罚；违法行为轻微并及时纠正，没有造成危害后果的，不予行政处罚。可见，“不予处罚”的前提是情节轻微和补缴税款，而非限期补缴税款。故“凡在 2018 年 12 月底前认真自查自纠、主动补缴税款的影视企业及从业人员，免予行政处罚”的执法和解方案缺乏法律依据。同时，“从 2019 年 1 月至 2 月底，对经税务机关提醒后自我纠正的纳税人，可依法从轻或减轻行政处罚；对

① 参见广西国家税务局课题组等：《建立中国申报纳税修正制度的初步思考》，载《经济研究参考》2016 年第 35 期。

违法情节轻微的,可免予行政处罚”[①]的和解方案亦与法律规定相冲突。依法从轻、减轻、免于处罚的条款都是限定性条款,是“应当”而非“可以”,对此税务机关不具有选择权。其二,法律授予执法者自由裁量权,就是要求执法者依据个案具体情形具体分析,努力实现个案公平,因此,无论纳税人主观上是否存在恶意、逃漏税数额多寡、补缴税款比例、纳税人既往有无逃漏税行为等因素一概不论,只要在指定时点前补税一律免罚的处置方式有失公平。其三,如果工作室存在通过虚开发票的方式逃税,还将导致影视公司等下游企业所取得的发票成为不合规发票,依据《国家税务总局关于企业所得税若干问题的公告》《企业所得税税前扣除凭证管理办法》的规定:2016 年度和 2017 年度企业所得税汇算清缴期已过,下游企业已丧失了向工作室补开、换开发票的权利。也就是说,由于两个年度内从工作室开具的整张发票不合规,即便其中包含真实发生的人工成本也将丧失税前列支的权利,这种结果虽然是理应承担的违法后果,但从责任划分的轻重及其实际承担的法律后果来看,明星及其工作室凭借其市场优势地位虚开发票应负主要责任但却免罚,下游企业责任较轻却要承担额外税负。换言之,名义上的“一律免罚”,在实质上却失之公平。

正如威廉·韦德所言,“法律效力必须法律授予,如不在法律授权范围内,它就在法律上站不住脚”。[②] 此番规范影视行业税收秩序工作采取的处理措施存在风险。从短期看,裁量权的滥用影响税收利益调整的公平性,也埋下了颇多税务执法风险。[③] 而且,台湾大学黄茂荣教授也指出,关于税务违章行为的对待,有一般和解和个别和解,个别和解不利于国家税收的长远之计。[④]

2. 税务约谈中的方式不公平与结果不公平

其一,税务约谈中存在“过度化”的执法和解方式。执法和解“过度

---

① 参见《规范税收秩序通知》(税总发〔2018〕153 号)第 2 条第 1 款、第 2 款。

② 参见[英]威廉·韦德:《行政法》,徐炳、楚建译,中国大百科全书出版社 1997 年版,第 44 页。

③ 参见师璇:《职业足球“侧自律”人工成本治理模式的困境及其破解》,载《天津体育学院学报》2019 年第 1 期。

④ 这一观点为黄茂荣教授在中国法学会财税法学研究会 2018 年年会暨第 29 届海峡两岸财税法学术研讨会第四分会场针对“范某偷税案”的发言。

化”是其中最突出的权力滥用问题，背离了税务约谈制度设立的初衷。[①]获取处罚事实依据的信息，常见的是质疑约谈。[②] 然而，为了信息获取的自发性，税务机关往往通过从轻、减轻处罚等执法和解等“条件”进行引导。在实践中，执法和解出现了“过度化”倾向——以谈代罚，即不区分情节程度，相同地适用减轻甚至免罚的处理决定。具言之，“以谈代罚”有两种表现形式：一种是相对人的行为已然符合违法要件，但是行政机关基于诸般考虑，以约谈方式警示相对人纠正违法行为，同时豁免其行政处罚之责罚；另一种是相对人的行为已达违法状态，行政机关基于种种考虑，以约谈和解的方式减轻相对人的法律责任。前者常见于纳税人积极补税的情形，税务机关要求纳税人限期补缴税款即可；而后者往往是征纳双方就违法事实达成的和解，其原因可能是事实难以查清。然而，在实践中出现的问题是：不区分情节严重与否、不区分查清纳税事实难易程度，对于疑点行业、企业普遍适用执法和解。

为此，本书对中国知网公布的税务约谈新闻报道资料进行整体数据统计，对只补缴税款、处以滞纳金和处以罚款的案件数量分别进行了小记。具体情况如表1所示。

表1　税务约谈处罚情况统计

案例总件数	只补缴税款		处以滞纳金		处以罚款	
	件数	比例/%	件数	比例/%	件数	比例/%
29	20	71	5	18	4	14

同时，依据新闻报道披露的具体数据信息，本书匡算了5则案例中逃

① 参见孟强龙：《行政约谈法治化研究》，载《行政法学研究》2015年第6期。

② 成都市地方税务局《关于推行税务质疑约谈的通知》（成地税发〔2005〕130号）第1条规定，税务质疑约谈，是指税务机关在一定时期内，对纳税人、扣缴义务人的申报纳税情况及有关涉税资料进行分析比对发现纳税异常和疑点，在实施税务检查前，主动约请纳税人、扣缴义务人解释说明税务机关提出的涉税疑问，促使其自查自报的一种税收管理方法。

税数额所占应纳税额的比例，分别为 91%[①]、49%[②]、41%[③]、33%[④]和 27%[⑤]，5 家企业的逃税金额在 3.56 万～422 万余元不等。其中，只有 1 家企业缴纳了滞纳金，没有企业被处以罚款。对没有进行税务约谈直接被处以税务处罚的纳税人来说，这样的结果有失公平。

其二，在信息调查过程中，存在要求纳税人"自证违法"的倾向，显示出利益调整过程的不公平。比如，汕头市就存在纳税人拒绝时可以继续对其进行约谈的规定。[⑥] 从行政行为属性上讲，税务约谈属于非强制性干预，相对人对于是否接受具有行为选择上的自主性，反复约谈会直接干扰纳税人任意选择权。因此便可以预见，极少数人会真的违背约谈建议。[⑦] 又如，设置纳税人如实回答义务[⑧]也是违背了税务约谈的人权保障理念。在没有明确限制的情形下，税务机关约谈中提出的涉税问题当然包括归错性提问，必须如实回答和陈述提问也是近乎强迫性的调查取证手段。

（三）调整沟通秩序两极化

"正义的本质主要是程序性的。"[⑨]征纳合作的有序性是检验合作正义

---

① 参见陈晓光：《"谈"出来的外资企业所得税——武汉东湖高新技术开发区国税局反避税调查案例》，载《税收征纳》2007 年第 3 期。

② 参见河北省永年县国家税务局：《分析配比关系归纳疑点　约谈企业指导自查补税》，载《中国税务报》2008 年 3 月 21 日，第 7 版。

③ 参见河北省廊坊市地税局税源监控局：《迂回约谈　破解企业逃税迷局——河北省廊坊市地税局税源监控局对某运输集团有限公司的纳税评估案例》，载《中国税务报》2013 年 7 月 19 日，B03 版。

④ 参见郑州市地方税务局经济技术开发区局：《评估与辅导并重，在约谈中解决企业问题》，载《中国税务报》2007 年 8 月 17 日，第 7 版。

⑤ 参见浙江省海宁市国税局：《依托指标分析　核实真实税基——浙江省海宁市国税局对某机械有限公司的纳税评估案例》，载《中国税务报》2011 年 3 月 25 日，第 7 版。

⑥ 汕头市地方税务局《关于印发〈汕头市地方税务局外籍人员个人所得税质疑约谈暂行办法〉的通知》（汕地税发〔2007〕225 号）第 12 条规定，纳税人拒不进行修正申报，或通过审核发现其提交的修正《个人所得税申报表》仍然存在问题的，可以继续对其进行约谈。

⑦ 参见［美］麦克尼尔：《新社会契约论》，雷喜宁、潘勤译，中国政法大学出版社 2004 年版，第 5 页。

⑧ 参见《广州市外籍人员个人所得税质疑约谈工作指引》（穗地税函〔2010〕155 号）第 4 条。

⑨ Kenneth Culp Davis, *Administrative Law*, West Publishing Company, 1972, p. 192.

与否的重要标准。在纳税期限截止之后，由于纳税人已经按照自我核算申报并缴纳了税款，公共财产权与私人财产权之间的利益分配格局初步形成。那么，在税务检查中，如果税务机关认为这种利益分配格局不符合税收法定原则，就会通过纳税调整促进利益分配的正义化。① 在纳税调整过程中存在调整沟通秩序两极化现象，直接造成纳税人与税务机关之间不公平，这种过程不公平进而引发纳税人之间的结果不公平。

1. 税务机关在纳税调整常规领域排除合理性商谈

(1)税务机关掌控转让定价特别纳税调整规则适用的话语权

税务机关对特别纳税调整所依据的比对标准随意性强，现以北京市国税局直属税务分局连续3次向某电子有限公司发出转让定价调查初步调整通知书和转让定价调查调整通知书的案例②进行说明。该税务分局认为，纳税人未按照独立企业间往来收取或者支付价款，该税务分局依据自身裁量的行业利润水平调增了企业的企业所得税应纳税所得额。在前后发出的3份调整书中，要求企业调增的企业所得税应纳税所得额差异巨大。随后该企业提起了税收行政复议，行政两造的争议焦点正是税务机关进行特别纳税调整所依据的行业利润水平是否合理，该案最终以“合理性”不足、不进行特别纳税调整而告终。这一案例反映出在进行转让定价调整时，税务机关对可比价格选择的随意性较强，并且拒绝向纳税人公开可比数据资料。③

(2)税务机关掌控合理性支出税前调整规则适用的话语权

其一，税务机关执意坚持“形式重于实质”。比如，“中律评杯”2018年度十大涉税案例第一名——“唐山市税务局稽查局与河北省税务局、中

---

① 这是因为：要评判利益分配的正义程度，不仅需要考量利益分配的结果是否正当，更为核心的标准在于需要调整利益分配格局时有没有一种秩序能够实现这种调整，并且这种秩序符合现代社会的法治精神。即是说，利益实现本身是一个动态过程，对其结果正义性的期待应当转化为对其实现过程的程序控制。在税法中，完善利益分配及其格局调整的程序在于技术上畅通利益的表达渠道，为此，必须构建令人信赖的沟通程序。参见龚伟：《税法中的利益及其平衡机制研究》，华东政法大学2015年博士学位论文，第157页。

② 参见北京市国税局直属税务分局转让定价调查初步调整通知书，国税直税初调〔2009〕001号；北京市国税局直属税务分局转让定价调查初步调整通知书，国税直税初调〔2009〕002号；北京市国税局直属税务分局转让定价调查调整通知书，国税直税四税调〔2009〕002号。

③ 参见刘天永：《中国税法疑难案件解决实务》，法律出版社2016年版，第97～103页。

国二十二冶集团有限公司税务处理争议案”。“有关工资薪金的安排,不以减少或逃避税款为目的”[①]条款,其本意为:不可以通过发放工资薪金的特殊安排达到减少或逃避税款的目的。在该案中,纳税人则是先通过虚开增值税专用发票的方式套取了经济利益,而后发放了工资。但是,唐山市税务局稽查局与河北省税务局对法律文本的理解“因果倒置”,认定被上诉人为规避自身工资制度而采取特殊手段(劳务派遣方式)发放的工资当然属于不合理工资薪金,要求纳税人调增企业所得税应纳税所得额。由于税务机关曲解了规则本意,一审判决税务局认定事实、适用法律错误。[②] 然而,河北省税务局却上诉至唐山市中级人民法院,最终败诉。此案中税务机关对于税收执法话语权的把控程度可见一斑。又如,“北京强威家具有限公司与北京市大兴区国家税务局稽查局虚假原材料票据争议案”。该家具公司从黑龙江省4家企业取得原木销售发票42份,经协查,税务机关未发售过、开票方没有开出过这些发票。尽管企业存在真实生产,北京市大兴区国税稽查局对出口环业务也已核实无异议,但稽查局依然以形式违法的理由做出所涉原材料支出不予认可的决定。[③] 再如,“吉林省丰达高速公路服务有限公司诉公主岭市国家税务局、公主岭市国家税务局稽查局税务行政处理案”(以下简称“白条收据入账案”)。该高速公路服务有限公司认为,购进肉类、冻货类原材料以收据入账在地税局主管时期是存在多年行政先例的,且现税务主管机关在接管初期并未要求纳税人予以改正。现税务主管机关公主岭市国家税务局稽查局则认为:上诉人以大量白条收据入账,如不及时加以纠正和制止,势必造成严重影

① 参见国家税务总局《关于企业工资薪金及职工福利费扣除问题的通知》(国税函〔2009〕3号)第1条。

② “国家税务总局唐山市税务局稽查局与国家税务总局河北省税务局、中国二十二冶集团有限公司税务处理争议案”是“中律评杯”2018年度十大涉税案例第一名。在该案中,唐山市中级人民法院对税务机关执法所直接依据的规范性文件——国家税务总局《关于企业工资薪金及职工福利费扣除问题的通知》(国税函〔2009〕3号)未予适用。“律媒百人会”在案件评析中指出,该案明确了不能因税前扣除凭证的违法性而否定税前扣除项目的合法性,不但保护了纳税人的合法权益,也有利于纠正税务机关在执法中注重形式(发票)而不注重实质(扣除项目的真实性、合理性和相关性)的观念,具有较好的示范性。河北省唐山市中级人民法院行政判决书,(2018)冀02行终474号。

③ 参见北京市第二中级人民法院行政判决书,(2017)京02行终216号。

响和示范效应。[①] 因此,作出补缴增值税、企业所得税,以及加收滞纳金的决定。

在以上3个案件中,税务机关对纳税人经济业务的真实性、关联性均予认可,且均提出了形式不合法的处罚理由。尽管不予抵扣、税前扣除违背了实质重于形式原则,纳税人行为受到了行政先例的影响,且执法行为适用法律错误,然而,税务机关在复议、一审、二审阶段始终坚持增值税抵扣、企业所得税税前扣除必须符合形式合法原则。

其二,税务机关对法律事实合理性的主观、独自判断。在税前列支土地开发补偿款争议案件中,[②]B市S区国税局的处理结论割裂了一级、二级土地开发市场,忽略了房地产开发项目联动的行业特点,认为SH公司的补偿款与土地一级开发收入无直接关联。税务机关依据主观理解而非该行业经营常规裁量法律事实的合理性,是滥用裁量权的行为。而且,税务机关拒绝与纳税人进行信息沟通,阻却了征纳合作的基本路径,使得价格调整规则在行政执法中偏离了立法初衷,引发了税收争议。这不仅浪费了宝贵的行政资源,更是致使纳税人的税收权益长期处于不确定状态,严重影响了纳税人的正常生产经营活动。

2. 税务机关在价格评估难点领域缺席合理性商谈

税法关于非正常经营支出的约束机制主要体现在企业所得税的计税规则中。依据《企业所得税法》的规定,符合"合理性"标准的支出才能得以税前扣除,合理性支出是指符合生产经营活动常规,应当计入当期损益或者有关资产成本的必要和正常的支出。在具体判断"合理性"时,主要考量发生支出的计算和分配方法是否符合一般经营常规,如果支出并非"必要"和"正常",即不能在税前扣除。企业所得税就是通过寓禁于征的方式对过度投资行为进行一定程度的矫治。例如,《企业所得税法实施条例》第34条规定:"企业发生的合理的工资薪金支出,准予扣除";《企业所得税法》第12条规定,与经营活动无关的无形资产不得计算摊销费用扣除。因此,对税前扣除支出的合理性考量,需要征纳双方针对行业惯例交换信息、沟通认识,合作完成税前合理性支出数额的确定。然

---

① 参见吉林省四平市中级人民法院行政判决书,(2017)吉03行终36号。

② 参见刘天永:《中国税法疑难案件解决实务》,法律出版社2016年版,第117页。

而,重大无形资产、特殊人力资源交易的价格评估是国际公认难点,此类计税价格评估的困难会为税务机关针对合理性支出进行税前调整的检查工作制造不小的难题。因此,在诸如知名演员片酬、知名球员转会费此类典型的高额市场交易,税务机关有关审查支出税前扣除是否合理的职责处于缺位状态。如果税务机关不作为,征纳沟通、合作自然难以开启。

三、争议消解合作尚存制度认可困境

(一)税收争议消解功能实践效果概览

税务行政复议是税务争讼的重要一环,具有解决税务争议的重要功能。依照《税务行政复议规则》的明确规定,和解、调解可以适用于行使自由裁量权作出的具体行政行为、行政补偿纠纷等存在多种合理性问题的情形中,即从理论上讲,如果充分运用和解、调解程序进行征纳合作,税务行政复议的争议化解功能应该得到显著发挥。那么,和解、调解程序的实践效果如何呢?

中国每年的税务行政复议案件不足2000起,只占到每年税务稽查案的0.3%。然而,较低的复议比例并非代表实务中的税收争议案件总量不多。更需要引起我们高度关注的是另一组数据:2016~2018年,税务行政诉讼文书数量连续3年大幅增长,年平均增长率为50.95%。而同期全部行政诉讼文书数量每年增长率仅为8.5%。可见,税务行政诉讼文书增长率远远高于同期非税务行政诉讼文书。2011~2019年税务行政诉讼数量统计如图1[①]所示。

① 参见易明:《2019年中国税务行政诉讼大数据报告》,载德恒律师事务所2020年4月13日,http://www.dhl.com.cn/CN/tansuocontent/0008/018283/7.aspx?MID=0902。

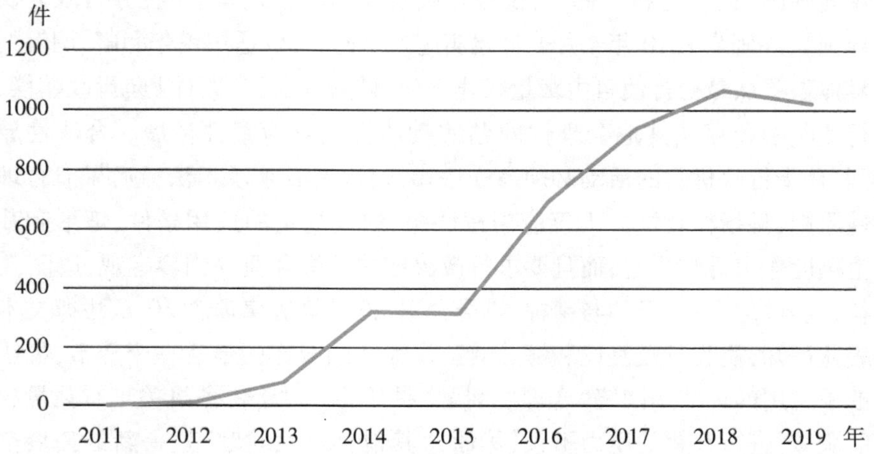

图 1　2011～2019 年税务行政诉讼数量统计

由图 1 可知,2016 年以来,中国每年税务行政诉讼的数量显著增长,在 2018 年和 2019 年都维持在千件以上,加之其增长速度远高于其他类型的行政诉讼,就暴露出两个问题:税务行政处罚决定的可接受程度相对不足;更重要的是,在税务行政复议阶段,和解、调解程序在化解税务争议、修复征纳关系上的基本功能未能得到充分发挥。形成这一缺憾的根源需要进一步剖析。

(二)税务机关争议消解意愿的形成存在阻力

本书通过综合分析税务行政诉讼的 4 则典型案例,发现税务机关对于"存在其他合理性问题的具体行政行为"①情形适用税务复议和解、调解的意愿受阻。

1. 合作意愿受阻的实证考察

2007 年 3 月,国家税务总局首次提出要求税务机关注重运用和解、调解方式处理行政复议工作的意见。② 此后,对 2004 年实施的《税务行政复

---

① 参见《税务行政复议规则》(国家税务总局令第 21 号)第 86 条。

② 国家税务总局《关于全面加强税务行政复议工作的意见》(以下简称《加强复议工作意见》)(国税发〔2007〕28 号)第 4 条规定,对于存在合理性问题、混合过错问题或者社会影响重大的案件,不能简单地撤销或者维持,要注重运用和解、调解的方式加以处理。复议机关要积极为当事人自行和解创造条件。

议规则(暂行)》进行了修订,税务行政复议和解正式写进《税务行政复议规则》,规则自2010年4月1日起实施。至此,可以适用税务和解、调解的具体事项从最初行使自由裁量权作出的具体行政行为案件[①]向行政赔偿、行政奖励和存在其他合理性问题的具体行政行为案件扩展。合法性原则,是指行政机关的活动必须遵守法律,违法者必须承担法律后果。合理性原则,是指行政机关不仅应当按法律、法规规定的适用条件、情形和裁量幅度作出行政决定,而且要求行政决定的动机合理,[②]内容客观、适度,[③]符合法律的本意、目的与精神,符合公平、正义等法律理念。[④] 从法律文本表述可知,税收行政复议和解、调解,作为征纳合作的最后一个环节,税法准予适用的环节是围绕"合理性问题"展开的。对于税务机关享有裁量权的领域,进行和解的压力不大,然而,"其他合理性问题"这一新的拓展空间才是征纳合作实践中的真正挑战。

其一,税务机关忽视税法滞后引发的税负横向不公平。在"再审申请人陈某伟诉被申请人莆田市地方税务局稽查局、福建省地方税务局税务行政处理及行政复议案"(以下简称"个人放贷利息最高法再审案")中,最高人民法院认为,实际征缴时仍应考量利息所得的二次分配问题,避免重复计征,以体现税收公平。[⑤] 而福建省地方税务局、莆田市地方税务局稽查局认为依据税法规定,申请人从福建省某建设有限公司取得利息收入的行为属于提供金融服务,[⑥]应补缴相关税费。完全依据现行税法进行税款计征就会导致税收横向不公平:个人所得税法的相关规则发展滞后,

① 参见《行政复议法实施条例》(中华人民共和国国务院令第499号)第40条。

② 参见姬亚平:《行政合法性、合理性原则质疑》,载《行政法学研究》1998年第3期。

③ 参见罗豪才主编:《行政法学》,中国政法大学出版社1989年版,第37~38页。

④ 参见王连昌主编:《行政法学》,中国政法大学出版社1994年版,第47页。

⑤ 最高人民法院认为,税务机关在遵循税收法定原则的同时,坚持税收公平和税收效率原则。依法保障纳税人的基本权利,给社会以合理的预期和安全感,宜保持谦抑。对具有资金融通性质、需要缴纳营业税(增值税)等税赋且可能存在资金成本和市场风险的民间借贷的利息收入征缴个人所得税,实际征缴时,仍应考量名义利息所得是否为实际利息所得、是否为应纳税所得额以及是否存在同一笔利息扣除实际支出后内部二次分配问题,并避免重复计征、体现税收公平。最高人民法院行政裁定书,(2018)最高法行申209号。

⑥ 《销售服务、无形资产、不动产注释》规定,金融服务,是指经营金融保险的业务活动。包括贷款服务、直接收费金融服务、保险服务和金融商品转让……贷款,是指将资金贷与他人使用而取得利息收入的业务活动。

还止步于“银行放贷”的旧有思维之中，这种滞后思维直接导致了针对不同纳税人的“双重标准”与针对自然人的“税种间双重标准”这两种逻辑矛盾。①

其二，税务机关不认可税收执法先例对税收法定主义的限制。在最高法税务行政诉讼第一案——“广州德发房产建设有限公司诉广东省广州市地方税务局第一稽查局税务处理决定案”中，最高人民法院认为，应当考虑广州德发房产建设有限公司（以下简称德发公司）基于对拍卖行为以及地方税务局履行征税职权的信赖而形成的纳税人信赖利益保护问题，对于税务稽查局重新核定德发公司拍卖涉案房产的计税价格后新确定的应纳税额，其纳税义务应当自核定之日发生，税务稽查局对德发公司征收该税款确定之前的滞纳金没有法律依据。② 对此，有学者认为，尊重行政机关在长期执法活动中形成的专业判断和行政惯例是该案的裁判理由，这种做法具有较突出的典型意义。司法裁判应当采用有责性原则，税务机关必须基于纳税义务人的单方责任才可加征滞纳金。③ 又如，鉴于滞纳金只是一种行政强制执行方式，④只有当税务机关作出具体行政行为之

---

① 其一，银行放贷与自然人放贷在企业所得税、个人所得税以及增值税等相关税种中的具体规则具有“双重标准”：一方面，银行放贷涉及的同业拆借问题适用增值税免税规则，从而避免了转借利息的增值税问题，同时，银行同业拆借的利息支出在计算企业所得税时是准予扣除的；另一方面，1980～2018 年个人所得税有关利息的应纳税所得额规则都是“以每次收入额为应纳税所得额”，这就使税收公平视域下的“转借利息支出”扣除缺乏法律依据；同时，在计征营业税（现为增值税）时按照提供金融服务计，且不存在相应的免税规则。此外，对于放贷的自然人，税法按照提供金融服务这一项目计征营业税（现为增值税），即将其行为的本质认定为“经营”，然而，在《个人所得税法》的征税范围中，取得利息收入不属于经营所得，进而失去了扣除成本费用的机会。

② 德发公司按照拍卖成交价缴纳税费，并取得荔湾区地方税务局（现为国家税务总局广州市嘉湾区税务局）出具的完税凭证。后广州税稽一局在税务检查中发现，德发公司委托拍卖的房产的交易价格明显低于市场交易价格，决定核定查补其营业税费，并加收滞纳金。广州市天河区人民法院一审、广州市中级人民法院二审均认为，被诉穗地税稽一处〔2009〕66 号税务处理决定，认定事实清楚，证据充分，处理恰当，符合《税收征收管理法》的规定，予以支持。参见最高人民法院行政判决书，（2015）行提字第 13 号。

③ 参见陈新民：《论行政惯例的适用问题——评最高人民法院“广州德发房产建设有限公司诉广州市地方税务局第一稽查局税务处理决定案”判决》，载《法学评论》2018 年第 5 期。

④ 参见张峰振：《税款滞纳金的性质与法律适用——从一起税款滞纳金纠纷案谈起》，载《河北法学》2015 年第 1 期。

后,纳税人拒不执行之时方才产生。[①] 联系前述的“白条收据入账案”,也存在税收执法先例可否成为税收法定主义的限制的问题。两案都存在纳税人和税务机关的混合责任:根据依法行政的基本要求,没有法律、法规和规章的规定,行政机关不得作出影响行政相对人合法权益或者增加行政相对人义务的决定;在法律规定存在多种解释时,应当首先考虑选择适用有利于行政相对人的解释。因此,如若最高人民法院提审“白条收据入账案”,是否亦会将两案作为类案,同样得出“参考《税收征收管理法》第52条第1款”[②]责令退还滞纳金之判决?[③]

其三,税务机关认为熟练掌握税法规则的责任在纳税人一方。在“刘某秀诉北京市西城区税务局、北京市税务局案”(以下简称“超期申请退税案”)中,北京市税务局、北京市西城税务局认为,由纳税人发现的多缴税款,无论什么原因造成,都应在结算缴纳税款之日起3年内申请退还,超过3年申请退税的,税务机关不能办理退还手续。而北京市西城区人民法院则认为,被告西城税务局过于严格要求原告对税收法律制度明确知悉,并适用《税收征收管理法》第51条纳税人应在缴纳税款之日起3年内提出退税申请,缺乏行政合理性,适用法律错误。[④]

---

① 参见卢阳:《德发案对税务行政执法的启示》,载《税务与经济》2018年第4期。

② 《税收征收管理法》第52条第1款规定:“因税务机关的责任,致使纳税人、扣缴义务人未缴或者少缴税款的,税务机关在三年内可以要求纳税人、扣缴义务人补缴税款,但是不得加收滞纳金。”

③ 在“白条收据入账案”中,吉林省四平市中级人民法院认为,由于发回重新调查导致历时较长的税务稽查,计算滞纳金的起止时间应该受到合理性的约束。但这并非《税收征收管理法》第52条文义解释原意所能涵盖的范畴,该法条并未设置滞纳金中止的条件。该案纳税人之所以“少缴”税款,其核心原因在于其自认为不应该缴纳,与税务机关调查期的多长无关。既然公主岭市国家税务局稽查局认为原告的行为具有代表性,那么,也就侧面证实了在地税局作为主管部门的时期的确存在白条入账的先例。前面地税局对于默认纳税人使用白条入账的具体行政职务,应当承担滥用职权之责。按此思路,应该完全不加收滞纳金才是。

④ 北京市西城区人民法院认为,被告西城税务局已明知刘某秀就退税问题引发争议且应属退税情形,应遵循税法立法精神和税收法定、公平、公正等基本原则,综合考虑刘某秀一直通过民事诉讼等途径主张纳税损失等具体情况,对其提出的退税申请予以全面、客观、正确地评价和考量并作出实质性判定,切实解决在房产交易经司法审查不能继续履行的情况下,如何最大程度地保护行政相对人合法权益的问题,不宜对纳税人应在3年内就发现多缴的税款申请退税作形式理解,苛以更严格的义务,使行政执法缺乏合理性和必要性,让行政相对人或公众质疑行政执法的可信度,降低执法公信力。参见北京市西城区人民法院行政判决书,(2017)京0102行初813号。

2. 意愿受阻的本质是合法性对合理性的绝对优势观念

上述案例涵盖了三个典型方面的税收执法合理性问题。一是税收公平方面的合理性；二是纳税人信赖利益保护方面的合理性；三是纳税人认知能力方面的合理性。[①] 虽然都与税收法定原则相抵牾，但却实属“存在其他合理性问题的具体行政行为”范畴。税务机关对“存在其他合理性问题”条款的适用存在执法思维逻辑阻碍。“其他合理性问题”条款在税收执法与税收司法之间被割裂，执法者与裁判者的思维逻辑差异反映出税务复议和解、调解运用的严峻障碍。通览以上典型案例可见，每一则案例都是涉及税收执法行为的合理性问题，且受理案件的人民法院均认为税务机关没有处理好合法性与合理性的关系，导致税务处罚决定未能符合合理性要求。但是，税务机关都坚持认为执法中依据的法律文本清晰、明确，证据充分、适用依据正确。在这种思维模式下，自然不可能践行国家税务总局在《关于全面加强税务行政复议工作的意见》第 4 条第 10 款中提出的注重运用和解、调解方式处理行政复议工作的意见，导致“其他合理性问题的具体行政行为案件”可以适用和解、调解的空间受到压缩。

（三）纳税人争议消解意愿的形成存在阻力

纳税人争议消解意愿形成存在的阻力主要有两类情况。

1. 纳税人接受税务行政复议调解的意愿显著不足

现有的税收行政复议机构仍是税务机关，使由复议机构主持调解与其所需的公平性、中立性存在鲜明的矛盾，这是纳税人争议消解意愿形成的最主要障碍来源。行政调解与诉讼过程中的调解相似，都是在第三方主体主持下，促使行政机关与行政相对人围绕所涉纠纷进行沟通协商、彼此妥协，以求达到纠纷实质解决的一种行政活动。因此，行政调解最重要的特征是有第三方主体的介入，并在此程序中起到斡旋作用，[②]这是影响

① 德国行政法学明确提出依法行政原则、比例原则与信赖保护原则 3 项原则，它们的形成与依法治国思想同源，深刻地体现着民主法治国家的精神和观念。其中的信赖利益保护就是归属于合理性问题。参见周佑勇：《行政法基本原则的反思与重构》，载《中国法学》2003 年第 4 期。

② 参见孙兵、黎学基：《理念重述与制度重构：行政执法协商研究》，载《西南民族大学学报（人文社会科学版）》2012 年第 3 期。

调解质量的关键要素。然而,在制度运行实践中,由于缺乏中立第三方作为复议调解机构,税务机关很难获得纳税人的信任。

2. 直接起诉方式使复议和解、调解失去发挥合作功能的可能性

纳税人通过直接提起税务行政诉讼的方式使得复议中的和解、调解程序自始失去了发挥作用的可能性。税务复议机构公信力严重不足已成为中国行政复议制度普遍存在的问题,[①]由于纳税人的不信任,很多纳税人不愿意通过税务行政复议来解决争议。《2018年中国税务行政诉讼大数据报告》统计数字显示,尽管在官本位思想的影响下,很多纳税人不愿或者不敢运用诉讼方式维权,尽管税法规定税务争议必须遵循"复议前置"规则,尽管相对于提起行政诉讼,纳税人提起税务行政复议在证据收集、处理时间、费用支付等诸多方面的成本都明显更低,然而,只有69%的税务争议在进入诉讼之前经历了行政复议。更加值得注意的是,在未经复议直接提起的税务行政诉讼案件中,仍有18.83%的案件(征税与税款追缴行为)属于应该"复议前置"的税务争议。[②] 这一数据可以佐证纳税人对税务复议公信力的认可程度并不高。由于纳税人对税务行政复议的"抵触",在复议中的听证、和解、调解程序就不可能开启。

第二节　应然与实然差距的反思:问题的缘由

征纳合作出现问题,多为现行法律规范之流弊。征纳合作贯穿税收征纳全程,相关制度作用的发挥具有整体性、连贯性,申报纳税合作、纳税调整合作、争议消解合作出现问题不仅与自身制度的不完善有关,亦反映出在不同合作构成要素之间存在制度结构安排的缺陷,而且,相关制度在税法基本原则落实、制度运行基础方面存在共性问题。鉴于此,征纳合作突出问题的制度缘由一节采取整体剖析的逻辑。

① 参见敖玉芳、李刚:《我国税务行政救济制度的完善建议——兼评〈税收征收管理法修订草案(征求意见稿)〉有关规则》,载《税务与经济》2017年第4期。

② 参见易明:《2018年中国税务行政诉讼大数据报告》,载德恒律师事务所官网2019年4月26日,http://www.dhl.com.cn/CN/tansuocontent/0008/015036/7.aspx? MID=0902。

一、税法基本原则落实不到位

在征纳合作问题考察中可以清晰地发现，以公共利益为名不合理地挤占个人正当利益的现象已然引发了新的社会矛盾，成为征纳争议的“重灾区”，亦成为征纳合作的严重障碍。形成这一现实问题的重要原因在于：由于税法规则具有突出的专业性“壁垒”，存在立法机关将若干重要税收制度的立法权在形式上或者实质上拱手让与政府的问题，如此一来，税收收入所体现的公共利益不可避免地对个人正当利益空间进行挤占。在加紧优先落实税收法定原则、立法者偏重征管便利立场的大背景下，一方面，是经济飞速发展，新型经济形态迅猛生发；另一方面，是片面强调形式法定、征管效率，追求立法速度，两者之间的紧张关系彰明较著。从宏观制度层面而言，这种冲突主要表现为以下方面。

（一）形式缺陷

申报纳税合作、纳税调整合作和争议消解合作作为税收征纳合作的3个构成要素，应当以对应的法律制度作为有力保障。但是，就现行法律规范而言，相关法律制度的构建还很不完备：其中，只有少量制度已经立法，如预约定价和税务行政诉讼调解（涉及自由裁量权的具体行政行为）；一部分制度写入了立法征求意见稿；还有一部分制度在实践中只能依据规范性文件。有关现行法律规范效力等级见表2。

表2　征纳合作现行制度相关规范的效力等级

<table>
<tr><th colspan="4">申报纳税合作</th><th colspan="4">纳税调整合作</th><th colspan="4">争议消解合作</th></tr>
<tr><th>法律</th><th>法规</th><th>规范性文件</th><th>立法征求意见稿</th><th>法律</th><th>法规</th><th>规范性文件</th><th>立法征求意见稿</th><th>法律</th><th>法规</th><th>规范性文件</th><th>立法征求意见稿</th></tr>
<tr><td colspan="3">预约定价</td><td>—</td><td colspan="3">—</td><td>申报修正</td><td>—</td><td colspan="3">税务行政复议和解</td></tr>
<tr><td colspan="3">—</td><td>预约裁定</td><td colspan="2">—</td><td>自查自报</td><td>—</td><td>—</td><td colspan="3">税务行政复议调解</td></tr>
<tr><td colspan="2">—</td><td>风险提示</td><td>—</td><td colspan="2">—</td><td>税务约谈</td><td>—</td><td>行政诉讼调解</td><td colspan="3">—</td></tr>
<tr><td colspan="2">—</td><td>纳税辅导</td><td>—</td><td colspan="4">—</td><td colspan="4">—</td></tr>
</table>

按照《立法法》的规定，[①]税收征收管理属于税收基本制度，相关事项只能制定法律。显而易见，税收征纳合作制度相关法律规范现状与税收法定原则相去甚远。

（二）内容缺陷

1. 过度强调行政效率原则导致规则设计"去公平化"

我国税收征管效率仍需提升，在这一问题的治理过程中，可能由于国家税权的强势造成税收征管过度强调效率的结果。此种"去公平化"的倾向是对纳税人权利的侵犯，将会严重破坏征纳关系中双方主体权力（利）配置的平衡状态。[②] 税务执法强调形式重于实质也好，补税调整方法"一刀切"也罢，本质上都是税法效率掩护下的"去公平化"。而且，更严峻的是，由于立法权与行政权的过度集中，这种"去公平化"的倾向并非仅仅停留于执法层面，在一些具体规则（如合法凭证）中，甚至得到了立法的认可，容易为"形式合法、内容却不合理"类型的税务争议埋下隐患。

2. 与纳税人信任相关的权利保护不力

《税收征收管理法》作为税收程序法，却未能保持中立品格，终而导致国家税权与纳税人权利配置的严重失衡。[③] 在税收征纳合作视域中，纳税人权利体系的不完备具体表现为与纳税人信任获取和信任保护相关的权利的缺失，这不符合税收公平。比如，在《税收征收管理法》中缺少信赖利益保护权、诚实纳税推定权、税法的确定性和可预测权。[④] 对这些权利进行全面、详尽、专门的规定，是强化纳税人权利保护以促进征税权与纳税人权利之间相互制约平衡的重要基础之一。更进一步地讲，没有赋予权利自然也不会为侵害行为设定责任。在实践中，不保护纳税人对行政先例的信赖利益、不充分满足纳税人对申报内容在纳税期限截止之前确定化的需要，诸如此类不利于纳税人获得其所信任的规则内容、不利于纳税人信赖利益保护的执法行为，税务机关及其执法人员不仅没有承担相应的责任，甚至可能以税收法定原则为理据而执意作出税务处理决定。须

---

① 参见《立法法》第8条第6款。

② 参见张怡等：《衡平税法研究》，中国人民大学出版社2012年版，第326页。

③ 参见张怡等：《衡平税法研究》，中国人民大学出版社2012年版，第317页。

④ 参见张怡等：《衡平税法研究》，中国人民大学出版社2012年版，第328页。

知信任是合作的起点和基础,与纳税人信任相关的权利保护不力直接阻碍了双方建立牢固的合作关系。

3. 税收法定与税收公平的矛盾日渐明显

税收执法行为的合理性缺憾,其根源在于立法中税收法定与税收公平两项原则冲突调和具有的固有难度,以及税收法定原则占优的阶段性现状。[①] 税收法定是"体",税收公平是"本",[②]形式与实质在一定程度上本就存在不可兼得的矛盾性。税收法律滞后导致的税收横向不公平,正是选择优先建设税收法定路径导致的必然缺憾。正所谓"两害相权取其轻",优先建设税收法定,注重对税务机关行政执法权力的严格约束,也是保护纳税人合法权益的需要。与此同时,通过前文诸多司法审判制衡行政执法的案例不难发现:税法基本原则在坚守税收法定主义的前提之下,对税收公平的关注不断深化,这一变化的表现、根据与启示均值得我们审思。[③] 如若说行政合理性原则反映的是法律背后的经济逻辑,针对具体案例的实际情况,行政权应当迅速作出反应,依据经济合理性要求,执法者需要进行妥当的处理。那么,税收公平作为行政合理性原则在税法领域中的具体要求,一旦其在具体规则设计中体现得不够充分,[④]就将导致税收征管行为倚重"形式合法",不断与税收公平产生矛盾。

二、制度功能结构安排不当

现行制度功能的结构性缺陷突出地表现为重心错位、功能划分不清晰、合作机制衔接不顺畅。

(一)征纳合作相关制度设计中的重心错位

中国目前实行的征管模式是以纳税人自行计税为基础,因此,申报纳税和优质服务就成为整个模式中的重点。在纳税期限截止之前,纳税人

---

① 只有揭开税务机关出于责任风险控制而坚持税收法定现象的"面纱",才能暴露出税收立法层面的问题;只有揭示行政合理性缺憾根源,才能理解立法者希望运用"其他合理性问题"条款缓解税收执法合理性不足的愿景为何积重难返。

② 参见[日]金子宏:《日本税法》,战宪斌译,法律出版社2004年版,第57页。

③ 参见刘剑文、侯卓等:《财税法总论》,北京大学出版社2016年版,第217页。

④ 参见李晓安:《压力型税收征收管理体制与我国税法的价值理念冲突》,载《北京行政学院学报》2010年第4期。

经过税务筹划、自我核税、自行申报来履行纳税义务，同时，税务机关提供预约定价、税收政策风险提示等纳税服务。这样一来，征纳双方通过相互沟通共同促进了应纳税额等申报内容的确定化。而且，预防强于补救，为了提升合作效率、更好地保护纳税人的权益，征纳合作理应注重预防。然而，在事实上，现行立法的结构性缺陷突出地表现为对预防性制度的设计不到位。具体表现在申报纳税合作相关制度立法的数量与质量方面：一方面，申报纳税合作相关制度立法的数量不足。比如，在合理性支出方面没有设计相应的适用除外规则，从而加大了针对支出合理性申报异议的纳税调整执法压力。又如，预约裁定制度尚未通过意见征求程序。另一方面，申报纳税合作相关制度立法的质量不高。预约定价、风险提示、纳税辅导制度的规则设计与应有功能之间逻辑失洽。而且，从反方向考察，纳税调整合作对依法申报发挥的作用很突出，补救过程存在的失范问题也很突出，这正暴露出在税务检查之前，征纳合作相关立法的质量不够理想。

（二）相关制度的功能划分不清晰

相关制度之间存在多处功能分工不明的问题。比如，申报纳税系统中的企业所得税税收政策风险提示与申报之后的纳税风险提示，两者之间的功能划分缺陷最突出：同为纳税风险提示服务，税收政策风险提示在部门规章中只明确了企业所得税一个税种，且要求在申报纳税完成之前提供；7 省市地方规范性文件提出的纳税风险提示不区分税种，在申报纳税完成之后提供。还有自查自报与税务约谈，相关立法在功能划分方面缺乏清晰的规划，文字表述也显得模糊、混乱，容易给执法、守法活动带来认知障碍。

（三）相关制度之间的合作机制衔接不顺畅

在税收征纳合作过程中，需要激励机制与约束机制的共同作用。同时，作为一个整体过程，征纳合作的 3 个构成要素需要在激励和约束机制上形成前后衔接、依次递进的关联关系。其中，运用宽严相济的处罚措施是引导纳税人尽早实现税法遵从的一个主要工具。然而，现行处罚措施中的激励与约束机制未能在申报纳税、纳税调整和争议消解 3 个阶段形成有序递进；相反，却表现出法律规范之间的混乱、空白和执法尺度不统一。

三、规则内容设计问题

具体规则存在内容滞后、制定与实施脱节等问题，使税收征纳合作相关制度出现文本设计与功能目标之间逻辑失洽的问题。

(一)激励性规则的设计缺憾

税收征纳合作中的激励性规则，是指可以促进征纳合作意愿，提供明确指引，搭建沟通程序的规则，提供合作便利条件的一系列规则。

1. 内容滞后

其一，仅仅依托现有的预约定价不能完整回应申报内容预先确定化的需要。赋予纳税人种类完备的申请权，使申报内容在征纳沟通过程中预先确定化，最终满足其合法筹划申报需求是赋权型激励模式①的具体要求。如前所述，申报内容的预先确定化，是指在申报纳税之前明了纳税筹划或者已经完成的经济业务依法应当如何申报纳税，比如，特定业务应当承担何种税负、精准的应纳税额是多少、是否存在纳税风险等。现行的纳税咨询、预约定价均有自身适用的局限性。预约定价只能回应关联企业之间转移定价的预先确定需求。税收确定性问题有易有难，影响税收确定性的关键因素除却收入(价格)之外还有支出。纳税服务制度从满足纳税人申报内容预先确定化需要的全面性考虑，现行制度的局限主要来源于两大方面：一是难以直接适用税法的重要纳税筹划业务如何申报；二是需要进行合理性裁量的税前扣除项目如何申报。②

其二，具备科学分类的专门化风险提示规则尚属空白，不能满足特定纳税人的具体需要。由于税收立法对行业特征与规律的研究尚且不足，还未区分行业、区分集团构建起大企业风险管理指南，③制约大企业税收风险提示服务、控制职能的发挥。

---

① 参见胡元聪：《我国法律激励的类型化分析》，载《法商研究》2013年第4期。

② 比如，企业所得税税前合理性支出规则中兜底条款外延模糊，不得税前扣除的“与取得收入无关的其他支出”条款缺乏明确的裁量标准。而且，对于诸如职业足球、影视业等对于人工成本具有行业自律规则的领域，如何确定合理性支出将变得更加复杂。

③ 参见国家税务总局税收科学研究所编：《中国税收研究报告(2014年)》，中国财政经济出版社2016年版，第263页。

其三，纳税辅导相关规范尚未制度化。现行的纳税辅导规则散见于少量规范性文件之中，尚未形成统一的内容、流程与标准。其中，最核心的是《全国税务机关纳税服务规范》中有关“税收专项培训辅导”的规定，其仅对纳税辅导的方式、流程作出粗略规范，影响了纳税辅导工作的全面推进，与广大纳税人的急迫需要形成了鲜明反差。

2. 设计合理性不足

规则的设计缺乏明确的指导性、可操作性，合理性不足，导致规则制定与实施需要脱节，法律也就失去了生命。

其一，预约定价制度规则设计有待完善。一是有关无形资产、提供劳务的交易定价规则不完备。修订多次的《中国预约定价安排年度报告》始终强调：具备创新方法或者有高质量量化分析的申请，会得到受理机关的优先处理。然而，这些制度核心功能所对应业务领域的签订比重始终得不到明显提升。究其原因：税务机关在这些方面的数据采集数量、质量和分析能力都有欠缺，以至于现行立法在无形资产、市场溢价等方面的规则是明显不完备的，尚未提出明确规则来提升纳税人对无形资产、劳务、市场溢价等交易进行预约定价申请的信心。二是缺乏“繁简分流”的制度设计理念，没有针对小型企业设计较低的申请资格金额门槛①和简化的操作流程，从而将小型纳税人“排除”在外。然而，小型纳税人的弱势地位明显，更加需要纳税人信赖利益保护原则的特别关怀。现行税收征纳合作制度对于小型纳税人特别保护的忽视，与实质公平原则是不相符的。三是纳税人权利保障规则不完备。比如，纳税人信息保护权利不完整。在有关预约定价的诸多规范性文件中，多次提及征纳双方的保密义务，税务机关在国家信息交换中将严格遵守保密义务。然而，未能进一步针对义

① 《中国预约定价安排年度报告(2018)》第三章第一节“申请资格”中规定，预约定价一般适用于主管税务机关向企业送达接收其谈签意向的《税务事项通知书》之日所属纳税年度前3个年度每年度发生的关联交易金额人民币4000万元以上的企业。参见《中国预约定价安排年度报告(2018)》，载国家税务总局官网2019年4月12日，http://www.chinatax.gov.cn/n810214/n810606/c4244610/content.html。

务设置相应的责任:《中国预约定价年度报告》中的保密义务与责任[①]条款,完全没有提及如果违反保密义务将承担哪些法律责任。又如,涉密信息适用排除规则范围过窄。在谈签失败后,非事实信息在审计环节适用的排除范围不应当仅限于预约定价相关业务。[②] 再如,针对税务机关拒绝企业提交谈签意向书、拒绝企业提交正式申请的行为,缺乏相应的纳税人权利救济规则。四是个别规则无实际意义。如谈签失败后的资料退还程序。[③] 退还资料不代表资料未被留存,这对于纳税人信息保护权没有多大实际功用。

其二,在《征管法征求意见稿》中缺乏预约裁定制度的具体规则设计。比如,适用标的规则、收费规则、"繁简分流"规则、小型企业特别规则、保密规则等。而且,在实践中,还出现了税务机关主动帮助大型企业参与预约裁定的先例。可见,预约裁定的税收立法亟待强化。

其三,税收风险指标质量欠佳制约了纳税人自我纠正相关制度的发展。纳税评估体系不完善导致税收风险指标供给的质量不能满足准确、清晰提示纳税人自我纠正的需要。其危害体现在纳税风险提示环节,比如,提示数量众多的涉嫌违法项目,加大了纳税人的遵从成本,甚至带来不必要的困扰。

其四,在《征管法征求意见稿》中缺乏申报修正制度的具体规则设计。考虑到申报修正在保障纳税人权利、强化申报真实性、敦促税款足额缴纳等方面能够释放强大的制度效应,应该说,申报修正是纳税人平等参与纳税调整合作的必要工具。现行税法针对纳税人申报纳税过程中的各种错误规定了相应的补正方式,用以解决由于申报错误而产生的纳税调整问题,但在纳税期限截止之后,适用于纳税人的申报修正制度尚处于缺位状

---

① 《中国预约定价安排年度报告(2018)》附录4《单边预约定价安排(参照文本)》第10条第1款规定,主管税务机关与企业在本预约定价的谈签及执行过程中获取的信息,双方均负有保密义务。参见《中国预约定价安排年度报告(2018)》,载国家税务总局官网2019年4月12日,http://www.chinatax.gov.cn/n810214/n810606/c4244610/content.html。

② 参见国家税务总局《关于印发〈特别纳税调整实施办法(试行)〉的通知》(国税发〔2009〕2号)第61条。

③ 参见国家税务总局《关于印发〈特别纳税调整实施办法(试行)〉的通知》(国税发〔2009〕2号)第55条。

态,导致在纳税调整阶段,纳税人自发转向税法遵从的路径被阻绝。而且,《征管法征求意见稿》中只是建议针对纳税人在纳税期限截止之后、税务检查之前的修正申报处以补缴税款20%以下的罚款,这种从宽处罚的规定过于宽泛。

其五,纳税调整规则设计与功能目标之间逻辑失洽。其主要表现为:一方面,为了在税法的制定与实施中追求正义的实质化,纳税调整相关立法多使用标准性内容,[①]但与此同时,也就形成了规则趋于模糊的弊端,比如,很多定性判断标准中的概念内涵不清晰、缺少外延列举,适用情形条款的列举项目过少等,这些不确定规则就为自由裁量权的滥用制造了可能;另一方面,税法[②]只将税务约谈的启动权赋予税务机关单方,税务机关独享是否适用约谈程序的判断权和启动权,更"保障"了税务机关排除合理性商谈行为在"形式层面"的程序合法性。

其六,处罚规则设计在激励纳税人自发遵从方面尚存不足。黄茂荣教授认为,"范某偷税案"无论如何处理都难以周全。[③] 陈清秀教授也认为,基于法学方法论上"超越制定法的法律漏洞补充"[④]的法理,由于中国税法尚未确立自首免罚制度,影视业的"自行补税免罚"是作为法制完备前暂时性的不得已措施。[⑤] 即是说,税法规则设计本应承载激励纳税人自发遵从的重要功能,但是,现行立法还与之存在巨大差距。

其七,税务复议调解中的激励沟通规则存在不足。比如,税务行政复议以书面审理为原则,听取申请人意见为例外。这种规则设计是将执法效率价值摆在个案公平价值之前,复议工作人员忽略了语言沟通对于掌

---

① 参见叶明:《经济法实质化研究》,法律出版社2005年版,第65页。

② 参见国家税务总局《关于进一步加强税收征管工作的若干意见》(国税发〔2004〕108号)第2条第2款、第6款。

③ 这一观点为黄茂荣教授在中国法学会财税法学研究会2018年年会暨第29届海峡两岸财税法学术研讨会第四分会场针对"范某偷税案"的发言。

④ 参见[德]卡尔·拉伦茨:《法学方法论》,陈爱娥译,台北,五南图书出版股份有限公司2010年版,第328页。转引自陈清秀:《自动报缴免罚制度的比较研究》,载《财政法学》2019年第2期。

⑤ 参见陈清秀:《自动报缴免罚制度的比较研究》,载《财经法学》2019年第2期。

握完整事实真相、理解个案特殊性的重要意义。[①]

3. 规则之间逻辑混乱

一方面，自动报缴从宽处罚的具体规则缺乏明确、具体的上位法规范，导致上位法与下位法之间无法有效连接，下位法之间相互冲突。此处的"自动报缴从宽处罚"是本书就纳税人在纳税调整合作中自行补税从而从轻、减轻、免于处罚规则的概念提炼。按照现行《行政处罚法》的规定：纳税人主动补缴税款的，应当依法从轻或者减轻处罚；逃税行为轻微并及时纠正的，不予处罚。同时，国家税务总局《关于进一步加强税收征管工作的若干意见》（国税发〔2004〕108 号）第 2 条第 6 款规定：对于一般性错误，在申报纳税期限内补缴税款的免予处罚，超期的加收滞纳金。《行政处罚法》是上位法，但却没有规定"轻微"的判断标准，其范围是否大过"一般性错误"无法找到明确依据，此其一。其二，"及时"与"是否超期"也无法直接进行比较。因此，对于纳税人出现的"非一般性错误"，如果主动补缴税款如何从轻或者减轻处罚，税法是没有明确规定的。为了以确定性利益激发纳税人的合作内力，税务机关推出了自行补税免罚的措施。不仅如此，海关总署甚至以规范性文件的方式作出了直接规定。[②] 然而，海关总署《关于开展企业自查自报补税工作的通知》已经明显扩大了《海关税款滞纳金减免暂行规定》[③]有关减免税款滞纳金规则的适用范围：一是不再考虑其他类型；二是不再考虑无法缴纳税款的原因；三是不再考虑缴纳滞纳金是否有困难；四是不再考虑情形是否特殊；五是全部"免除"，不存在"减少"的情形。换言之，只要在规定日期之前自查补税，一律免除滞纳金。这种上位法与下位法之间的逻辑冲突，最终会因高额的协调成本导致协调失灵。[④] 由此可见，立法中规则的模糊、混乱容易诱发

① 《税务行政复议规则》（中华人民共和国国家税务总局令第 21 号）第 64 条规定："行政复议原则上采用书面审查的办法，但是申请人提出要求或者行政复议机构认为有必要时，应当听取申请人、被申请人和第三人的意见，并可以向有关组织和人员调查了解情况。"

② 海关总署《关于开展企业自查自报补税工作的通知》（署税发〔2013〕151 号）第 3 条规定，对于自查自报并于规定日期前及时补缴税款的企业，根据海关总署《关于印发〈海关税款滞纳金减免暂行规定〉的通知》，免予补缴税款滞纳金。

③ 参见《海关税款滞纳金减免暂行规定》第 4 条。

④ 参见[美]凯斯·R. 桑斯坦：《权利革命之后：重塑规制国》，钟瑞华译，中国人民大学出版社 2008 年版，第 105～106 页。

权力失范,[①]即行政权的运行脱离了设定之初的本意,向其他的方向演化。[②] 而权力的失范必然导致其运行场域——制度实践走向异化。

另一方面,税务机关参与争议消解合作的意愿受阻,直接原因在于其需要依法行政以规避执法风险。这是因为,在税收执法中进行行政合理性考量往往出现与合法性相抵牾的现实矛盾。尽管强调票据形式合法、征收不公平税款、加征不合理滞纳金、不予退税等执法行为对征纳合作造成阻碍,但是,其中诸多执法行为却具备各自的法律依据。如果是出于个案公平、结果可接受性等因素的考虑,税务机关在执法中对税收法定原则作出限制,则有可能引发执法风险。

(二)约束性规则的设计缺憾

税收征纳合作中的约束性规则,是指通过严谨的程序设计、明确监督主体等方式,尽力避免征纳合作走向异化的一系列规则。这方面的设计缺陷主要表现为规则制定与实施需要之间逻辑失洽。

1. 设计合理性不足

一方面,税务行政复议和解、调解中缺乏监督条款。虽然《税务行政复议规则》第 86 条规定了税务和解协议的谈签应当遵循自愿原则,然而,没有明确自愿的内涵,亦没有具体规定切实保障自愿实现的程序,在这种前提下,税务机关强迫纳税人接受和解、侵吞纳税人合法财产便成为可能,[③]此其一。其二,复议和解意味着"交易合谋"成为一种可能,因此,复议和解有沦为非法目的之合法外衣的风险:征纳双方可能假借"和解"之机偷逃税款。[④] 其三,行政补偿款、行政赔偿款或行政奖励款存在沦为征纳交易标的的可能。其四,《税务行政复议规则》第 87 条有关"内容不损害社会公共利益和他人合法权益"的配套规则[⑤]是否足够防范风险,如何

---

① 参见王学辉、宋玉波等:《行政权研究》,中国检察出版社 2002 年版,第 191 页。

② 参见胡建淼主编:《公权力研究:立法权·行政权·司法权》,浙江大学出版社 2005 年版,第 290 页。

③ 参见顾德瑞:《税务和解适用的正当性论证和环境检视》,载《中国石油大学学报(社会科学版)》2016 年第 2 期。

④ 参见颜运秋:《税务和解的正当性分析》,载《法学杂志》2012 年第 8 期。

⑤ 《税务行政复议规则》第 87 条规定,申请人和被申请人达成和解的,应当向行政复议机构提交书面和解协议。和解内容不损害社会公共利益和他人合法权益的,行政复议机构应当准许。

监督可能的“和解交易”过程是规则设计的关键条款。[①]

另一方面,税务复议调解中约束性程序规则不完备。比如,没有制定调解方案修改程序条款。[②] 纳税人在已经同意调解的前提下,如果看到调解方案与自己的意见相差较大,也可能迫于形势而签订调解书。

2. 规则之间逻辑混乱

税务行政复议和解、调解适用中的多重矛盾。其一,和解、调解适用范围条款在上位法与下位法之间存在冲突。《税务行政复议规则》的具体规定明显突破了《行政复议法实施条例》的限制,尤其是“其他合理性问题”条款在上位法中是没有涵盖的。其二,关于税务行政复议和解、调解的适用是否存在优先原则,上位法与下位法之间存在冲突。《税务行政复议规则》将复议和解、调解的运用规定为任意性规则,即“可以”适用。但是,《安徽省税务行政复议和解调解办法》将其归入了强制性规则,即“和解、调解优先原则”,对符合适用条件的案件,先予调解成为必经程序。其三,《加强复议工作意见》强调:对存在合理性问题、混合过错问题或者社会影响重大的案件,要注重运用和解、调解的方式加以处理。在诸多案例讨论中已经发现:相关税务争议往往是存在合理性问题同时具备合法性基础或者混合过错的情形,要么没有裁量权限,要么无法可依。此时,如果税务机关依据《加强复议工作意见》进行和解、调解,就会直接与依法征税相抵触。其四,《税务行政复议规则》第 86 条对于和解、调解的适用“按照自愿、合法的原则”的文字表述,与“其他合理性问题”条款实际上产生冲突。囿于现行税收立法内容存在滞后、不公平等实质性缺陷,行政合理性原则所关注的个案公正的实现,往往与行政合法性原则相冲突。如果必须以“合法”作为和解、调解的适用原则,那么,在合理性存疑的税收行政复议中,税务执法人员对“其他合理性条款”容易产生不敢用、不愿用、不急于用或者不善于用的观念障碍。

综上,税收征纳合作制度中存在立法质量与税收功能、税收征管执法需要不匹配的问题,导致法律实施困难、效果欠佳,制约了自身激励与约

---

① 参见叶金育:《税务和解的法律要义:功能、标的与协议要件》,载《云南大学学报(法学版)》2013 年第 5 期。

② 参见《税务行政复议规则》(中华人民共和国国家税务总局令第 21 号)第 90 条。

束机制的发挥。①

四、制度运行基础较薄弱

为了积极辅助、推进征纳依法合作,必须尽力平衡双方实力、补足短板以夯筑制度运行基础。为此,税收立法与实务都已经开始了有益尝试,但现存的问题依然突出。

(一)第一层次合作主体主观因素的制约

1. 税务机关维度的制约因素

其一,征纳合作受到税务机关工作人员固有观念制约。一方面,其对传统国库主义思维模式存在路径依赖。现行《税收征收管理法》没有确立纳税人信赖利益保护作为税法的基本原则,实际上反映出税收立法对传统思维的路径依赖。② 另一方面,依法行政传统观念根深蒂固,认为执法者的任务就是严格依据法律指令行事,不得掺杂自己的意志与判断。③ 因此,对于合理性原则不敢用、不擅用,甚至抵触。

其二,征纳合作受到税务机关工作人员执法能力约束。一方面,税务机关纳税风险指标体系还很不完备,尤其是税收风险提示服务的灵敏度、准确性不足。比如,2018 年暴露出的影视业逃税现象并非个案,其直接暴露出税务稽查选案标准存在巨大漏洞。正如黄茂荣教授所言:税收监管环节中稽查选案标准的有效设置,需要以充分的产业调查、分别比对为基础。影视业逃税问题涉案金额巨大,却因"群众举报"这一偶然性因素爆发出来,需要检讨。④ 又如,骗税分子骗取出口退税所付出的违法成本比较小,⑤暴露审计能力不足。另一方面,税务人员素质不满足高标准需求。一是税务执法人员对于税法规则文本存在理解偏差,这种规则解读能力

---

① 参见李晓安:《压力型税收征收管理体制与我国税法的价值理念冲突》,载《北京行政学院学报》2010 年第 4 期。

② 参见刘剑文、熊伟:《税法基础理论》,北京大学出版社 2004 年版,第 181 页。

③ 参见温辉:《论行政和解的理论基础》,载《法学杂志》2008 年第 3 期。

④ 观点引自台湾大学黄茂荣教授在中国法学会财税法学研究会 2018 年年会暨第 29 届海峡两岸财税法学术研讨会中的发言。

⑤ 参见国家税务总局税收科学研究所编:《中国税收研究报告(2014 年)》,中国财政经济出版社 2016 年版,第 418 页。

的不足将对征纳之间的合作关系产生负面影响。正如在“衢州某物流有限公司诉浙江省衢州市地方税务局税务行政征收争议案”①中,衢州市地方税务局对于纳税人是否弥补以前年度亏损的规则理解存在明显错误。二是特定服务管理能力及其经验有待提升。主要表现在对于新型行业、难以监管行业、业务复杂行业、大企业的收入风险控制管理能力相对较弱。三是税务稽查能力尚未充分满足诉讼对证据调查能力的高要求,会降低移送案件的主动性。在无法取得精准的直接证据时,税务机关可能在税收法定和实质课税的综合考量下,运用间接证据推定案件事实。② 同时,涉税案件公诉方的法律精英群体也尚未出现,公诉方的指控水平与刑辩律师相比还有明显距离。③

其三,征纳合作受到税务执法消极心态的影响。一方面,部分税务执法人员④怠于行使法定职责,放任违法行为发生,因而违法行为不能被及时发现,不利于督促纳税人转向依法合作。比如,“管户”职责有所放松,

---

① 浙江省衢州市地方税务局认为,其核定的是原告的应纳税额,因此不能适用以前年度亏损弥补规则。该案中税务机关的观点一方面缺乏法律依据,另一方面也不合理:该案中核定应纳税额是以本年度收入为基础数据依据的,并未考虑以前年度涉税经济数据,因此不能因为适用核定征收方式而排除亏损弥补条款的适用。参见浙江省衢州市中级人民行政判决书,(2017)浙08行终110号。无独有偶,江苏省地方税务局还以规范性文件的形式将这一观点规定下来:江苏省地方税务局《关于核定征收企业所得税若干问题的通知》(苏地税函〔2009〕283号)。相反,福建省国家税务局却认为可以弥补。参见福建国家税务局12366纳税服务中心:《纳税咨询回复第19条》,载福建国家税务局官网2017年3月28日,http://www. fj-n-tax. gov. cn/admin/vfs/fj/content/content Template. jsp? Category Id = 1031058&Content Id = 1080166&site Name = fj&style Name = blue。可见,由于税务机关业务能力不同,可能发生对具体税法规则产生错误理解,甚至影响规范性文件合法性的情况。

② 参见陈萱怡:《税收违法案件信息的公开与豁免》,载《中国税务报》2016年10月18日,B03版。

③ 参见张义明、夏志祖、吴德良:《涉嫌税收犯罪案件“以罚代刑”现象的成因分析》,载《税收征纳》2014年第11期。

④ 相关数据显示,有12.9%的案件事由是税务机关不作为。参见易明:《2018年中国税务行政诉讼大数据报告》,载德恒律师事务所官网2019年4月26日,http://www. dhl. com. cn/CN/tansuocontent/0008/015036/7. aspx? MID = 0902。

容易导致在税源管理中出现漏洞;[①]又如,存在怠于查处违法行为的情形。[②] 另一方面,税务机关提供优质服务的整体心态尚未成型,导致税务机关工作人员与纳税人之间常常存在沟通障碍。

2. 纳税人维度的制约因素

其一,征纳合作受到纳税人传统观念制约。一方面,“民不与官斗”的观念使纳税人习惯于被动和沉默。从整体层面上看,纳税人沉默和失语情态至今依然没有得到实质性改观。[③] 沉默、被动服从会抑制征纳双方合作意识的萌发。另一方面,纳税人普遍存在经济充分自由的愿景与不露富的观念,不希望国家机关过于清晰地掌握自身经济行为。

其二,征纳合作受到纳税人参与实质性合作能力的约束。一方面,纳税人缺乏参与实质性合作所需的法定权利。比如,税法的确定性和可预测权、信赖利益保护权和诚实纳税推定权。由于这些权利都尚未成为法益,纳税人自发参与合作的权利基础是薄弱的。另一方面,纳税人对于体系庞杂、内容变化频繁的税收法律规则的学习能力、掌握能力不足,薄弱的专业基础使纳税人通过运用合作制度争取税收利益的能力很难满足自身实际需要或者达到税法预设状态。比如,囿于具体规则在直白、简便、易掌握方面的欠缺,尽管纳税人具有依据法定最低税负来纳税的权利,但在沟通、辨别转让定价、特别性支出税前扣除的合法性等问题上,纳税人

---

① 比如,《恒大淘宝:2017 年年度报告》显示,其适用的税率(征收率)只有17%和3%两种,可知其商业赞助是按照体育服务3%的简易计税办法申报的增值税。然而,职业足球俱乐部的收入并非都归属于体育服务。因此,商业赞助收入的增值税税率应该为6%。广州恒大淘宝足球俱乐部有限责任公司作为上市公司,对申报纳税管理尚且如此,对税务机关日常税源管理态度的认真程度存疑。广州恒大淘宝足球俱乐部有限责任公司:《恒大淘宝:2017 年年度报告》,载全国中小企业股份转让系统 2018 年 4 月 27 日,http://www.neeq.com.cn/disclosure/2018/2018-04-27/1524828341_714685.pdf。

② 比如,2016 年 12 月,合肥市蜀山区人民检察院对合肥市国税局提起公益诉讼。其原因在于,合肥某家具有限公司虚开增值税专用发票案发后,只是补交了税款,但违法行为一直未被处罚。在行政公益诉讼的监督措施之下,合肥市国家税务局才作出整改。甚至有些税务机关在收到检察建议后,仍未依法履行处罚职能。参见《湖北检察机关对地方税务机关提起两起行政公益诉讼》,载最高人民检察院官网,http://www.spp.gov.cn/spp/zdgz/201701/t20170125_179672.shtml;《山东聊城检察机关对一国税局提起行政公益诉讼》,载最高人民检察院官网,http://www.spp.gov.cn/xwfbh/wsfbt/201703/t20170323_186100.shtml。

③ 参见叶金育:《国家税务总局解释权的证成与运行保障》,载《法学家》2016 年第 4 期。

必须提供充分的法律依据和事实证据，这对普通纳税人来说显然难度不低。又如，在税收争议处置阶段，纳税人能够意识到税收执法行为合理性不足的比例不高，其中，能够明确提出合理性欠缺的具体症结并运用复议和解规则与税务机关进行谈判的更是凤毛麟角。

其三，征纳合作受到纳税人消极心态影响。一方面，部分纳税人纳税风险防范意识不强甚至存在放任心态。如果纳税人抱着税收违法可以大事化小、小事化了的侥幸心理，[①]那么，通过合法参与征纳合作途径争取税收利益的自发性就很难培养起来。尤其对周边纳税人违法获利的示范作用也不可小觑。倘若个别行为得不到揭露和制止，就会逐渐演变为普遍现象，税基便会慢慢被侵蚀。大多数人有将自己视为对风险具有免疫力的偏好。[②] 这种过分自信会使纳税人对逃税行为越来越不以为然。另一方面，部分纳税人对税务机关抱有不信任心态，对于税务执法人员存在官僚作风、对纳税人有违法预判的猜测。[③]

（二）第二层次合作主体主观因素的制约

第三方调解机构、涉税服务组织、行业协会等辅助征纳合作的机构属于征纳合作主体的第二层次，就目前而言，征纳合作所需的高效辅助合作机构及其职能尚不健全，征纳合作相关参与的主体之间未能构建起良好的辅助合作结构。

1. 中立调解机构的缺失

调解机构非中立性与公正需要之间存在逻辑断裂导致纳税人对调解机构不信任。税务行政复议具有准司法性质，因此，复议机构的独立性、

---

① 参见万佩刚：《“放管服”环境下建筑企业涉税风险及应对》，载《税务研究》2018 年第 12 期。

② 参见[美]丹尼尔·卡尼曼、保罗·斯洛维奇、阿莫斯·特沃斯基：《不确定状况下的判断：启发式和偏差》，方文、吴新利、张擘译，中国人民大学出版社 2015 年版，第 525 页。

③ 比如，纳税人举报涉税违法线索，很多都是与被举报人有紧密利害关系的，纳税人期待通过案件举报进而获知自己所需的信息，因此，很多举报人对于案件处理的详细过程、结果抱有强烈的期待。然而，鉴于商业秘密保护等因素的考虑税法规定税务机关只能将“查处结果简要告知检举人”。《税收违法行为检举管理办法》第 32 条第 2 款对于 2018 年税务违法举报争议占到自然人提起税务行政诉讼事由中 20.7% 的比例作出了巨大贡献。但是，在纳税人的潜意识中，这是税务执法人员的官僚作风使然，进而引发税务行政诉讼。易明：《2018 年中国税务行政诉讼大数据报告》，载德恒律师事务所官网 2019 年 4 月 26 日，http://www.dhl.com.cn/CN/tansuocontent/0008/015036/7.aspx? MID=0902。

中立性和专业性是复议结果公正的重要保障。① 中国的税务复议虽然也不乏优势,但在独立性建设方面存在致命缺陷。自 2015 年起,税务行政复议办公室虽然设置为专门机构,然而,依然从属于税务机关。② 这样的机构设置结构难免引起社会公众对案件处理公正性的质疑。③

2. 辅助沟通组织力量薄弱

一方面,辅助沟通组织在立法层面尚存不足。自 2016 年 6 月国家税务总局发布《关于建立税务机关、涉税专业服务社会组织及其行业协会和纳税人三方沟通机制的通知》规定了三方沟通内容④之后,广东省率先出台规范性文件细化了三方沟通机制中有关沟通时间、方式等规则。⑤ 然而,其中的问题比较突出。一是尽管该通知中规定了诸多可以沟通的内容,但是,由于行业协会组织分散在众多行业之中,其可能真正参与的沟通内容非常有限:越具综合性的沟通内容,行业协会参与沟通的可行性就越低,比如,税收法律、法规及政策的制定与修改;然而,规范的效力等级越高,其在制定、修改之前越需要深入调研。如果仅通过"税收法律、法规及政策的实施情况进行反馈"的方式层层上报,其力度必然递减。二是该通知的规定是原则性的,急需各地方出台细致的指导性文件。三是就目前相关立法整体而言,涉税专业服务社会组织与行业协会的沟通形式只限于反馈、建议、意见、投诉,其发表意见的效力得不到法律保护,在两者是否可能承担一定的涉税社会管理职能方面也没有明确的法律授权。

另一方面,辅助沟通组织的实践尝试也存在不足。一是现有的较普遍的辅助沟通机制是通过税务师事务所出具税务鉴证及其后续服务,比如,当企业与税务机关发生税收争议时,作为税务师事务所一般是在对税

① 参见曹胜亮、刘权:《和谐社会视野下行政复议机构的构建与完善——以设立统一的行政复议委员会为视角》,载《法学杂志》2009 年第 7 期。

② 参见国家税务总局《关于全面推进依法治税的指导意见》(税总发〔2015〕32 号)第 6 条。

③ 参见敖玉芳、李刚:《我国税务行政救济制度的完善建议——兼评〈税收征收管理法修订草案(征求意见稿)〉有关规则》,载《税务与经济》2017 年第 4 期。

④ 参见《关于建立税务机关、涉税专业服务社会组织及其行业协会和纳税人三方沟通机制的通知》第 2 条。

⑤ 参见广东省国家税务局、广东省地方税务局《关于建立税务机关、涉税专业服务社会组织及其行业协会和纳税人三方沟通机制的意见》(粤国税函〔2017〕第 823 号)。

收政策理解和运用上与税务机关作进一步沟通。然而,虽然税务师事务所作为合法的第三方服务机构,但是其鉴证意见公信力不高。二是行业协会的建言功能还欠完备。通过行业协会的政策建言,纳税人的商谈能力得以加强,征纳沟通方式得以拓展。[①] 在实践中,受到各界广泛关注的是影视业多家行业协会代表影视业会员单位在 2018 年 11 月就影视业在进一步规范影视行业税收秩序问题方面与国家税务总局展开沟通,这种在"情急之下"的沟通、妥协结论其适用广度、真实程度存疑。

(三)第三层次合作主体主观因素的制约

法院、检察院等裁判、外部监督机构构成征纳合作主体的第三层次,然而,税收立法、税收行政、税收司法之间的监督制约结构还未有效建立。司法监督是公权制衡的重要工具,司法监督不足将导致纳税人合作权益损害的救济不力。

1. 税收立法机关与执法机关的过度重合

《立法法》明确规定,税种的设立、税率的确定和税收征收管理等税收基本制度[②]是税法领域法律保留的事项。也就是说,在本书讨论的征纳合作相关制度范畴内,纳税服务、税收违法处罚减免、滞纳金计算、税收行政复议和解事由、退税等规则应该由法律确定,同时可以包含授权行政法规规定的具体条款;而转让定价中销售额的确定、扣除标准规则属于法律保留之外的事项。这一立法现状中存在两方面问题:一方面,"法律保留"范围被限缩。徐阳光教授认为,法律保留原则需要考虑税收立法特性,正确处理好税收法定与授权立法之间的关系,需要注重通过建立有效机制来

---

① 比如,2018 年 8 月,中国证券投资基金业协会就创投基金依据新修订的《个人所得税法》将按照个体工商户征收累进税问题与国家税务总局展开沟通。参见李愿、王哲、路英:《基金业协会紧急与国税局沟通　创投基金税率调整仍存在变数》,载财联社 2018 年 8 月 30 日,https://www.jiemian.com/article/2430342.html。又如,2019 年 6 月,广州汽车服务业行业协会就本行业销售行情、税负对于行业发展影响等问题与市税务局第二税分局进行沟通。行业协会就当前导致汽车销量下滑的各种因素、广州市二手车市场交易发票存在的问题、购置税新政的实施,以及现行二手车税收政策对行业发展的制约等问题,向市税务局第二税分局负责人进行了汇报。参见广州市汽车服务业协会:《协会秘书处应邀与市税务局第二税分局工作交流》,载搜狐网 2019 年 6 月 20 日,https://www.sohu.com/a/321822938_372699。

② 参见《立法法》第 8 条第 6 款。

预防过度的“税收权力权定”。[①] 如果从中国税收法律体系宏观层面看，由于没有严格限定税收基本制度的范畴，致使政府争取税收立法权“有权而任性”。[②] 比如，企业所得税税前扣除规则，本应属于税收基本制度范畴。[③] 然而，由于《企业所得税法》《企业所得税法实施条例》均没有明确规定“与取得收入无关的其他支出”这一不得税前扣除支出的兜底条款，以至于引发众多税收争议。另一方面，“法律保留”制度中还存在“空壳现象”：税法或者税法授权的行政法规对税收基本制度的制定过于笼统，指导性、易用性不足，以至于如果没有地方规范性文件，税收执法行为将陷于无法可依的境地。由此，税务机关就自然而然地行使了这些“剩余权力”。税收立法权与执法权过度集中在税务机关会埋下税收利益分配失衡、税务机关掌握话语权等破坏征纳合作的隐患。

2. 税务诉讼的监督职能未能明显发挥

现代国家治理体现了多元共治的格局。倘若税收司法不彰，税法行政的外部约束就将出现严重缺位，税收法治愿景恐难实现。[④] 税法规则的高度专业性局囿了法院、检察院的司法监督职权的顺畅行使。一方面，税务行政诉讼对税收执法监督、规范性文件的合法性审查难度很大。2018年税务行政诉讼相对人的胜诉率只有8%，明显低于行政诉讼整体平均值。法院审查税收行政行为的合法性和适当性涉及复杂的税法问题，对裁判者的要求非常高。[⑤] 同理，税务规范性文件的合法性审查也会受到实质障碍，有据可查地对税务规范性文件进行合法性审查案例较少。[⑥] 案件

---

① 参见司久贵：《行政权正当性导论》，武汉大学2001年博士学位论文，第126～127页。

② 参见刘剑文：《落实税收法定原则的现实路径》，载《政法论坛》2015年第3期。

③ 参见徐阳光：《民主与专业的平衡：税收法定原则的中国进路》，载《中国人民大学学报》2016年第3期。

④ 参见滕祥志：《税收事先裁定的理论基础和制度考量》，载《国际税收》2018年第1期。

⑤ 参见易明：《2018年中国税务行政诉讼大数据报告》，载德恒律师事务所官网2019年4月26日，http://www.dhl.com.cn/CN/tansuocontent/0008/015036/7.aspx?MID=0902。

⑥ 2009年12月，前后有24家公益基金向国务院法制办申请审查财政部、国家税务总局《关于非营利组织企业所得税免税收入问题的通知》（财税〔2019〕122号）和财政部、国家税务总局《关于非营利组织免税资格认定管理有关问题的通知》（财税〔2019〕123号）两部文件的合法性，制造了轰动一时的舆论效果。参见山东省青岛市中级人民法院行政判决书，（2018）鲁02行终500号。

数量屈指可数，正是纳税人请求人民法院针对税务规范性文件进行合法性审查难度高的佐证。税收领域显著的政策性特征，给税务规范性文件的司法审查带来很大难度。① 另一方面，税务行政公益诉讼监督职能发挥尚处于尝试期，其监督职能履行能力尚存不足。比如，2018 年 11 月，“兰州市城关区人民检察院起诉兰州市税务局不履行法定职责行政公益诉讼案”（以下简称“兰州税务公益诉讼案”）入选首届十大年度影响力税务司法审判案例。这一案例存在两点不足：一是纳税人权利保障不力；二是兰州市城关区人民检察院未建议兰州市税务局依法追缴滞纳金。

（四）受到征纳合作相关外部制度环境限制

在对税收征纳合作运行中突出问题的考察中，已经发现税务机关存在越权免罚、以罚代刑、重形式而轻实质等执法问题，这部分问题的发生主要是受到了征纳合作相关外部制度环境的限制，即征纳合作自身制度与其相关外部制度环境之间存在一定程度的掣肘问题，导致征纳合作效果无法达到最优。因此，有必要考量税收征纳合作所处的多元制度环境。②

1. 以罚代刑：现阶段国情客观条件下司法谦抑的需要

如前所述，处罚力度低不利于促进纳税人采取依法合作策略，“有案不移、以罚代刑”会对征纳合作产生负面影响。然而，此种现象有其存在的相对合理性。正如施正文教授所指出的，中国纳税人的违法风险大，很多纳税人处于违法状态，刑法立法上应当尽量给纳税人缴税免刑。③

其一，税收立法更迭频繁与纳税人掌握能力有限之间的矛盾。近 10 年来，中国税法变化频率很快，税法内容存在模糊性规则，而且，授权立法普遍，税法解释多变。然而，纳税人对税法规则掌握的能力却跟不上税法

---

① 参见洪小东：《税收规范性文件司法审查的标准和方法》，载《大连海事大学学报（社会科学版）》2016 年第 2 期。

② “环境嵌入性”是实践论问题需要剖析的重要原因，即需要考虑税收征纳合作实践运行问题所受到的环境影响。新古典经济学家哈格顿在 2006 年提出了“环境嵌入性”概念。环境嵌入性，是指一个国家或者产业的特性对于组织经济行为的影响，涵盖国家环境的嵌入性和产业环境的嵌入性两个方面。See Hagedoorn J., *Understanding the Cross-levelheadedness of Inter-firm Partnership Formation*, Academy of Management Review, Vol. 31, p. 670 – 680 (2006).

③ 这一观点为施正文教授在中国法学会财税法学研究会 2018 年年会暨第 29 届海峡两岸财税法学术研讨会上的发言。

更新的脚步。由于市场竞争激烈,纳税人学习税法规则的迫切需要与学习时间、能力有限之间的矛盾越来越大。很多经营者及税务人员对税收规则掌握不足,提高对涉税风险的防范意识被实践所需要。

其二,纳税人便利咨询疑问、及时纠正错漏的渠道变窄。目前,中国实行的税收征管模式可以概括为:以申报纳税和优质服务为重点,以计算机为依托,集中征收、重点稽查、强化征管。然而,随着征、管、查3项职能的分离和互联网技术的广泛运用,税源管理职能“缺位”的现象较突出。[①]这样一来,纳税人与税务执法人员的日常沟通变少,因此,自身的违法申报未必可以得到及时纠正。

其三,日常税务监管不力对长期的违法违规现象应该承担一定责任。日常监管不力、不规范征管行为都会对纳税人的违法行为产生影响。比如,在旅游服务业中长期存在监管“真空”:绝大多数分公司、服务网点未被税务机关监管,且两者大部分业务也不向总社进行汇总纳税,旅行服务存在严重的账外经营问题。[②] 又如,在“白条收据入账案”中,公主岭市国家税务局稽查局认为,纳税人该行为具有代表性和示范性。作为一家2005年开始经营、注册资本2000万元的高速公路服务公司,若无税务机关的“默许”,连续多年将上百万元的原材料使用白条收据入账是有违常理的。纳税人长期处于宽松的税收监管环境之下,会逐渐“习惯”同行业中的偷税漏税行为。

2. 重形式而轻实质:改变涉税经济信息弱势地位的工具性要求

以票控税却具备法律依据。如此立法是出于改变涉税经济信息弱势地位的工具性需要,但也增加了纳税与征税成本,[③]引发了诸多税收争议,

---

① 税收管理员的职能由“管户”逐渐过渡到以“管事”为主,以致一些地方出现了“两少一多”,加之征、管、查之间尚未达到统一和规范,导致税源管理职能存在“缺位”。参见贾绍华:《中国税收流失问题研究》,中国财政经济出版社2015年版,第67~68页。

② 参见师璇:《“营改增”后旅游服务税收监管风险研究——以河北省为例》,载《地方财政研究》2017年第3期。

③ 2016年5月,广东省医学科学院为开展临床试验项目,向受试者支付交通补贴、营养补贴、床位补贴等。按照流转税的计算要求,该院需要取得税务局监制的发票才能作为扣税凭证。为此,计财处只得前后两次与国税局进行沟通。参见广东省医学科学院财务科:《关于受试者补贴征收税费的补充说明》,载广东省医学科学院官网2016年5月27日,http://www.gdghospital.org.cn/NewsMessage-15651.aspx。

甚至诱发选择性执法，不利于征纳合作关系的培养与维护，这些负面影响越来越受到各界质疑。① 通过强制使用发票可以准确把握发票登记的交易额，应税所得不再仅靠纳税人自行申报，而是需要与发票记载进行核对。② 目前，税务稽查机关认定涉税经济业务真实性的基本工具是"三流合一"，即"资金流、货物流、票据流"相互印证。由于掌握资金流、货物流的具体走向都需要其他部门的协同，执法成本较大，因此税务机关对于票据流的重视程度最高。③

3. 重视个案公平不够：税收任务与考核制度下的"无奈"

一方面，税收任务对税收执法活动产生直接压力。税收任务层层分解和下达，对税收执法人员形成有形压力，在一定程度上压缩了"行政合理性"的可行空间。在实践中，税收任务压力的大小影响税收执法的宽严程度。如此一来，税收任务的压力就成为选择性执法的诱因之一，扰乱依法开展合作的秩序。

另一方面，不完善的绩效考核指标亦会对合作意愿产生干扰。比如，考核指标注重查补税额高低，在一定程度上影响执法者对转让定价、合理性支出等数额裁量的公平性。又如，现行的基层税务局绩效管理已经发展到适用平衡计分卡模式阶段，但仍然深受过分注重"稳定、平衡"传统思想的影响，甚至在考核时一味追求无差别的趋同。④ 基层税务人员尝试运用合理性进行执法的主动性就被这种"老好人"似的评价文化消磨殆尽。而且，只有在发现问题时才进行扣罚是多数指标的设计模式，⑤这就导致

---

① 其实，以票控税监管模式的弊端不仅在于不利于以上层面，比如，诱发犯罪、扭曲经济行为、阻碍创新产品迅速被市场接受等。但是，限于本书讨论研究范畴，不再继续展开。

② 参见陈兵：《新经济时代从"以票控税"到"信息管税"的转向——由 B2T 税收征管问题引发的思考》，载《法学》2014 年第 12 期。

③ 参见重庆市国家税务局课题组等：《以票控税：基于信息管税的视角》，载《税务研究》2012 年第 4 期。

④ 参见曹锦阳、刘娅楠：《关于加强绩效文化建设若干问题的理性思考——以税务绩效文化构建为例》，载《经济研究导刊》2015 年第 3 期。

⑤ 参见周雅菲：《基于平衡计分卡的基层税务局绩效管理体系研究——以经开区税务局为例》，江西财经大学 2018 年硕士学位论文，第 18 页。

在基础工作中干得越多,出错概率便越大,[①]而特别加减分脱离工作实际,税务干部钻研业务的积极性受到打击。再如,指标提取只关注“关键”,忽视了大量日常工作和本职工作,导致税务人员忙于应付绩效所涉的指标,其他工作内容不用心去做。

① 参见陈立兵、周宏慧:《基层税务机关绩效管理中的问题与完善措施》,载《税务研究》2009 年第 11 期。

第三章　税收征纳合作法律制度完善的整体思路

在分析税收征纳合作实践中的突出问题及其制度障碍之后，需要着重研究税法如何适应中国税收征管实务中征纳合作主要矛盾的变化，使相关法律制度真正落地。

第一节　税收征纳合作法律制度的完善指向

现代法治精神决定了现代税收征管模式是以信赖合作理念作为出发点的，正是由于税收征管制度以纳税人自行核算、申报、纳税为基础，才衍生出税务机关积极回应纳税人依法申报需要的职责。征纳合作法律制度设计应以纳税人需求为中心，以便利纳税为首要考量标准，适用无罪推定原则。在这样的设计目标下，还需强化规范性与秩序性。概括而言，税收征纳合作的完善应该践行法治路径，从内容上体现“激励＋约束”的运行机制，从形式上实现合作制度的税收法定，并注重具体制度之间的功能衔接、统筹布局。

一、征纳合作机制法定化

从形式上,征纳合作机制必须落实税收法定原则。法律正是通过将合作各方的稳定预期加以制度化和成文化的方式承担起构筑并保障合作秩序的社会功能。① 因此,针对征纳合作执法模式设置相应法律制度就是将其法定化的过程。德国行政法学始祖之一的奥特·玛雅也曾说:经由形式化,可以产生法治国家之制度。由于法律制度具有稳定性,通过立法对于行政的制约,就会使人们对所有的行政手段有一种预测的可能性,同时,也因为制度框架的建立,增加了行政工具的可理解性与清晰性。② 正是因为制度具有以上功能,制度化便成为规制征纳双方行为、保护各自法益、帮助双方合理建立预期、提升税收征管效率的必然需要。③ 制度可以为人们在广泛的社会分工中的合作提供一个基本框架,为实现合作创造条件,并保证合作的顺利进行。尤其在复杂的组织互动行为模式中,制度将会发挥更为重要的功能。具体到税收征纳合作相关制度,其基本作用包含规范征纳主体关系、降低信息获取成本、减少税法的不确定性、把阻碍合作得以进行的因素减少到最低限度。④ 简言之,制度的最大功用在于保障社会的公平和正义。征纳合作的良好运行首先就需要将征纳合作执法模式法定化、制度化。然就立法现状而言,预约裁定、修正申报、复议和解与调解等已经出现在立法征求意见稿中,自查自报、税务约谈还只存在于规范性文件之中,尽快将税收征纳合作制度正式纳入《税收征收管理

---

① 参见张治宇:《合作论——从政治哲学、法哲学到行政法哲学》,法律出版社2017年版,第83页。

② 参见翁岳生教授祝寿论文集编辑委员会主编:《当代公法理论》,台北,月旦出版股份有限公司1993年版,第347页。

③ 税收交易活动在筹集到税收收入的同时会发生税收契约制订、税收征纳等多种费用等。征税成本与纳税成本,都是税收交易费用,是对社会资源的消耗。因此,应控制税收征纳成本,尽量使与税收交易活动相关的制度有效率,使纳税人之付出尽可能地接近国家所得。为此创设的诸多制度就是为了降低交易费用,正如科斯曾提出,企业的存在就是为了降低交易费用一般。有效的制度能降低市场中的不确定性、抑制人的机会主义行为倾向,从而节约交易费用。根据制度经济学的相关理论,制度是一种广为人知的、由人创立的规则,目的在于抑制人类可能的机会主义行为。参见杜剑:《我国税收征纳成本研究》,西南财经大学2008年博士学位论文,第30页。

④ 参见杜剑:《我国税收征纳成本研究》,西南财经大学2008年博士学位论文,第31页。

法》的范畴，才能破解征纳合作相关探索、尝试面临的合法性危机。

本书所论述的税收征纳合作法律制度，一方面，要满足征纳合作机制的柔性执法特征，即具有激发征纳主体自发合作动力的内容特征和征纳沟通式执法的形式特征，其规则的行为模式是任意性的，多使用“可以”；另一方面，为了对纳税人提供充分保护，必须要以正式制度的形式存在。比如，相关制度明确规定在《税收征收管理法》之中，相关协议具有法律上的约束力，针对征纳双方的特定行为设置明确的责任条款，使双方沟通依据完整的法定程序，申请、批复、协议要通过书面形式，从宽处罚具有明确的法律依据等。将合理的地方性立法、执法尝试上升为正式制度，有助于征纳双方对于合作结果作出明确的预期。换言之，制度化可以增加税收征纳合作的稳定性。

二、自发合作激励机制充足且适度

如何设计制度才能促使征纳双方都说真话，纳税人做到不隐瞒，税务机关做到公开、公正、透明、不懒政，这是税收管理激励机制的核心范畴。[①]心理学观点认为，要使合作行为成功进化，就必须有效抑制背叛行为。[②]同时，阿姆斯特丹大学学者丹尼尔·巴利埃特通过研究发现，可以通过适当的制度设置（如沟通机制[③]与奖惩机制）来抑制背叛行为，而且，在重复博弈环境下，奖赏比惩罚能更有效地维持合作关系。[④] 那么，是什么因素支持个人主义者不顾周遭影响，持续选择“合作”决策？那就是明确性的私利，因为趋利避害是人性的本质趋向。想要法律实然效果与应然效果达成统一，即增加法律规则的可接受性，就应该在立法中顺应人性并能够化解人性弱点，激发人们对于法律规范的认可效力。在事实上，作出获得奖励、避免惩罚的抉择并有效实施的能力，是智慧生命的核心能力。正因

---

① 参见贾绍华：《中国税收流失问题研究》，中国财政经济出版社2015年版，第39页。

② 参见谢文澜、汪祚军等：《合作行为的产生机制及影响因素——基于进化心理学视角下的探讨》，载《心理科学进展》2013年第11期。

③ See Ballet D., *Communication and Cooperation in Social Dilemmas: A Meta-analytic Review*, Journal of Conflict Resolution, Vol. 54, p. 39(2010).

④ See D. G. Rand et al., *Positive Interactions Promote Public Cooperation*, Science, Vol. 325(5945), p. 1272 – 1275(2009).

如此,税收征纳合作相关制度必须建立在有利于征纳双方利益的基础之上,并尽力激发辅助性参与主体的积极性,发挥其配合、推进作用,最终激发各方主体自愿参与合作的内力。

(一)激励手段多元化

参与征纳合作的不仅包括税务机关与纳税人这两方直接主体,还需要辅助与监督主体。基于自发合作的奖励机制,其内容也是多种多样的。故而,从形式上看,激发征纳自愿合作内力的手段应当是多元化的。

1. 纳税人参与合作的激励工具

从国家本位转变为以人为本,税法的理念才能得以升华。[①] 单飞跃教授认为,从长远效果来看,相较于"强制执法模式",给予纳税人便利是降低征纳双向成本的优化途径。那么,如何才能使征纳双方便利有机统一?这就需要税收立法与税收执法都变革单一的管理论思维定式,站在纳税人的立场上判断和考量实体税制、征管程序、机制运行是否便利。此外,还需要以促进纳税人自愿遵从、构建和谐稳定的税收征纳关系为落脚点,依法严格查处违法行为。[②] 其中的"从纳税人立场上判断和考量"即是以人为本理念的重要实践体现,激发纳税人自觉参与合作的内力。鉴于针对传统税收征管对于征税便利过度强调的纠偏,现阶段税收征纳合作相关制度的构建应当着重强调通过积极回应纳税人对于税收利益的维护、税收风险的控制来引导纳税人自愿参与税收征纳合作。

第一,税收利益让与是最重要的激励工具。税收利益是征纳双方重提的根本点。保障国家的公共财产权是税务机关的法定职责,维护自身的私人财产权是宪法赋予纳税人的公民基本权利之一。为了降低税收负担,纳税人可能作出纳税筹划、逃避纳税义务等行为。学界研究表明:一项有效地减少逃税的制度应当和税收利益让与有关。[③] 因此,想要赢得纳税人的自愿合作,其核心手段势必离不开税收利益的让与。确切地讲,是

① 参见邓成明、阳建勋:《论税收民生与中国的税法转型》,载《江西社会科学》2010年第9期。

② 参见单飞跃:《纳税便利原则研究》,载《中国法学》2019年第1期。

③ See Yuval Arbel, Chaim Fialkoff & Amichai Kerner, *Public Policy for Reducing Tax Evasion: Implications of the Yule-Simpson Paradox*, Applied Economics Letters, Vol. 26, p. 1092(2019).

在制度框架内,在征纳之间就税收利益进行衡平、分配,主要表现形式是对纳税人进行税收利益的减让。税负减免的产生包括税法的明确规定和税务机关依据法律授权进行自由裁量两种途径。如果将法律明文规定的税收减免条款视为法定税减免权的制度依据,那么,对于可以通过税务机关的自由裁量作出的税收利益减让权力,不妨称为“意定税收减免权”。[①]专注于税收征纳合作领域,税收利益的让与应该源自税务机关“意定税收减免权”。需要明确的是,这种“意定税收减免权”虽然属于税务机关的单方裁定权力,但是,并非仅由税务机关单方决定,而应该表现为征纳双方就特定的涉税行为的实际税负展开较充分的协商过程。比如,在预约定价制度中运用“意定税收减免权”可以有效缓解征纳双方的税收利益冲突:该制度不仅包含低成本的税法遵从机制,而且,通过充分沟通,纳税人也可在具备商业合理性的转让定价中顺利实现税收利益。

第二,税收风险控制对纳税人来说也具有突出的重要性。纳税人的经济业务可能存在税负的不确定性,尤其是日益更新的纳税筹划行为。纳税筹划会为纳税人增加经济回报,但是这些回报所蕴含的风险更大。对于纳税风险的处罚不仅是经济性的,还可能是包括信誉、商誉等综合性风险。通过一定方式的征纳合作在申报纳税之前获取税收的确定性,避免税收风险的存在,对于纳税人的税收筹划、财务管理都具有非常重要的意义。在现行税收征纳制度中,对纳税人来说,预约定价、预约裁定都增加了税法的可预测性,[②]但是,信息获取的确定性、全面性还未能满足纳税人的现实需要。因此,完善、创新现有制度是满足纳税风险控制需求的必要路径。

第三,优质纳税服务可以为纳税人带来更多利益。税收利益不应仅仅被局限在直接的经济形态,还可以包括特定性的优质纳税服务间接性的利益形态。应该说,纳税信用等级评定是建立税企互信、合作关系的重要工具,即便放在整个社会信用体系建设中来看,也处于关键环节。[③] 税

① 参见叶姗:《税法之预约定价制度研究》,人民出版社2009年版,第111页。

② 参见叶姗:《税法之预约定价制度研究》,人民出版社2009年版,第76页。

③ 参见孙文娟:《完善诚信机制 促进纳税遵从度》,载《西藏日报》2016年6月9日,第3版。

法规定:对于纳税信用评价为 A 级的纳税人,税务机关予以调整增值税发票用量时即时办理、普通发票按需领用、提供绿色通道或专门人员帮助办理涉税事项等特定性的优质服务,[①]并可享有预约定价申请的优先受理权。[②]

第四,对于纳税人的激励工具还包括其他相关经济利益。比如,小规模纳税人自行开具增值税专用发票试点,允许纳税信誉好的小规模纳税人自行开具增值税专用发票,不再需要由税务机关代开,这无疑增加了小规模纳税人的交易机会,节约了交易时间、人力等交易成本。又如,对纳税信用级别为 A 级的纳税人,税务机关将与相关部门联合实施激励措施。[③] 由此可见,帮助纳税人凭借税收领域的守信记录在市场竞争中赢得更多的交易机会和经济支持亦为间接形态的税收利益。可见,纳税人其所获得的奖励是通过声誉机制[④]在与其他市场主体或者政府部门的互动中实现的。

第五,为纳税人提供依法纳税的制度选择空间也是需要考量的问题。比如,由于所得税税率的等级性,通过控制一定时期内的营业额,可以达到扩大营业利润的效果。然而,对于上市公司股东来说,经营业绩的最大化才是他们关注的重点,因为股价的上升可抵销税负上的损失。由于税收悖论的存在,不同纳税人对于税收经济利益的追求有所不同。人性化的立法要为不同守法主体提供依法纳税的制度选择空间。税法制度的设计就是赋予纳税人在税负最小化、财务利益最大化等不同经济目标之间自由选择的权利,不强制、不代替纳税人进行税收安排。

---

① 参见《纳税信用管理办法(试行)》(国家税务总局公告 2014 年第 40 号)第 28 条。

② 参见《中国预约定价安排年度报告(2018)》,第 8 页。载国家税务总局官网 2019 年 4 月 12 日,http://www.chinatax.gov.cn/n810214/n810606/c4244610/content.html。

③ 可享受激励措施包括投资、金融、贸易、环保等 18 个领域,涵盖项目审批服务和管理、税收服务和管理、财政资金使用、商务服务、进出口、出入境检验检疫、食品药品监管、融资等 41 项守信联合激励措施。参见骆晓辉、马建敏:《2018 年度河北 31487 户纳税人评价为纳税信用 A 级》,载河北新闻网,http//hebei.hebnews.cn/2019-05/08/content_7397897.htm。

④ 参见谢文澜、汪祚军等:《合作行为的产生机制及影响因素——基于进化心理学视角下的探讨》,载《心理科学进展》2013 年第 11 期。

2. 税务机关参与合作的激励工具

税务机关表现出的诸多不利于征纳合作的行为，并非仅仅是出于裁量权的“任性”，其中不乏违反依法行政的责任风险、税收任务的压力、考核指标的不当引导等客观因素。传统研究中自由裁量权的规制路径对于引导税务机关自发参与合作是无能为力的。征纳合作的顺利进行，必然需要征纳双方共同努力。因此，法律制度的设计，不仅需要激发纳税人自觉参与合作的内力，也要注意对于税务机关合作意愿的保护与引导。比如，税务机关依据合理性问题条款针对特定案件适用和解、调解制度，应在责任条款、绩效考核制度中予以保障。

3. 辅助主体参与合作的激励工具

一方面，税收行政复议的调解机构应具备中立性与公允性。而公允性的前提首先是专业能力的可匹配性。因此，税收法律制度应当为涉税服务组织创造有利于经济自由的制度平台。税务机关也要注重加强日常与社会服务组织进行交流沟通的工作安排，在公开、规范的秩序中交流双方涉税信息，杜绝税务机关工作人员参与税收中介谋利益的非法行为。

另一方面，沟通不足是税收征纳合作缺憾的重要困境。沟通不足的原因主要来自纳税人专业能力的欠缺、征纳主体地位的不平等。相较而言，运用辅助主体参与合作的方式来补足纳税人在专业能力方面的欠缺是一条可行的路径。行业协会、涉税中介等服务性社会组织，可以补充纳税人的沟通能力，拓展沟通形式的广度，提升沟通的质量。因此，税收征纳合作法律制度，应当注重赋予相关涉税服务组织参与税收征纳合作的法定权利，设置必要的程序保障辅助主体参与合作的实践化，建立辅助主体参与沟通的常态化机制。

4. 监管主体参与合作的激励工具

从目前税收司法对于税收执法的监督职能运行实践来看，司法机关及其工作人员的税法专业能力不足是制约司法监督职能高效开展的首要因素。因此，设计激励司法机关及其工作人员主动参与税收行政监管以督促征纳合作依法进行的机制，亦是亟待解决的问题。

（二）激励工具明确化

一方面，激励工具明确化，其主要功能在于强化合作激励规则的指导性、可操作性,提升主体参与合作的主动性、自发性。这是因为,“当人们在接近确定事件时会对安全表现出偏好”,[①]顺应人性设计制度是税法发挥更好收效的必要路径。对于纳税人而言,税法可以通过相对明确性的规则,追求以稳定利益阻却危险的、不确定投机行为的效果。而对税务机关来说,可以通过合作制度的具体情形类型化改造,明确相应的免责条款,以及制定具体的考核分值等方式,为税务执法人员推进个案妥善处理的实践化创造制度保障。另一方面,激励规则明确化,不仅有利于引导征纳主体参与合作。与此同时,也为规范、监督征纳主体合作提供了标准和基础。从这个角度来说,合作规则设计的明确化、精细化,既可以满足引导自发合作的人性需要,亦是合作行为规范化、秩序化的制度基础。

(三)合作效力确定化

除合作激励工具的多样化、具体化外,合作结果的效力也是影响激励效果的重要因素。需要强调的是,税收征纳合作法律制度需要突出对于纳税人的权益保障,即征纳沟通、合作的结果需要具备法定约束力,以实现纳税人对于申报内容确定化的诉求,尤其是强化对于纳税人信赖利益的保护。比如,在税务机关提供税法解释服务的范畴中,纳税人以私人身份可以通过预约裁定、纳税咨询等方式向税务机关提出申请。其中,纳税咨询虽然是解答纳税人涉税疑问的常规方式,但是,纳税咨询回复结果不具有法定约束力,不能满足税收征纳合作法律制度强调纳税人信赖利益保护的需要。因此,纳税咨询不属于本书论述的制度范畴。

(四)参与合作机会公平实质化

1. 差别原则与弱势群体参与合作的资格保障

经济秩序的良性运行是社会经济福利一项重要内涵。经济法在促进经济秩序的良性运行方面,应重点关注如何达成竞争公平价值目标。市场主体法律地位平等,即不同的市场主体不应因各自所有制性质的不同、经济实力的殊异而适用不同的法律,享受不同的待遇。在“需要国家干预说”的哲学立场上社会公平是其重要的价值选择,其极力推崇每个社会成

---

① Shu Li, *What Is Wrong with Allais' Certainty Effect*?, Journal of Behavioral Decision Making, Vol. 6, p. 271 – 281(1993).

员都“有权享受每个人都想得到而实际上确实对人类福利有益的一切好处与机会”[①]的公平主张,并强调经济法追求的实质公平是在承认经济主体资源和个人禀赋等方面差异的前提下的结果公平。[②]

实质正义具体到税收领域,即是要实现税收公平。然而,从中外学者、不同学科的视角出发,税收公平的内涵是丰富而多维的。[③] 概言之,在税收征纳合作法律制度构建中,更强调通过制度性公平建立社会平等的经济环境,通过管理性公平使纳税人在税款缴纳过程中得到税收机关的平等对待,而且,需要特别强调对于弱者、诚信纳税人税收公平的保护,对其进行保障性、激励性的权利倾斜配置。法律规范的生成与运行都与一定的价值追求相连:法律价值是决定法律原则、规则的内容、评估两者施行结果的基本标准。[④] 那么,税法制度设计应当搭建平台使得所有竞争者均享有公平竞争的权利和机会,不能让纳税人参与协商性执法的制度异化为不公平竞争的工具。简言之,这种关于照顾弱势群体以及人道文化的社会目的,更加符合实质意义上的法治价值。[⑤] 对于小微纳税人、诚信纳税人的特别倾斜就是税法制度对于实质公平理念的具体化。

2. 专业辅助与弱势群体参与合作的能力保障

如前所述,纳税人参与征纳合作的实践效果明显受到其专业能力的制约。对于税收法律规则的熟练程度,直接影响纳税人参与预约定价谈签、风险指标问题说明、税务争议沟通等征纳合作执法行为的实际质量。

---

① 参见[美]彼得·斯坦、约翰·香德:《西方社会的法律价值》,王献平译,中国人民公安大学出版社1990年版,第85页。

② 参见李昌麒:《经济法学》,中国政法大学出版社1999年版,第64页。

③ 按照西方税收学界的一般解释,税收公平,包括横向公平与纵向公平。而从经济伦理的视角下,税收公平至少应该体现在制度性公平、管理性公平和权益性公平。刘剑文、侯卓等:《财税法总论》,北京大学出版社2016年版,第216页。税收公平需要区分为3个层次:税收负担的公平、税收的经济公平和税收的社会公平。其中,税收负担的公平有两层含义:一是具有同样纳税条件的人纳同样的税;二是就社会整体而言,纳税人因付出税款而减少的价值必须与纳税人获得的因税款使用而增加的价值相一致。税收经济公平,就是通过课税机制,建立机会平等的经济环境。税收社会公平,则主要是指机会公平。参见周全林:《“论三层”次税收公平观与中国税制公平机制重塑》,载《当代财经》2008年第12期。

④ 参见[英]彼得·斯坦、约翰·香德:《西方社会的法律价值》,王献平译,中国法制出版社2004年版,第8页。

⑤ 参见黄茂荣:《法学方法与现代税法》,北京大学出版社2011年版,第62页。

涉税服务组织对于纳税人专业能力的辅助、补充是弱势群体参与征纳合作的重要能力强化渠道。这一部分已在“辅助主体参与合作的激励工具”部分进行了说明,此处不再赘述。

三、依法合作约束机制严谨化

税收征纳合作,既要激励双方积极沟通、交换意见、促进意志统一,同时也应注意到,依法合作约束机制的严谨化还将有利于合作行为的规范化、法律适用的公平化。征纳合作制度必须以税收强制性为限制边界,这是税收法定原则的基本要求。下文将从两个方面展开论述。

(一)税收利益的划分必须控制在存有税收裁量权的规则范围之内

行政自由裁量权为现代行政管理所必需,问题是如何规范和控制其行使轨迹,法律界限应在哪儿划定。法律编织了一个限制性原则的网状结构,要求法定权力的行使应当适度、善意、合乎情理、目的正当,并与授权之法律规定的内容、精神也要保持一致。① 比如,自由裁量行为可能出现的违法或不当问题,在德国税法理论中被称为自由裁量“瑕疵”,具体可以分为“裁量权之逾越”、“裁量权之误用”和“怠于裁量”。② “裁量权之逾越”包括逾越授权规定、违反宪法(违反平等原则、比例原则、信赖保护原则);“裁量权之误用”的原因可能是裁量不足、思虑不周又或者是权衡失误。③

从长远来看,税收利益的划分必须控制在有裁量权的规则范围内,即便在依法征税导致税收不公平的案例中,“越限裁量”也须谨慎。这是因为:一方面,税法规则的完善化与其法治化应当是同步的,既然合理性不足的重要根源之一是税法滞后性规则导致的税收不公平,那么,及时修法以补强税收公平才是根本的解决之道。另一方面,税收法定原则是税法的首要原则,不能基于税收公平的理念,以征纳协商的方式在制度框架之

---

① 参见[英]威廉·韦德、克里斯托弗·福赛:《行政法》,骆梅英等译,中国人民大学出版社2018年版,第56页。

② 参见[德]比特尔·比尔克:《德国税法教科书》(第13版),徐妍译,北京大学出版社2018年版,第125页。

③ 参见陈敏:《行政法总论》,台北,三民书局1999年版,第165~169页。

外追求税收执法"可接受性"的提升,否则,其很可能埋下"决堤之水"的隐患。必须强调,征纳合作的边界是立法中的明确性规定。因此,在积极完善税收立法使纳税人获得税收公平的前提下,严格界定税务机关裁量权限更有利于征纳合作的良性推进。在完善立法之前的短期内,"越限裁量"的处置方法必须有明确的适用条件条款。

(二)税收征纳合作程序规则的明晰化

"正义的本质主要是程序性的。"①法律制度是"抽象社会"的一种形式符号,自然带有"程序性"这一"抽象社会"的突出特征。在现代社会里,许多互动过程的允许都需要借助于某种程式化、类型化的规则,这一特点体现在诸如程序正义这样的制度安排中,像公平、平等、正义这类价值理性的实现普遍要依循固定程序才能获得保证。② 反过来讲,如果"没有程序保障,说服极易变质为压服,同意也成了曲意迎合"。在法律实践中,抽象的实体规则必须借助具体的程序规则才能得以实现。③ 然而,现行税法中有关征纳合作中的必要程序,比如,咨询与回复、申报与修正、争议与妥协还未全面构建起明晰、严密的规则体系,这就影响了法的公平、正义等抽象价值向具体内容转化的过程与机制。④

程序规则设计也有严格的质量要求。须知,秩序并非一种由外部强加的压力,而是一种从内部构建起来的平衡。⑤ 因此,税收征纳合作程序规则设计的明晰化是为了满足主体之间、权力(利)之间的制衡需要。具体而言,除通过法律为其设定公正的行政程序、外部的司法程序加以规制外,还应特别强调通过公民的参与来监督自由裁量权,以防行政机关将之滥用。公民在参与执法的过程中,既可维护自身利益,又可针对行政自由裁量权予以限制和约束,亦有助于使行政执法获得客观性事实结论与主

① Kenneth Culp Davis, *Administrative Law*, West Publishing Company, 1951, p. 192.

② 参见李猛:《论抽象社会》,载《社会学研究》1999 年第 1 期。

③ 参见单飞跃:《经济法的理念与范畴的解析》,中国检察出版社 2002 年版,第 106 页。

④ 参见季卫东:《法律程序的意义——对中国法制建设的另一种思考》,中国法制出版社 2004 年版,第 89 页。

⑤ 参见[英]弗里德利希·冯·哈耶克:《自由秩序原理》,邓正来译,三联书店 1997 年版,第 183 页。

观可接受性。[①]

四、制度体系功能设计整体化

税收征纳合作法律制度并非一项独立制度，而是一个体系化的制度整体，这就需要立足于整体对于各项制度的设计作出统筹安排，即征纳合作法律制度的续造需要经历从具体化向体系化发展的进路。

（一）制度功能区分明晰化、衔接顺畅化

各项制度的功能设计都需要服务于征纳合作这一共同目标，必须在整体框架内保持良好秩序，各自完成在不同合作阶段的具体功能，并且不可出现功能混乱交叉、无序重叠、难以有效衔接的问题。如前所述，征纳合作现行立法中存在结构性缺陷。为此，需要统筹安排具体制度的功能，消除制度之间功能的重复性设置，使具体制度之间功能划分明确、衔接顺畅，如此即是制度体系功能设计整体化的要求。税收征纳合作法律制度中存在功能接近的制度，比如，预约裁定和个案批复，风险提示、自查自报和税务约谈，在《税收征收管理法》的修订过程中，应当通盘考虑、统筹规划这些功能高度相关的制度。[②] 又如，行政执法中的和解、行政复议中的和解、行政诉讼中的和解，这3类和解程序的适用标的理应具有同一性。[③]执法、复议、诉讼中的“同一”是非常必要的，不仅“适用标的”需要同一，“适用条件”亦要同一。从理论上讲，这种“同一”性是符合法律的规范性要求的。

（二）概念适用统一化、规范化

要提升征纳合作各项制度内部以及制度间的结合度，应从统一规范概念、标准等具体条款着手进行完善。现行立法中，概念不统一、不规范的问题比较突出。比如，对于申报纳税期间的税收政策风险提示服务，在国家税务总局、地方税务局的7个规范性文件以及税务机关在服务实践中使用的函件中，至少存在“企业所得税税收政策风险提示”“涉税风险提

---

① 参见于立深：《行政立法过程的利益表达、意见沟通和整合》，载《当代法学》2004年第2期。

② 参见滕祥志：《税收事先裁定的理论基础和制度考量》，载《国际税收》2018年第1期。

③ 参见赵银翠：《行政复议和解制度探讨》，载《法学家》2007年第5期。

示”“纳税人涉税风险提示”“纳税遵从风险提示”“风险提示”“税收风险提示提醒”“风险提醒服务”7 种不同的表述方式。再如,在《征管法征求意见稿》中所述的“预约裁定”制度,在不同的文件中也有“事前裁定”“事先裁定”的称谓。名称的混乱直接减损着制度的规范性,也为学科研究增加了成本。

第二节　税收征纳合作法律制度的体系框架

一、税收征纳合作法律制度的功能结构

针对税收征纳合作中各项制度的功能进行明确界定的目的是理顺具体制度之间的功能结构,在功能整合的基础上安排合作制度体系。按照税收征纳合作的展开程序,相关制度依次需承担 3 种保障功能。

(一)为申报纳税合作实现依法申报最大化提供制度保障

如前所述,依法申报包括不潜藏纳税风险和按照税法规定的最低税负缴纳税款两个方面。由于税法的不确定性,在现实中,这两个方面都不存在绝对化的标准。因此,申报纳税合作相关税法制度的功能应当定位于保障“最大化”,具体表述为“申报内容预先确定最大化”与“税负降低最大化”。

1. 为申报内容预先确定最大化提供制度保障

申报内容确定化是征纳沟通的直接目的。然而,申报内容确定化却有着突出的艰巨性。这是因为,税收是一种经济暴力的典型,①应纳税额与私人财产之间的界限应当泾渭分明。然而,这种界限仅仅倚靠税收法定是难以厘清的,因为即便税收基本制度实现法定,这一抽象的立法状态距离申报内容的确定还间隔了具体、琐碎、个性、复杂的实操过程。在申报纳税阶段,纳税人的需求就是在纳税期限截止之前实现依法筹划、计税、申报与纳税,这就需要设计制度保障申报内容预先确定,以排除纳税风险隐患。

申报纳税合作阶段的时间处于纳税调整开始之前,是实现申报内容

① 参见[英]霍布斯:《利维坦》,黎思复、黎廷弼译,商务印书馆 1985 年版,第 269 页。

确定化的重心环节。具体应税交易进行申报的各类内容越早确定,避免征纳争议的成本也就越低。征纳合作制度体系结构完善的第一要务就是夯实申报纳税阶段的征纳合作在实现申报内容确定化目标中的重要功能,争取在纳税期限截止之前尽力接近合法、如实核算与缴纳,以降低纳税调整环节对于申报内容的调整量,控制征纳双方的税收风险。《税收征收管理法》规定了纳税人的税法规则知情权,[①]其中的"了解"条款虽然没有明确限定时间与程度,但是,应当包含申报纳税环节以实现申报内容确定之意。如若不然,中国现行的"以自行申报和优质服务为基础"的税收征管模式就会徒有其名。"申报内容预先确定最大化"目标的实现,需要搭建更优的制度平台引导纳税人通过积极学习税法规则,熟练掌握自我核算、自行申报的实操技能,提高维护自身合法权益的能力,同时,该目标的实现也会明确地对税务机关精准解读税法规则的能力提出要求。但是,囿于纳税人意愿、制度便利程度、偷税动机、执法水平等多元因素的综合约束,这两项要求在实践中都会发生难以避免的折损,对这一缺憾也需要有理性认识。在多元利益冲突的税与非税利益划分情形中,对于执法权的制衡,除却行政复议、司法监督等救济形式,以纳税人为主体的预防手段更重要,即通过利益表达、意见沟通、预约式申请等形式来参与纳税期限截止之前的申报内容确定化程序。预防强于消解,相比在税务争议产生之后进行仓促的沟通、补救性的合作,在纳税期限截止之前征纳双方抱有合作愿景的、充分的沟通更有效率。更何况,从实践问题来看,事后协商还可能面临证据提取、保存的缺陷。[②]

2. 为税负降低最大化提供制度保障

为税负降低最大化提供制度保障的目的在于依法缴纳最低程度的税款。需要说明的是:在税法的模糊性规则中,税负的合法区间产生于具体的征纳过程之中,最低程度的税负应当是征纳沟通信息、交换意见、协商合意的执法结果。建立、完善相关制度就是为实现这一结果提供工具性、程序性的有力保障。还需注意的是,纳税人这种对于申报内容确定化的需求,既是一种客观状态,亦是一种主观认同,兼具普遍适用的共性内容

① 参见《税收征收管理法》第8条。

② 参见浙江省绍兴市中级人民法院行政裁定书,(2017)浙06行终127号。

与因人而异的个性内容。所以,为特殊行业、特定规模、特别业务的纳税人提供合适其自身需要的纳税服务,不断拓展、充实内容确定化的具体业务范畴,以实现税收实质公平与个案正义,是新时期提升纳税服务供给能力要求的显著变化与鲜明趋势。

(二)为纳税调整合作实现税法公平最大化提供制度保障

纳税调整合作从纳税期限截止之次日开始直到税务争议产生之时,用于公平调整申报内容与纳税行为,具体包括纳税人自行修正申报内容和征纳共同处置税务机关对申报内容存有异议这两个问题。它是对申报纳税合作尚未实现依法申报的遗留问题的重点关注,构建、完善相关制度的目的在于通过公平的调整方式与过程积极引导纳税人自动报缴,促进税款缴纳的合法性、准确性,同时实现税收利益在征纳之间的分配公平与税负在纳税人之间的分担公平。需要着重说明的是:鉴于申报期间已经存在风险提示程序,纳税调整阶段的自动报缴作为纳税人第二次自我更正的环节,不应成为申报内容确定化功能的工作重心,而应定位于促进依法申报的补救性机制。

(三)为通过争议消解尽力弥补前期合作不足提供制度保障

争议消解合作始于税务争议产生直到税务争议处理完结。显而易见,争议和解、调解程序的启动前提是前期合作的失败或者不尽完备。尽管税务争议和解的时间跨度短于税务诉讼判决、申诉、再审,但是,相较前期合作,依然具有明显的滞后性。这一种滞后性不符合征纳合作对于高效率的价值追求,所以,争议消解合作相关法律制度应当发挥弥补申报纳税合作与纳税调整合作失败的保障功能。

二、功能定位下的税收征纳合作法律制度体系

为解决征纳合作中的突出问题、化解合作障碍,亟须通过完善制度不断推进依法申报、公平调整和争议消解。鉴于税收征纳合作的系统性、整体性、连贯性需要,税收征纳合作法律制度应当是一个制度体系,本书对这一制度体系结构的安排思路如下:先依据前述功能结构将申报纳税合作法律制度、纳税调整合作法律制度和争议消解合作法律制度确定为本制度体系的二级制度框架;再将现行制度进行调整、增减,明确二

级制度框架下各自包含的三级具体制度,进而完善税收征纳合作法律制度体系。

(一)申报纳税合作法律制度

为了使申报纳税合作法律制度实现依法申报保障功能,一方面,需要提供制度平台引导纳税人自愿明了税法规则以自我核税;另一方面,也要提升税务机关供给更优服务的能力,从而最大限度地辅助纳税人的自我核税行为。因此,具体合作内容涵盖了通过沟通预防征纳规则认知差异、提示纳税风险点并自行修正、提供精准的纳税辅导、及时宣传税法新规等。针对这些具体的合作内容,本书分别设计对应的税收法律制度:预约裁定、预约定价、预约定支、风险提示、纳税辅导。其中,需要重点进行拓展的有两个方面:一是税收政策风险提示不仅需要涵盖企业所得税,其他税种也需要适时、逐步进入风险提示范畴;二是鉴于现行征纳合作制度在功能结构上的缺陷是重补救而轻预防,申报纳税合作法律制度的拓展就必须注重预防性制度的完备化,其中,最为突出的就是尝试创设预约定支制度。

(二)纳税调整合作法律制度

纳税调整合作是对申报纳税合作中依法申报最大化努力的遗留问题——修正需要和申报异议进行公平处置的环节,而且是通过激励纳税人自我修正的方式展开的。所以,在具体环节安排上,征纳合作纳税调整包括申报修正制度和税务约谈制度,在激励工具设计上,贯穿运用自动报缴从宽处罚制度。相关制度的调整及其理由作如下说明:

其一,申报修正开始于纳税期限届满之日,截至税务检查开始之前。既可以满足纳税人自行发现申报错误后的改正需要,又能通过减轻处罚的方式激励纳税人自愿遵从税法。有研究认为,申报修正制度是纳税申报法律制度的有机组成部分,①但是,在本书有关征纳合作分为3个基本构成要素的研究视角中,申报修正制度属于纳税调整合作的必要一环,这是因为:申报纳税发生在纳税期限届满之前,而申报修正开始于纳税期限

① 参见广西国家税务局课题组:《建立中国纳税申报修正制度的初步思考》,载《经济研究参考》2016年第35期;朱大旗、姜姿含:《税收事先裁定制度的理论基础与本土构建》,载《法学家》2016年第6期。

届满之后,已经进入了纳税调整合作阶段。其二,风险提示的完善方向是税种全覆盖,如此一来,自查自报制度就将实现阶段前移,归入风险提示制度。其三,在纳税调整中,由于申报修正和税务约谈两种柔性执法方式并存,且两者均以减轻处罚为激励方式,所以,需要制定一套完整的处罚制度。在此,需要自动报缴从宽处罚制度针对纳税调整合作的激励方法进行整体性规制。其四,在中国,"税务执法和解"概念尚未进入正式法律制度范畴,但是"税务执法和解"却在税务执法实践中得到了实际的运用:对于调查课税事实过程中的执法和解与对于纳税人因违反法定义务应受处罚的执法和解[1]主要体现在税务约谈之中。无论是哪一种适用范围的执法和解,都是通过从宽处罚的方法发挥激励、引导作用的。而且,法律制度完善也需要考虑法律制度现有格局。基于以上两点,笔者认为纳税调整合作法律制度体系中不适宜再单独设置税务执法和解制度。而且,税务执法和解与税务争议和解、调解制度适用标的应当保持同一性,因此,在设计税务约谈制度适用标的规则时,应当注意与税务争议和解、调解制度适用标的协调性与衔接性。其五,需要对关于个案批复不能作为纳税调整合作法律制度体系一部分的观点作出解释:学界一般认为,个案批复注重税务机关内部监督制约,[2]倾向将个案批复归类于内部行政行为,[3]笔者同意这一观点。而且,个案批复对于纳税人的权利保护功能并不出色:只有申报内容在纳税期限截止之前得到确定才可以免受处罚,而个案批复大多是在此期限截止后才被申请。

(三)争议消解合作法律制度

如果征纳双方经过纳税调整环节仍不能达成妥协,纳税人依法申请税务行政复议或者税务行政诉讼的,即发生税务争议,就需要进行争议消解合作。在争议消解合作中,为了尽力缓解征纳矛盾、修复征纳关系,需要征纳双方进行税务争议的和解、调解。现行制度包括税务行政复议和解、税务行政复议调解与税务行政诉讼调解 3 项。法律制度优化的具体

---

① 参见任超:《我国税务执法和解制度的构建》,载《今日中国论坛》2013 年第 19 期。

② 参见滕祥志:《税收事先裁定的理论基础和制度考量》,载《国际税收》2018 年第 1 期。

③ 参见郭明磊:《个案批复需要纠错补缺》,载《中国税务报》2015 年 11 月 24 日,第 B03 版。

着力点,要从如何激励征纳双方运用、参与和解与调解法律制度角度来考虑。因此,争议消解合作法律制度的构建需要注意以下问题:一方面,如何激励税务机关运用、参与和解与调解制度。从征纳合作实践暴露出的制度认可困境来看,和解与调解制度不是化解征纳矛盾的“釜底抽薪”良策,不合理矛盾的深层根源在于税收法定比税收公平占优的阶段性立法,因此,争议消解合作法律制度的构建是一个动态化过程,进行动态调整的依据在于税收立法对于税收公平原则的践行程度。争议消解制度适用范围的完善对策,具体需要区分为阶段性完善和远期规划两个部分。另一方面,为了提升纳税人自发参与和解、调解的主动意愿,最重要的是增进调解制度的公正性,需要构建中立的第三方组织来承担调解主持工作,此外,还要制定有效的监制机制保障和解、调解的依法适用。

基于以上分析,税收征纳合作法律制度体系的三级框架结构如图2所示。

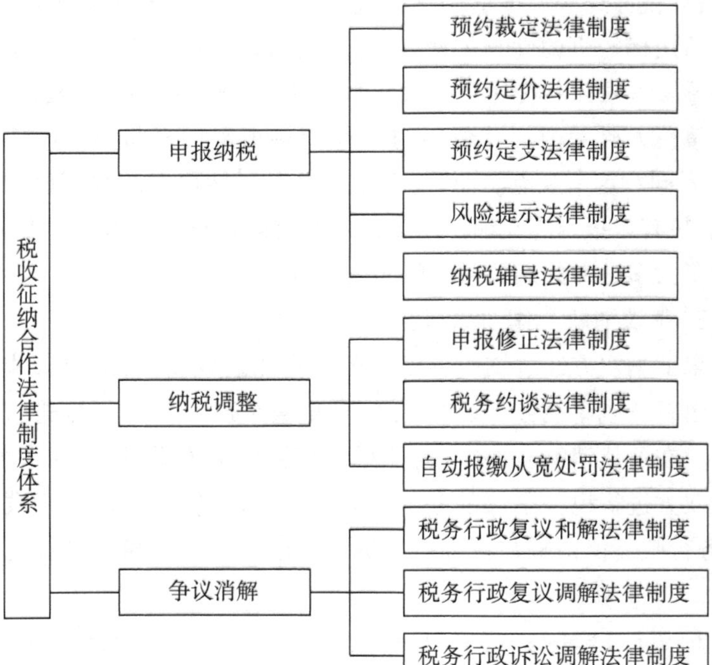

图2 税收征纳合作法律制度体系的三级框架结构

第三节　税收征纳合作法律制度运行基础强化

税收征纳合作制度的顺畅运行不仅需要自身的逐步完善,也在很大程度上有赖发挥基础保障功能的理念与权利的先行铺垫,同时,亦离不开制度主体能力强化与平衡、互信观念培养、权力制衡机制等配套措施的重要辅助。

一、制度运行基础理念与相关纳税人权利入法

(一)完善税收基本法立法宗旨条款以彰显征纳合作理念

理念犹如大厦的地基,是法律制度得以建构的基础设施。[①] 正如学者所言:法制的理念起着统领原则、制度、规则的作用。[②] 改变原有的税收行政执法理念是政府执政理念转型的具体表现。《税收征收管理法》在中国实际上发挥税收基本法的功能,为了构建征纳合作关系,首先需要摒弃《税收征收管理法》"管理法"的单一立法本位,实现向纳税人权利保护和税收征收秩序保障二元平衡的转型。这就切实需要将征纳合作信赖、税法遵从理念植入《税收征收管理法》的立法宗旨条款中,为税收征纳合作法律制度整个完善路径提供重要支撑。

(二)完善纳税人信赖利益保护相关权利束以促进税法公平

税法公平原则要求国家与公民税收权利与义务的分配不能显失公平。正如孟德斯鸠曾经指出的,"没有比在法律的借口之下和装出公正的姿态所做的事情更加残酷的暴政了。因为在这样的情况下,可以说,不幸的人们正是在他们自己得救的跳板上被溺死的"。[③] 然而长期以来,中国税法忽视了政府与纳税人之间的权利与义务的公平。在《税收征收管理法》中纳税人权利束的不完整就是具体的表现。征纳之间权义结构配置若不能达到一种平衡状态,就不能达到相互制约的目的,这种失衡情态将

① 参见孟强龙:《行政约谈法治化研究》,载《行政法学研究》2015 年第 6 期。

② 参见罗豪才:《现代行政法制的发展趋势》,法律出版社 2004 年版,第 147 页。

③ [法]孟德斯鸠:《罗马盛衰原因论》,婉玲译,商务印书馆 1962 年版,第 75 页。

影响税收实体法的实现。[①] 而且，纳税人法定权利的完备化，对于税收征纳和谐关系的培养非常重要。比如，在法国这一具有抗议征税历史的国度，尽管税负不断增长，税务审计效率不断提升，征纳关系却似乎已经达成了一个相对平和的妥协。这种和谐局面正是得益于纳税人被赋予了大量新的法律权利，促使公众不断加深对于税收和国家福利之间关系的理解。[②]

围绕税收征纳合作主题，具体包括税法的确定性和可预测权、信赖利益保护权、诚实纳税推定权。这 3 项权利有利于纳税人依法获得其所信任的规则内容，有利于在税收执法中践行纳税人信赖利益保护，也是纳税人实质性参与合作的重要基础。以法律形式确认纳税人享有税法的确定性和可预测权，是纳税便利的具体体现，可以敦促税务机关提高纳税服务质量，积极辅助纳税人获知申报内容确定化所必需的税法规则。以法律形式确认信赖利益保护权、诚实纳税推定权，不仅有利于纳税人的权益保障，增进纳税人参与征纳合作的主动性、积极性，也是推动税务机关自发合作的必要制度基础。纳税人对于税务机关的信赖表明双方的一种合作关系，应当提倡和鼓励。信赖可以使税务机关在执法中减少阻力，提高效率。信赖也可以使纳税人降低纳税成本，将主要精力转移至生产和经营之中。正因如此，一旦信赖关系已经建立，便不能轻易破坏。即使这种信赖在某种细节上与合法性产生冲突，也必须妥善处置，而不能轻易地以合法性为理由一概予以否认。[③] 可见，明确纳税人信赖利益保护对于征纳双方均有益处，可以作为"混合过错问题"引发税务争议的预防之策。

---

① 参见张怡：《衡平税法研究》，中国人民大学出版社 2012 年版，第 325 页。

② 参见[美]休·奥尔特、[加]布莱恩·阿诺德：《比较所得税法——结构性分析》，丁一、崔威译，北京大学出版社 2013 年版，第 57 页。

③ 在税收执法实践中，税务机关往往囿于依法行政原则、税收任务等因素拒绝保护纳税人的信赖利益，此类执法行为因合理性不足而难以被纳税人接受，以至于引发税务行政诉讼，也正是因为合理性不足又无法得到法院的认可。因此，如果以法律形式确认纳税人信赖利益的具体保护规则，就会为税务机关运用合理性指导税收执法带来法律依据和具体指导，这对于节约税收执法成本、提升税收执法可接受性都具有非常重要的实践价值。

二、不合作行为责任落实与征纳互信观念培养

(一)强化不合作行为责任制度的落实

1. 强化涉税违法查处力度促进纳税人依法合作

违法处罚力度强化具有促进纳税人依法合作的功能。在税收征纳过程中,双方主体均处于“两难”游戏中。[①] 要打破两难格局中的僵持情态,就需要调整其中的不确定性概率。以纳税人为例,既然为数不少的纳税人采取逃税策略,就证明在实际征纳过程中存在比采取依法纳税策略取得更多非法收益的机会。存在侥幸心理是部分纳税人逃避申报的主要原因。[②] 这种侥幸心理一部分源于税务审计能力的不确定性,另一部分来自违法处罚的具体责任的不确定性。降低纳税人获取违法收益的可能性就是打破僵持格局的重要环节,有利于敦促纳税人转而采取合作策略。

一方面,需要将强化违法处罚力度作为反向敦促合作的必要手段。税收违法处罚的具体数额存在较大的不确定性,这种不确定性主要源自3类原因。一是对于偷税处罚的裁量权范围较大,具体执行中采取从轻处罚的概率亦较大。税法规定:税务机关可以在0.5倍至5倍的范围内针对偷税行为处以罚款处罚,[③]0.5~5倍的裁量空间很大。为了维护纳税人的合法权益,国家税务总局在2000年就颁布了《偷税案件行政处罚标准(试行)》用以规制税务机关的裁量权。二是存在个案执行和解的可能性。比如,补缴税款后免于处罚。三是存在公私合谋的可能性。在事实上,税务机关对于纳税人偷税行为常常按照较低的倍数进行处罚。本书在裁判文书网抽取最近10个税务行政判决书,针对进入重点检查程序的偷税处罚倍数问题进行统计,发现其中6份是按照裁量范围的底线(0.5倍)作出罚款处罚的,两份按照裁量范围的中线(1倍)进行处罚,两份只要求补缴

---

① 心理学家道斯(Dawes)在1980年提出,社会中普遍存在的“两难”对策问题有两个主要特征:(1)对于每一个对策者,如果采取不合作的策略,都有可能取得比采取合作策略更多的利益;(2)如果所有对策者都采取合作策略,那么个体获得的利益要比个体都采取不合作的策略时多。参见朱智贤:《心理学大词典》,北京师范大学出版社1989年版,第265页。

② 参见赵雪筠:《个税逾期不申报者将被约谈市地税部门将重点检查电力、石油石化、邮电通信等行业》,载《威海日报》2007年4月16日,第1版。

③ 参见《税收征收管理法》第63条。

税款并未作出处罚决定(见表3)。

表3 重点检查范围内的偷税处罚倍数统计

判决书编号	违法情形	罚款倍数	罚款法定裁量范围
(2013)深中法行终字第126号	申报不实少缴税款	0.5倍	0.5倍以上 1.5倍以下
(2014)衢柯行初字第3号	未能准确核算经营成本	0.5倍	0.5倍以上 1.5倍以下
(2015)锦江行初字第1号	未按税法规定设置账簿、少申报收入	0.5倍	0.5倍以上 1.5倍以下
(2015)泰兴行初字第0001号	收入未入账且未申报纳税	0.5倍	0.5倍以上 1.5倍以下
(2016)辽1224行初7号	少列收入以少缴税款	1倍	0.5倍以上 1.5倍以下
(2016)新4002行初65号	收入未足额申报纳税	未处罚款	0.5倍以上 1.5倍以下
(2017)晋1182行初7号	不进行税收申报少缴税款	0.5倍	0.5倍以上 1.5倍以下
(2017)川0502行审2号	财务核算不健全少缴企业所得税	0.5倍	0.5倍以上 1.5倍以下
(2017)吉0102行初48号	未进行申报纳税	1倍	0.5倍以上 1.5倍以下
(2018)粤71行终237号	账外经营且未申报	未处罚款	1倍以上 3倍以下

资料来源:中国裁判文书网。

偷税行为从轻或者减轻处罚的适用条件是纳税人作出主动消除危害

后果、及时修正违法行为的"合作"行为,[①]但是,既然纳税人提起行政诉讼,可见不存在前述"合作"行为。因此,税务机关进行从轻、减轻甚至免于处罚的情形或许是出自降低执行阻力的考虑。然而,较大的法定裁量范围以及税收征管实务中有关偷税处罚力度不足的问题,对于税收征纳合作的形成而言,显然是不利因素。从心理学意义上讲,明确的罚则有助于消除纳税人的侥幸心理。这是因为:等量损失给行为人造成的痛苦体验比收益的愉悦感受更强烈,故而,行为决策者更倾向规避损失;此外,确定性效应也会影响决策者的损失偏好,即必然损失比可能损失更令人厌。[②] 从轻、减轻甚至免于处罚的法律后果一旦形成惯例,并与税收审计待提升的质量相累加,极易诱发纳税人的侥幸心理。因此,建议研讨并出台更精确、科学的偷税案件行政处罚标准,尤其是补充税务机关在标准之外进行执法的情形、程序与责任规则,以适度强化纳税违法行为的处罚力度,同时,提升税务审计能力,最终降低纳税人通过不合作策略取得更多利益的可能性。

另一方面,还需认识到:税务审计质量的提升是追责能力提高的必要条件。与征纳合作直接对立的,是税收流失现象体现出的纳税人对抗行为。中国税收流失的主要原因表现为两个方面——地下经济与公开经济逃税。由于大量地下经济活动逃避了政府的监管,导致地上经济部门生产的产品和劳务所占市场份额减少,税收收入损失减少。而且,由于地下经济的隐秘化,迫使政府投入包括征税成本在内的更多的社会管理成本。同时,公开经济中的逃税问题,一直是导致中国税收流失的主要因素。较严重的逃税现象,是不争的事实。提升税务审计质量,是发现地下经济、发现逃税现象的必要条件。税务审计质量存在不足的主要原因有两点。一是税务审计能力不足。如前所述,现在中国的社会环境条件使税务机

---

① 《行政处罚法》第32条规定,当事人有下列情形之一的,应当从轻或者减轻行政处罚:(1)主动消除或者减轻违法行为危害后果的;(2)受他人胁迫或者诱骗实施违法行为的;(3)主动供述行政机关尚未掌握的违法行为的;(4)配合行政机关查处违法行为有立功表现的;(5)法律、法规、规章规定其他应当从轻或者减轻行政处罚的。《行政处罚法》第33条第1款规定,违法行为轻微并及时纠正,没有造成危害后果的,不予行政处罚……

② 参见相鹏、耿柳娜等:《沉没成本效应的产生根源与影响因素》,载《心理科学》2017年第6期。

关无法翔实掌握所有经济税源信息，而且，税务审计所需的人才、物力、财力等资源限制了税务审计能力的发展速度。二是存在税务审计态度不够端正的现象。2018 年，本书在广东省 C 市作调查时发现：税务机关对审核小规模纳税人企业销售额是否满足起征点规则进行税务检查时，采用的是询问法而非查账法或者实地查验法，只要纳税人自述其应税销售额没有超过 3 万元/月即可。

基于以上分析，本书提出提升税务审计质量的建议。首先，亟须提高税务机关对涉税经济信息的采集能力。涉税经济信息数量与质量的提升，又需要关注两种生成机制。一是内部生成机制，即纳税人的自愿供给。税务机关税务审计能力的提升与税收中的合作具有辩证统一的关系：税务审计能力的提升需要纳税人的合作以增加涉税经济数据的质量与数量；与此同时，深入审计能力的提升可以增加纳税人逃税被查处的概率，反向迫使纳税人化对抗为合作。为此，设计适足激励的税法规则鼓励纳税人的合作行为，是十分必要的。二是外部生成机制，即强化税收的社会协作治理来提升收税信息供给质量与数量。这方面最棘手的就是通过法律法规明确、精准地规定涉税信息资料持有部门、组织的信息提供义务。这是因为：《税收征收管理法》[①]《车辆购置税法》[②]《环境保护税法》[③]规定的政府间信息共享制度多显空泛；相关部门的范围界定不够全面。鉴于涉税信息获得完整度的现实需要，通过行业协会等市场主体摸清纳税人生产能力、制作纳税评估样本的工作亦必不可少。其次，还需提高税务机关对涉税经济信息的分析能力。在涉税经济信息收集之后，税务机关还需要在分析、比对真实性的问题上投入大量人力、物力和财力。因此，必须提高税务机关对于涉税信息分析利用的效率。比如，通过细化扣缴义务人的法定职责紧抓扣缴义务人的申报工作，同时，完善自然人明细申报办法，如此才能收集翔实的涉税信息，以备日后对申报信息与其他涉税信息进行分析。又如，与时俱进地、更广泛深入地运用大数据、云计算

---

① 参见《税收征收管理法》第 6 条。

② 参见《车辆购置税法》第 16 条。

③ 参见《环境保护税法》第 15 条。

等技术创新分析检测方法。[①] 最后,端正税务审计相关工作的态度也很重要。比如,税务机关对于小规模纳税人是否满足起征点规则的认定,需要结合实际情况针对不同行业、不同规模的小规模纳税人设计多个比较样本,以便有针对性地、较为迅速地检验纳税人应税销售额水平。同时,掌握涉税信息的相关部门也应该提高涉税信息共享意识与协同合作态度。目前,各地成立了综合治税办公室来加强相关部门涉税信息的提供机制,但在具体实施中存在流于形式、信息提供不全等问题。[②] 这样的问题需要通过奖惩两方面的机制进行解决。

2. 强化权力"寻租"查处力度促进税务执法人员依法合作

强化针对税务执法人员损害公共财产权行为的监管与处罚,对于敦促税务执法人员依法合作、避免征纳合谋也很重要。

在实践中,涉税责任处于被弱化、虚化的状态,进而导致依法征税有可能沦为乏力的宣言。[③] 为了限制执法者的"权力寻租",首先需要行政机关对其工作人员进行限制,在日常考核指标中加强落实、严肃追究行政责任,同时,还要积极推动税务公益诉讼制度发展,以促进税收司法职权配置的完善。在监督权的具体运用中,还要重视公开这一形式的高效性。税务执法人员违法违纪行政责任、刑事责任的强化,不仅对于征纳合谋损害公共财产权行为起到惩治作用,税收执法人员不再徇私枉法对于提升纳税人的风险防范意识、税收行政与刑事处罚规范的敬畏心都有重要意义。对于违法合谋的阻绝,有利于反向督促征纳双方依法展开合作。

(二)培养征纳互信观念

鉴于存在合作双方主体受到多种传统观念的制约,纳税人存在不信任的负面心态,笔者认为,培养征纳互信观念势在必行,它对于提升税务机关的服务意识和纳税人的税法遵从意识都大有裨益。

---

① 参见任东飚、刘炜等:《试析自然人税收征管的问题及对策》,载《税务研究》2017 年第 10 期。

② 参见师璇:《"营改增"后旅游服务税收监管风险研究——以河北省为例》,载《地方财政研究》2017 年第 3 期。

③ 参见刘剑文、侯卓等:《财税法总论》,北京大学出版社 2016 年版,第 298 页。

1. 征纳互信对于征纳合作的意义

在征纳主体之间,彼此信任水平越高,达成合作的可能性就越大。这一观念也得到了社会学研究的支持。社会学理论认为,人与人之间的信任关系渗透在一切社会交往活动之中,它不仅是人与人之间建立稳定关系的基石、社会运行的润滑剂,更是将社会整合为有机整体的重要元素。[①]同理,税务机关与纳税人之间的信任关系也会渗透进税收征纳各个环节之中,征纳互信既是征纳之间建立稳定与长久关系的基础,亦为税收征管执法活动的“润滑剂”以及税收法律关系主体整合为有机整体的重要因素。征纳互信对于税务机关或者纳税人个体与税收法律关系主体整体的重要意义在于:一方面,无论是纳税人还是税务机关,两者的存在均具有社会属性,因此,任何一方都必须与他人建立交往与合作的关系,获得相对一方的认同和协助,而这种相互信任的建立和维持,是实现征纳之间持续互动的必要保证;另一方面,征纳互信水平的高低,将会对税收征纳的整体运行产生重要的影响。

在社会中,理性主体之间权利平等与意志自由催生法律制度,这一过程使传统熟人间的特殊信任得以向现代陌生人之间的制度信任进行转化。至此,社会主体之间的信任水平日益加深,信任广度不断拓宽。同时,主体通过规定彼此之间交往的基本价值为互惠规范的遵守营造出良好环境,而后公民参与公共生活的热情得以激发,[②]以上这些功能也存在于税收法律制度体系的应然效力之中,这些实质性的改善都将促使征纳合作成为可能。

2. 培养征纳互信关系的对策建议

首先,培养征纳互信关系需要征纳双方进行观念转型。心理学研究者通过实验发现:在群体合作行为研究中,价值取向与对策策略是广大学者最关注的两项特征,也是影响群体合作成败、优劣的关键性要素。[③] 合

---

① 参见胡俞:《人际信任论》,武汉大学2011年博士学位论文,第1页。

② 参见郑巧、肖文涛:《协同治理:服务型政府的治道逻辑》,载《中国行政管理》2008年第7期。

③ 参见严进、王重鸣:《两难对策中价值取向对群体合作行为的影响》,载《心理学报》2000年第3期。

作型(使共同的利益最大化)、个人型(使自己的利益最大化)与竞争型(使自己与他人的利益的差距最大化)是实践中主要的个体价值取向,[①]群体成员的价值取向会影响群体合作行为的形成,合作型成员会促成更多的群体合作行为。[②] 产生税收征纳合作缺憾在主体认识论维度的原因就是缺乏共同利益最大化的意识,具体表现为税务机关传统国库主义和管理论观念,强调征税便利,而忽略论纳税便利,缺乏为纳税人提供优质服务的意识。因此,一方面,建议税务机关转变观念:培养放开的执法心态,树立纳税便利观念,注重纳税人权利保护和税收征收秩序保障的平衡;另一方面,纳税人也需要转变观念,打破被动和沉默的习惯,积极参与到征纳合作的法治建设中来。

其次,征纳之间需要通过实际行动消解"信任赤字"并构建征纳互信默契。从理论层面看,如若想要培养税收征纳双方互信意识,那么,就要关注征纳任何一方在每一次征纳中都采取合作策略的重要性。而且,显露合作行为动机、反馈合作结果对于主体之间合作行为质量也有影响。[③]从这个意义上讲,征纳之间合作的实现需要通过双方共同的合作意愿的显露、彼此合作经验的积累,进而形成相互信赖的共同意识。构建税收征纳合作关系必须在征纳之间消解"信任赤字"、[④]构建征纳互信默契。信任是合作一方对于对方诚实行为的自信心,是以征纳互信关系的培养主要从两方面着手:一是通过明晰化的制度限定征纳双方的权义结构、行为规范以及法律后果等因素,让征纳行为在较确定的轨道中运行;二是为征纳

---

① See Kuhiman D. M. & Marshello A. F. , *Individual Differences in Game Motivaiton as Moderators of Preprogrammed Strategy Effects in Prisoner's Dilemma*, Journal of Personality and Social Psychology, Vol. 32, p. 922 - 931(1975).

② 参见严进、王重鸣:《两难对策中价值取向对群体合作行为的影响》,载《心理学报》2000年第3期。

③ See Kelley & Harold H. et al. , *Social Interaction Basis of Cooperators' and Competitors' Beliefs about Others*, Journal of Personality and Social Psychology, Vol. 16, p. 66 - 91(1970).

④ "征纳信任赤字"是在借鉴习近平总书记提出的"信任赤字"一词的基础之上概括出来的。习近平总书记2019年3月26日在巴黎出席中法全球治理论坛闭幕式上发表题为《为建设更加美好的地球家园贡献智慧和力量》的重要讲话,提出"信任是国际关系中最好的黏合剂"。参见任一林、姜萍萍:《习近平倡导破解4大"赤字":为全球治理提供中国方案》,载人民网,http://theory.people.com.cn/n1/2019/0327/c40531-30998300.html。

双方的诚信行为设定评价机制，具体而言就是纳税人与税务机关分别以纳税信用与诚信征税换取信任。税务机关的征税权应当本着诚实信用的原则而时时自律，尤其是在自由裁量之时，不能自视为至高无上的主宰者，只要不违反法律，便可以为所欲为。① 从实践层面看，多年实践尝试已经证明：征纳合作必须要以共赢为前提。让纳税人亲见税务机关的转变与付出，才能对征纳合作逐步从猜疑变为主动寻求合作。②

最后，不断提升社会文化大环境的税法遵从度。人格因素和情境因素是影响合作行为的主要组成部分。心理学研究认为，存在合作人格与竞争人格两种稳定的个体类型，更确切地说，是指在合作与竞争维度上存在稳定的人格差异。③ 而形成上述两种认知差异类型的缘由是不同主体在社会交往中所获取的经验不同，④处于不同社会文化环境中的主体，在作出合作决策时，会容易呈现各自不同的倾向。一旦税法遵从内化为社会文化意识，渗透进行业惯例、风俗习惯与伦理道德这些非正式制度之中，成为社会多数个体对于税款缴纳与征收的作用、相互关系的一般性思维习惯，⑤就会发挥出巨大的生命力，对于社会其他个体发挥积极影响，成为税收法律制度顺利实施的巨大助力。相反，缺乏社会发展则会对经济发展发生严重阻碍作用。为此，建议政府引导社会公众形成税法遵从的社会文化。从一般性认识看，中国纳税人依法诚信纳税的意识较弱，纳税大环境还有待改善，而且，地方文化对于当地纳税人的遵从度也会产生潜移默化的影响。⑥ 然而，在事实上，中国纳税人税法遵从意识也有表现优

---

① 参见[美]伯纳德·施瓦茨：《行政法》，徐炳译，群众出版社1986年版，第21~22页。

② 吉林省国税局大企业部门建立大企业税源管理档案，主动提醒并协助大企业开展纳税自查，不断引导企业完善涉税内控机制建设，定期举办税企座谈会，对税源变化情况、税收政策需求以及企业发展中遇到的涉税问题等相互交流、共商对策。参见李晨波、韩国忠：《共赢的税企合作才有未来》，载《中国税务报》2015年10月23日，B02版。

③ See Kelley & Harold H. et al., *Social Interaction Basis of Cooperators' and Competitors' Beliefs about Others*, Journal of Personality and Social Psychology, Vol. 16, p. 66 – 91(1970).

④ 参见谢晓非、陈曦：《合作意识的认知成份分析》，载《心理科学》2002年第3期。

⑤ 参见[美]凡勃伦：《有闲阶级论》，蔡受百译，商务印书馆1964年版，第139页。

⑥ 参见国家税务总局税收科学研究所课题组：《风险管理理论在税收征管中的应用问题研究》，载国家税务总局税收科学研究所主编：《中国税收研究报告(2012—2013年)》，中国财政经济出版社2014年版，第279页。

秀的一面。比如,北京市地税部门依据掌握的资料进行纳税评估,认为海淀区一所大学达到个人所得税自行申报条件的应有100多人,而实际申报人数超过1000人,因为很多教师主动如实申报了课题费、补课费等税务机关部门难以监控的收入。[①] 我们需要努力的方向是设计具有灵活性的具体实现方式来进一步提升社会文化环境的税法遵从度,比如,利用大众传播媒体强化税收遵从与社会行为道德的一致性,强调税收缴纳和享受公共服务之间的正向关系,激励其他社会组织参与促进税收遵从,规范免税等措施避免为逃税提供可乘之机。又如,在优秀企业家评选中,将企业税收遵从、税收贡献作为参与评选的重要条件,既弘扬了以依法诚信纳税为重要内容的新时代企业家精神,又营造了依法诚信纳税的良好社会信用氛围。[②] 从更长远的角度,建议将"纳税光荣"的观念纳入社会价值观建设。通过大众传播媒体引导公众行为,将完成纳税义务提升至社会道德层面,培养税法遵从的内在动力,形成依法按时足额纳税的社会风尚。[③] 通过诸如此类的社会文化意识层面的培养,通过认知环境潜移默化地培养纳税人与税务执法者合作人格。

三、构建权力制衡需要下的能力平衡机制

鉴于合作双方主体的专业能力、沟通能力存在欠缺,司法机关外部监管能力尚有不足,为了征纳合作顺畅开展,制约可能出现的税收执法权滥用,笔者认为构建与征纳合作相关的、税收执法与税收司法公权力之间的能力平衡机制势在必行。

(一)能力辅助机制的建立健全

1. 完善能力辅助机制是构建权力制衡结构的必然要求

如前所述,在税款征纳的过程中,存在多方参与主体,尽管他们承担特定的法律职能或应该发挥一定作用,但是也存在自身缺陷。其一,规则

① 参见黄卫华、刘文:《北京25万人自行申报个税自行申报约谈和检查将全面展开》,载《中国税务报》2007年4月6日,第3版。

② 参见张国钧:《优化税收营商环境的调查与思考》,载《税务研究》2018年第11期。

③ 参见刘柏惠:《自然人逃税行为的理论解释与治理路径》,载《国际税收》2018年第11期。

模糊的征纳沟通并不顺利。从理论上讲，税法中包含诸多标准性规范，表现出模糊性特征，需要在税收执法、税收司法中合理运用。从实践中看，针对一些领域、一些具体涉税项目，税务机关却不完全具备进行合理裁量的能力，需要经过民主协商机制来获得公允的处理。然而，独立的纳税人往往身单力孤，对于体系庞杂、内容变化频繁的税收法律规则的掌握、运用能力难以满足实践沟通的需要。其二，税法制度构建需要以海量的数据调查作为必要基础，而且分散的纳税人难以参与民主立法程序。其三，税务机关对于全行业的稽查选案标准不完备，使税务监管工作存在漏洞。其四，一些特定行业协会也有监管会员财务指标的职能，但是囿于行业协会的非公职机关身份，对于会员账外经营的行为无法进行有力监管。其五，法院、检察院、监察委有监督行政权力、惩治税收违法犯罪的职能。通过以上总结可以看出，相关公职机关在各自职能领域或多或少需要提升专业能力；而纳税人除去专业能力之外，同时，还需要决策参与中的表达能力、协商执法与权利救济中的沟通能力。因此，无论是民主与专政立法，依法征税权与依法纳税权，还是行政权与司法权，这些制衡关系的参与主体都需要先行提升能力，而后完成制衡，提升能力是构造高效制衡结构的必然要求。

2. 能力辅助组织建设是提升征纳合作质量的可行路径

现行的定点联系企业制度打通了企业集团总部直接与国家税务总局、省级税务局对话的渠道。① 相较而言，中小型企业缺乏与税务机关进行充分沟通的专业能力与规范化渠道。从机会公平实践化的视角看，中小型企业参与征纳沟通权利的实质公平问题亟待关注。行业协会应成为以企业为成员、在政府与企业之间发挥沟通和协调的功能的民主自治团体。行业协会是行业自律规则的制定者和实施者，行业自律规则的制定与执行是行业协会社会管理职能的重要表现。与服务型政府建构相伴的是行业协会的日益成长，行业协会将作为一股推动公私领域合作的强大

① 参见国家税务总局税收科学研究所主编：《中国税收研究报告（2012—2013 年）》，中国财政经济出版社 2014 年版，第 456 页。

力量，与政府一道构建互动合作关系。[①]

从实践中看，2016 年在广东率先试行的“三方沟通机制”是一个很有价值的尝试。行业协会与执法、司法机关之间存在资源互补。一方面，行业协会深谙本行业的经营之道，税务师事务所等涉税服务组织掌握不同行业海量的经济数据，对税务机关、检察院、法院、监察委这些公职机关而言，这些数据信息对于提升监管能力大有裨益；另一方面，行业协会还具有社会管理职能，管理着行业内会员的诸多经济行为，所以，亟须税务等公职机关提供必要信息来强化自身的管理职能。可见，行业协会与税务机关的监管职能存在相互协作的可行性。不仅如此，行业协会更是纳税人参与民主立法、民主行政时的共同意志建言方式。在实践中，行业协会向税务机关沟通自己行业的经营情况、代表纳税人进行执法协商，并不同于一般政府部门之间的协调治理。这是因为，行业协会不仅践行自律机制，亦通过民主协商形式实现本行业纳税人公共利益选择。行业协会与税务机关的合作，即有辅助管理之意，更重要的是发挥公共意志建言功能。此外，从 12 个典型的经济合作与发展组织成员国家有关纳税风险管理实践经验可以发现：申报纳税准确程度的增长和税务代理服务机构的成长密切相关，[②]这一功能在涉税业务较为复杂的行业尤为显著，诸如，制造业、建筑业等。同时，该功能丰富了税收征管监督方式。在逐渐复杂化的税制改革背景下，税务代理行业的发展加快。比如，在澳大利亚，如今已经有超过 70% 的纳税人在纳税实务中聘请税务代理人。[③] 当纳税人面临税务检查时，税务代理服务机构还在实践中发挥着与总机关进行业务解释、沟通的功能。

（二）监管机构自身专业能力的培养

一方面，注重涉税信息专业能力培养。具体而言，针对司法机关和监察机关工作人员税法专业能力的不足，需要借助涉税服务中介机构、行业

---

① 参见郑巧、肖文涛：《协同治理：服务型政府的治道逻辑》，载《中国行政管理》2008 年第 7 期。

② 参见国家税务总局税收科学研究所主编：《中国税收研究报告（2012—2013 年）》，中国财政经济出版社 2014 年版，第 283 ~ 283 页。

③ 参见[美]休·奥尔特、[加]布莱恩·阿诺德：《比较所得税法——结构性分析》，丁一、崔威译，北京大学出版社 2013 年版，第 16 页。

协会的信息资源、专业知识作为重要补给；此外，抓紧培养能够熟练运用税法、税务知识的公职人员也是提高涉税审判、检察、监察公权力行使能力的必要工作。建议相关部门在机构设置、人员编制、经费保障等方面给予关注。另一方面，构建信息资源获取与交流平台。在吉尔吉斯共和国，税务局与司法机关之间相互配合的重要信息平台包括国家法人登记名册数据库。[1] 在“兰州税务公益诉讼案”中，兰州市城关区人民检察院提出检察建议之时对于涉案纳税人已与5年前注销的事实并不知情，而原市地税局则是采取了多种措施才获知这一信息。因此，对于监管机构、税务机关提升专业能力的激励措施，还应包括搭建信息平台等能力培养所需的技术辅助设施的建设。

---

① 参见《吉尔吉斯共和国115号法律》第17章第123条。

第四章 申报纳税合作法律制度的拓展

第一节 预约裁定法律制度的构建

2015年1月,《征管法征求意见稿》提出了建立预约裁定制度的提议,引发学界针对预约裁定制度的广泛关注与热议。本书尝试从“激励+约束”的制度完善方向考察域外经验、评析学界观点,进而提出有建设性的意见。

一、预约裁定制度的域外考察

(一)激励性规则考察

1. 预约裁定的法律效力

纳税人对于裁定内容享有信赖利益保护的权利,但是,自身并不受其约束。[①]

2. 免费提供预约裁定服务

大多数国家免费提供预约裁定服务,如英国、法国、意大利、美国、日本、韩国、阿根廷、巴西等。[②]

---

① 参见张建忠:《美国税收事先裁定的实践及经验》,载《税收经济研究》2016年第3期。

② 参见黄立新:《我国如何施行税收预约裁定制度》,载《中国财经报》2017年6月6日,第6版。

3. 纳税人权利的救济

其一，纳税人的异议权。比如，澳大利亚税法规定，纳税人对于预约裁定存在异议的，可以在收到裁定60日内书面向税务局长提出税收异议。其二，申请人可向高等法院或者最高法院就事先裁定结果提出上诉。在印度，货劳税法下，货劳税事先裁定是接受上诉的。一旦申请人或者中央货劳税局（管辖州货劳税局）认为货劳税事先裁定局发布的裁定结果使自己一方受到损害，可以向货劳税事先裁定上诉局提出上诉。[①] 其三，纳税人可根据预约裁定结果调整自己的经济行为。比利时税法规定，纳税人对于预约裁定结果不服时可以选择调整自己的经济行为，但却不能提出复议或者诉讼申请；如若纳税人继续按照预约裁定预设进行经济活动并且产生了裁定的税收后果，纳税人便可以按照正常的税务争议解决方式寻求权利救济。[②]

4. 个人就简单税务事项申请预约裁定的规则

澳大利亚税法规定，个人作为申请主体，可以就简单税务事项的税法适用问题向税务局长申请裁定。尽管作出的是口头裁定，但仍需以书面形式记录在案。[③] 如果税务局长作出了决定建议，或者提出一般管理惯例，纳税人可以对此得到信赖利益保护。[④]

5. 沟通方式

在澳大利亚，税务机关会针对有预约裁定申请意愿的纳税人举行预约裁定申请前会谈。在会谈中，税务机关将告知预约裁定的流程和注意事项，并针对相关技术性问题进行沟通。纳税人提出的预约裁定申请信息既包括已发生的相关交易事实、交易材料，也包括纳税人对拟发生的交易事实、交易结果进行的预判分析，其目的在于辅助税务机关更加明确地了解纳税人对涉税事项的需求。而且，税务机关在作出正式裁定前，还可以提出裁定草案，并征求纳税人的意见，纳税人也可以在规定时限内撤回

---

① 收到上诉申请后，货劳税事先裁定上诉局应在30日内完成存档，并自存档之日起的90日内对于上诉申请做出判决。参见吴东明、王洁瑾、蒋占贤：《印度：事先裁定对税企双方具有同等约束力》，载《中国税务报》2016年9月9日，B05版。

② 参见李帅：《论我国税收预约裁定的制度构建》，载《经济法论坛》2017年第19卷第2期。

③ 参见澳大利亚《1953年税收管理法》卷二第5－5章第360条，360－5。

④ 参见澳大利亚《1953年税收管理法》卷二第5－5章第361条，361－5。

申请。[①]

(二)约束性规则考察

1. 严密的程序

其一,必须以书面形式作出裁定。比如,澳大利亚1953年第1号修订法案卷二规定:裁定应明确裁定所适用的纳税人的税务身份信息,申请获得裁定的具体交易事项,适用的法律依据,税务局就其他可能发生事项作出的假设,及适用期限。对于有效期限未明确说明的案件,则从裁定作出之日起适用,最长的有效期以裁定事项所属纳税年度为限。[②] 其二,处理期限有明确规则。比如,在澳大利亚,如果申请人可以提交完备的材料,税务局就应当自接到申请之日起60日内作出裁定。[③] 同时,还对期间计算的暂停与恢复作出了更细致的规定,需要申请人提供更多信息,涉及财产价值评估等。[④] 又如,在美国,预约裁定规定了明确的时限。收到申请后,若拒绝作出裁定,应在165日内提出。自收到申请后的21日内,相关部门需要联系申请人,要求其补充材料或告知是否建议申请人撤回。信息补充完备,在作出裁定前,可能会要求申请人提交关于裁定的修改意见。[⑤] 在实践中,整个周期一般需要3~6个月,较复杂的裁定则要1~2年。[⑥] 再如,印度税法明确规定了公开宣布裁定结果的时限规则,并因直接税、间接税与货劳税而有所差别,设置了申请人听审规则,以及申请人有权在限期内撤销申请的规则。[⑦] 其三,申请预约裁定要求纳税人进行大量的细节分析和提供信息资料。

---

① 参见杨同宇:《税收预约裁定制度之解构与路径展望》,载《税务与经济》2018年第3期。

② 参见王明世:《税收预约裁定制度:路径与方法选择》,中国税务出版社2016年版,第29页。

③ 参见澳大利亚《1953年税收管理法》卷二第5-5章第375条,375-105。

④ 参见澳大利亚《1953年税收管理法》卷二第5-5章第359条,359-40。

⑤ 参见李凯、李捷、孙金山:《税务事先裁定的国际经验及借鉴》,载《国际税收》2016年第4期。

⑥ 参见曾思红:《香港税收"事先裁定"介绍及启示》,载《涉外税务》2002年第4期。

⑦ 参见吴东明、王洁瑾、蒋占贤:《印度:事先裁定对税企双方具有同等约束力》,载《中国税务报》2016年9月9日,B05版。

2. 计费规则

在施行预约裁定的国家和地区中，按照不同的金额标准收费的约占40%，[①]如德国、加拿大、新加坡、印度、南非、中国香港特别行政区。[②] 美国、新西兰的计费标准依据税务人员所花费的工作时间或所涉交易的复杂性来确定；[③]费用从500美元到2万美元不等。[④] 在德国适用费用与收益挂钩规则，即根据申请事项涉税金额按比例设计裁定费用，因此，要求纳税人须在申请中声明涉税金额和预约裁定对于税收利益的实质影响；无法计算涉税金额的按工作时间来收费。[⑤] 在印度，间接税的事先裁定申请按照固定金额收费，货劳税按申请人分类和所涉交易金额的多少收费。[⑥] 瑞典的收费标准设计原则是成本部分回收。加拿大则在成本完全回收原则的基础上比照专业咨询机构同类业务的收费标准来设计收费规则。[⑦]

3. 严格的约束力

印度的事先裁定局一旦作出决定，裁定结果就会对于征纳双方具有同等的、无期限的约束力，[⑧]也就是说，纳税人不具有是否遵从预约裁定的选择权。[⑨] 类似地，荷兰的预约裁定亦对征纳双方都具有法律约束力。[⑩]

---

① 参见朱大旗、姜姿含：《税收事先裁定制度的理论基础与本土构建》，载《法学家》2016年第6期。

② 参见黄立新：《我国如何施行税收预约裁定制度》，载《中国财经报》2017年6月6日，第6版。

③ 参见朱为群、谭郁森：《论中国引进税务事先裁定制度的必要性和可行性》，载《现代经济探讨》2012年第6期。

④ 参见李凯、李捷、孙金山：《税务事先裁定的国际经验及借鉴》，载《国际税收》2016年第4期。

⑤ 参见李凯、李捷、孙金山：《税务事先裁定的国际经验及借鉴》，载《国际税收》2016年第4期。

⑥ 参见吴东明、王洁瑾、蒋占贤：《印度：事先裁定对税企双方具有同等约束力》，载《中国税务报》2016年9月9日，B05版。

⑦ 参见樊勇、韩文达：《我国税收事先裁定制度之完善》，载《国际税收》2016年第4期。

⑧ 参见吴东明、王洁瑾、蒋占贤：《印度：事先裁定对税企双方具有同等约束力》，载《中国税务报》2016年9月9日，B05版。

⑨ 参见杨同宇：《税收预约裁定制度之解构与路径展望》，载《税务与经济》2018年第3期。

⑩ See Carlo Romano, *Advance Tax Rulings and Principles of Law: Towards a European Tax Rulings System*, Amsterdam: IBFD Publications BV, 2002, p. 3 – 525.

(三)制度运行实践的经验

关于申请数量统计数据如下:一是意大利从2001年6月开始将税务预约裁定的范围从反避税条款所涉及的事项扩大到所有的税务事项,相关部门起初也很担心申请量会剧增,然而,在新规则运行了4个月以后,发现申请量有1559件,而已经受理并及时回复的裁定有1250件。[①] 二是1990~2005年,美国涉税私人裁定的数量也都稳定在每年2000件左右。[②]

二、国内学界的主要观点梳理

(一)激励性规则

一方面,有关裁定对于税务机关单方产生法律约束力、[③]以不得适用行政复议与行政诉讼为一般原则[④]等观点,学界基本达成共识;另一方面,有少部分学者主张免费提供预约裁定服务:基于超负荷资源消耗可能性不高的预判,[⑤]以及激励申请[⑥]、培养征纳合作信赖关系[⑦]、防范纳税服务变质[⑧]等理由,认为纳税人不应付出双重代价。

---

① See Carlo Romano, *Advance Tax Rulings and Principles of Law: Towards a European Tax Rulings System*, Amsterdam: IBFD Publications BV, 2002, p. 14 - 22.

② 参见朱为群、谭郁森:《论中国引进税务事先裁定制度的必要性和可行性》,载《现代经济探讨》2012年第6期。

③ 国内主流观点认为,预约裁定属于一种具体的行政承诺,即"行政机关基于嗣后作为或不作为之受拘束意思"。参见城仲模:《行政法之一般法律原则(二)》,台北,三民书局1997年版,第263页。预约裁定协议只对税务机关具有法律约束力,正是因为它是税务机关所作出的单方承诺。参见聂淼、熊伟:《预先裁定制度与纳税人权利保护》,载《国际税收》2016年第1期;朱大旗、姜姿含:《税收事先裁定制度的理论基础与本土构建》,载《法学家》2016年第6期。

④ 一般认为,在多数情况下,不得适用行政复议与行政诉讼;同时,作为例外,也应当允许征纳双方就是否受理和"对纳税人有利的错误裁定不应允许撤销或变更"。参见刘磊、熊晓青、周妍:《事先裁定制度研究》,载《税务研究》2012年第6期。预约裁定产生的争议,以及"未在规定期限内作出受理决定""未对纳税人未提交的关键信息进行补充告知"等程序性瑕疵,适用行政复议与行政诉讼制度。参见朱大旗、姜姿含:《税收事先裁定制度的理论基础与本土构建》,载《法学家》2016年第6期;张松:《在我国设立税收事先裁定制度的探讨》,载《税务与经济》2013年第2期。

⑤ 参见朱大旗、姜姿含:《税收事先裁定制度的理论基础与本土构建》,载《法学家》2016年第6期。

⑥ 参见樊勇、韩文达:《我国税收事先裁定制度之完善》,载《国际税收》2016年第4期。

⑦ 参见张松:《在我国设立税收事先裁定制度的探讨》,载《税务与经济》2013年第2期。

⑧ 参见王霞、刘珊:《论预约裁定制度的适用与完善》,载《怀化学院学报》2015年第8期。

（二）约束性规则

一方面，有关严格程序、制定申请事由的正面与负面清单、公示制度[①]等，学界基本达成共识；另一方面，主张收费的观点相对偏多。比如，基于事先裁定的特定性，可以采取依据涉税金额的一定比例与按处置时间相结合的计费方式；[②]主张基于裁定结果的可收益性，应当采用一事一裁、一裁一收费的安排；[③]出于防止申请数量过度的考量，建议设置较高收费标准；[④]主张可以将服务性收费与行政性收费功能融合起来，设计一条行政收费的新路径；[⑤]主张建立用者自付原则，适度收取费用。[⑥]

（三）制度性质与功能定位

在国内，学界一般主张预约裁定的制度性质应当定位为纳税服务。[⑦]同时，也有将其定位为税收执法的观点。[⑧] 学界对于预约裁定制度具体功

---

① 比如，主张只有在保护纳税人权利与履行税务机关职责之间找到利益平衡点，公布事先裁定才会更具实践意义。参见王明世：《税务事先裁定程序规则的构建研究》，载《税收经济研究》2015 年第 1 期。又如，可以采用每月公布、出版汇编的方式，并注明不具有普遍约束力。参见朱大旗、姜姿含：《税收事先裁定制度的理论基础与本土构建》，载《法学家》2016 年第 6 期。

② 参见李凯、李捷、孙金山：《税务事先裁定的国际经验及借鉴》，载《国际税收》2016 年第 4 期。

③ 参见黄立新：《我国如何施行税收预约裁定制度》，载《中国财经报》2017 年 6 月 6 日，第 6 版。

④ 参见朱为群、谭郁森：《论中国引进税务事先裁定制度的必要性和可行性》，载《现代经济探讨》2012 年第 6 期。

⑤ 参见王明世：《税收预约裁定制度　路径与方法选择》，中国税务出版社 2016 年版，第 150 页。

⑥ 参见曾思红：《香港税收"事先裁定"介绍及启示》，载《涉外税务》2002 年第 4 期。

⑦ 参见朱大旗、姜姿含：《税收事先裁定制度的理论基础与本土构建》，载《法学家》2016 年第 6 期；王霞、刘珊：《论预约裁定制度的适用与完善》，载《怀化学院学报》2015 年第 8 期；张松：《在我国设立税收事先裁定制度的探讨》，载《税务与经济》2013 年第 2 期；李帅：《论我国税收预约裁定的制度构建》，载《经济法论坛》（第 19 卷）2017 年第 2 期；滕祥志：《开放税收司法与事先裁定制度须同步推进》，载《经济参考报》2018 年 4 月 18 日，第 7 版；熊晓青：《事先裁定热点问题研究》，载《国际税收》2016 年第 4 期；朱为群、谭郁森：《论中国引进税务事先裁定制度的必要性和可行性》，载《现代经济探讨》2012 年第 6 期。

⑧ 税收预约裁定解决的就是纳税人某项未来的、复杂的涉税交易应该如何适用税法、如何核算和计算缴纳税款，或者说是应该缴纳多少税款的问题，有鲜明的合法、合规的特性，属于税收执法的范畴。参见黄立新：《我国如何施行税收预约裁定制度》，载《中国财经报》2017 年 6 月 6 日，第 6 版。

能的观点主要包括3类：一是“适用说”[①]；二是“解释说”；[②]三是“综合说”。[③]

三、预约裁定制度的构建对策

就学界研究现状而言，对于预约裁定制度的完善研究已经相对丰富。鉴于此，本书将沿着征纳合作制度完善所强调的“法定化、激励充足且适度、约束严谨化、设计整体化”的路径并结合学界争点有侧重地提出建议。

（一）制度性质与功能定位

实质自由是个人首创性和社会有效性的主要决定因素。一个社会成功与否，主要应当依据该社会成员所享有的实质性自由的数量与质量来进行评价。[④] 同理，纳税人的经济实质自由也是激发经济创新、为社会发展注入新生血液的必然要素。鉴于税法的侵益性，在纳税期限截止之前获得税法适用确定性是纳税人的应有权利，亦是保障经济创新的必然要求。是以，亟须将预约裁定法律制度规定在《税收征收管理法》中，以保障纳税人税法适用确定性权利的实践化，进而促进社会经济创新保障机制的健全。

税法的解释与适用是难以泾渭分明的，应该说解释的最终目的即是适用。本书主张预约裁定是一项兼有税法解释和税法适用功能的纳税服务。需要着重说明的是，在中国，在现阶段，审视预约裁定制度的功能完全可以跨出纳税人的视角。尽管我们可以将预约裁定制度的性质定位对

---

① 在我国事先裁定制度的试行阶段，将其定位为对税法的适用较合适这样能使正规事先裁定制度在我国的初始探索更容易，也能避免招致有关突破税法的批评。参见刘磊等：《事先裁定制度研究》，载《税务研究》2012年第9期；吴东明、蒋占贤、王洁瑾：《澳大利亚事先裁定经验能否为我所用》，载《中国税务报》2016年12月9日，B05版。

② 参见聂淼、熊伟：《预先裁定制度与纳税人权利保护》，载《国际税收》2016年第1期；张松：《在我国设立税收事先裁定制度的探讨》，载《税务与经济》2013年第2期；滕祥志：《开放税收司法与事先裁定制度须同步推进》，载《经济参考报》2018年4月18日，第7版。

③ 最能够彰显税收事先裁定功能价值，同时有效反映《税收征收管理法》修订理念本质的理解，是将税法解释和纳税服务两个解读视角相糅合，即税收事先裁定制度是一项以税法解释为中心的个性化纳税服务。参见朱大旗、姜姿含：《税收事先裁定制度的理论基础与本土构建》，载《法学家》2016年第6期。

④ 参见［印］阿马蒂亚·森：《以自由看待发展》，任赜、于真译，中国人民大学出版社2013年版，第13页。

纳税服务，也不必让税务资源浪费的忧虑占据上风。通过纳税人申请预约裁定，税务机关对于纳税筹划思路、经济信息掌握的利益可能更巨，尤其是基于中国目前税务审计能力不足的现实情况，免费提供服务所换取的利益对于立法完善来说是巨大的：不仅可以大量获取典型数据，还能从纳税人的视角考量立法的合理性、科学性。概而言之，从表层看，预约裁定是为纳税人提供的纳税服务；从深层看，它亦是纳税人针对税法的模糊性、滞后性表达观点及提供完善建议的渠道，是推进民主立法的一种优秀路径，也为立法者倾听纳税人心声、从中立视角检视税法规则进而完善税法提供了科学路径。

（二）激励性的规则设计

1. 免收费用

笔者主张免费的主要理由如下：首先，纳税人应当享有税法的可预测权，提供与经济发展基本匹配且易解读的税法规则是立法者的职责，进行税法解释是国家税务总局的职责，公开执法惯例代表着税务机关开放、合作的执法态度，不应由特定纳税人支付额外花费。其次，防止权利滥用的机制不仅收费一种，设定申请时的披露信息、严格限制申请事由都是合理有效的路径。再次，“受益原则”未必成立。试想，即便纳税人不申请预约裁定，由于税务审计能力的不足，无形资产、劳务等领域的纳税人通过避税甚至逃税一样可能受益，那么，让积极参与征纳合作、主动遵从税法的纳税人支付费用，显然是不公平的。最后，预约定价制度是免于收费①的，两项近似的询复类制度，在费用规则上应当保持一致。

2. 明确界定概念中的标准性规则

制度确切、明了是效率原则的内在要求。② 鉴于此，需要针对预约裁定制度定义中“有重要经济利益关系”这一概念进行明确界定。是运用绝对金额标准还是业务比例标准，抑或是其他，宜先进行实践数据统计和科学分析，再作出明确规定。

---

① 参见《中国预约定价安排年度报告(2015)》第7项，载国家税务总局官网2016年12月26日，http://www.chinatax.gov.cn/chinatax/n810214/n810606/c2420314/content.html。

② 参见[德]柯武刚、史漫飞：《制度经济学——社会秩序与公共政策》，韩朝华译，商务印书馆2000年版，第119页。

3. 引入“繁简分流”机制

建议设定“繁简分流”的机制，用以体现对于小型纳税人的倾斜性关怀。针对一定规模以下的纳税人(如结合纳税人的主营业务类型和年收入总额进行界定)，其重要性标准中的金额指标要低一些，其程序规则也需相对简化，从而为小型纳税人提供可行性强的权利行使渠道。

4. 尽力缩短裁定周期

在整个征纳合作制度体系中，预约裁定对于征纳合作的功能应凸显其预先性，以积极回应纳税人在申报纳税之前对于申报内容确定化的实现需求。也正因如此，税务机关更应尽力提高执法效率，缩短裁定时长，降低纳税人由于申报预约裁定而错失交易机会的可能性。

5. 对于申报材料内容做保密处理

主要目的在于依据狭义比例原则的要求尽力保护纳税人信息，以免在谈签失败的情形下税务机关却过多获知了纳税人的商业秘密、纳税筹划意图等信息，最大限度上降低纳税人的后顾之忧。具体措施包括：对于申报材料，纳税人可以隐去自身和相关企业、自然人的名称，以及纳税人识别号等身份信息。

第二节　预约定价法律制度的拓展

一、国内学界的主要观点梳理

(一)激励性规则的完善

其一，可在预约定价程序中针对小企业的申请设置专门的法律条文。[①] 其二，建议通过各种宣传方式，大力宣传双边、多边预约定价的优越性，不断激发纳税人启动双边、多边预约定价的愿望。[②] 其三，双方均可对把本安排的转让定价方法不合适地运用到本安排适用范围以外的纳税年度、交易或主体的做法提起行政或司法诉讼；无论何时、无论哪方都不得

① 参见叶金育：《美国预约定价的新发展》，载《重庆工商大学学报(西部论坛)》2007年第4期。

② 参见刘伟：《我国预约定价制度的路径选择——中韩首例双边预约定价的签署引发的思考》，载《税务与经济》2009年第1期。

把本安排及与预约定价有关的文件作为行政复议或司法诉讼的举证材料。[①] 其四,建议引入补偿调整规则。

(二)约束性规则的构建及其强化措施

其一,针对未履行保密义务的行为,现行税法尚未规定任何应当依法承担的责任。[②] 其二,为了强化税务机关国际信息获取能力,应该开展部门之间的信息交流,并加强与国际组织的信息沟通、[③]交流与合作,为双边、多边预约定价的发展与推进铺路架桥。[④]

二、预约定价制度的拓展建议

(一)激励性规则的拓展

结合预约定价法律制度的运行缺陷与学界研究成果,本书提出若干有关激励性规则的完善建议。

1. 引入"繁简分流"机制

现行税法对于申请预约定价的纳税人在金额方面的要求是以"年度关联交易4000万元人民币"为"门槛"。建议针对申请预约裁定的小型企业,设计一个交易金额较低的"门槛";同时,设计相对简化的申请程序规则。

2. 补充谈签失败情况下的纳税人权利保护规则

其一,在《中国预约定价年度报告》的保密义务与责任[⑤]条款中,明确违反保密义务将承担哪种法律责任,尤其是若谈签失败,如果税务执法人

---

① 参见方卫平:《修改我国〈预约定价(参照文本)〉的建议》,载《税务研究》2006年第8期。

② 参见刘伟:《我国预约定价制度的路径选择——中韩首例双边预约定价的签署引发的思考》,载《税务与经济》2009年第1期。

③ 参见王素荣:《推行预约定价制,有效遏制跨国公司利用关联交易避税》,载《经济经纬》2005年第3期。

④ 参见刘伟:《我国预约定价制度的路径选择——中韩首例双边预约定价的签署引发的思考》,载《税务与经济》2009年第1期。

⑤ 《中国预约定价安排年度报告(2018)》第18页规定,主管税务机关与企业在本预约定价的谈签及执行过程中获取的信息,双方均负有保密义务。国家税务总局可以按照有关规定与其他国家(地区)税务主管当局就单边预约定价。参见《中国预约定价安排年度报告(2018)》,载国家税务总局官网2019年4月12日,http://www.chinatax.gov.cn/n810214/n810606/c4244610/content.html。

员泄露纳税人的申请信息，应当责任的形式，如通报批评、赔礼道歉、赔偿损失等。其二，修改国家税务总局《关于印发〈特别纳税调整实施办法（试行）〉的通知》第61条为：……不得用于以后的税务调查。

3. 补充权利救济规则

针对税务机关拒绝企业提交谈签意向、拒绝企业提交正式申请的行为，以及程序性瑕疵，纳税人有权提出税务行政复议与税务行政诉讼。

（二）税务机关执法能力的补强路径

针对无形资产、劳务业务占申请比重低，制度核心功能开发不强的现实问题，提出以下建议：

1. 加强宣传

税务机关可以针对无形资产、劳务密集型企业，主动加强预约定价制度的税法宣传。让更多的纳税人明了该制度对于纳税人的利益及其运行程序。

2. 提升价格数据掌控能力的具体措施

首先，建议税务机关加强不同地区、国家之间的信息交换，建立信息交换常态化工作模式；其次，加强与行业协会的沟通联系，拓展数据信息获取渠道；最后，可以尝试运用政府购买服务增税务机关的强数据掌握能力。

第三节　预约定支法律制度的创新

一、制度创新构想提出的背景

（一）企业所得税扣除规则的模糊性引发的征纳矛盾

现行税法对于税前扣除支出范围设计了“相关性和合理性原则”，强调了企业经营应符合一般经营常规①的规制理念。在具体规则中，通过“正面清单”列举的方式规定了可以税前扣除的支出标准，同时，亦通过“负面清单”列举了不得税前扣除的项目。问题是：在这“正负”之间，尚存“盲区”。从理论上讲，由于未明确授权，这一“盲区”的执法权应当由征纳

① 参见国家税务总局《关于印发〈新企业所得税法精神宣传提纲〉的通知》（国税函〔2008〕159号）第12条。

双方通过沟通合作共同行使。在事实上，此类执法权的行使并非尽如人，征纳双方往往围绕税前扣除支出规则发生理解差异、申报异议，甚至引发税务争议。按照税收征纳合作中税收预先确定最大化的目标，将税前扣除合理性支出纳税期限截止之前予以确定是最优选择。

（二）实践问题考察——以职业足球为例

如前所述，对于无形资产、劳务等领域的评估与监管是税收执法中的薄弱环节。因此，本节以无形资产、劳务税收监管缺陷突出[①]的职业足球领域为例展开讨论。

1. 引援调节费规则与企业所得税扣除规则法法衔接失败

自2017年以来，中国足协在职业足球领域出台了引援调节费规则，用以治理俱乐部经营成本越发失控的严酷现实。然而，引援调节费规则与企业所得税支出扣除规则之间出现了软法、硬法衔接失败的情况。同引援调节费规则维护竞争性平衡的初衷相似，税法也有通过非正常经营支出约束机制发挥维护经济秩序作用的职能。也就是说，经由税法的规制，引援调节费规则的治理效果应该得以强化。[②] 具体涉及企业所得税两项条款：一是企业发生的合理的工资薪金支出准予扣除；[③]二是与经营活动无关的无形资产不得计算摊销费用扣除。[④] 然而，2016年中超各俱乐部薪酬和转会费两项支出占到了总体支出的85%，尽管背离了经营常规，却没有被税法规制。

2. 税务机关与中国足协对于高额人工成本治理双双陷入困境

2018年年底，中国足协为了治理人工成本（球员、教练员薪酬、劳务费）过高问题，又出台了规范人工成本和财务公平自律政策。然而，在事实上，税务机关与中国足协对于高额人工成本治理存在双重困境：对于中

---

① 笔者认为，足球领域具有典型性，基于3个理由：一是无形资产、劳务在职业足球领域对应的是转会费、球员薪酬与教练员薪酬，其绝对金额巨大；二是转会费、薪酬占职业足球俱乐部运营成本的相对比重也非常高；三是税务机关对于职业足球的相关税务监管相对宽松，问题较多。

② 参见师璇：《职业足球"侧自律"人工成本治理模式的困境及其破解》，载《天津体育学院学报》2019年第1期。

③ 参见《企业所得税法实施条例》第34条。

④ 参见《企业所得税法》第12条。

国足协来说,在“侧自律”①治理模式下,税收征管职能过度限缩,使中国足协希望借助涉税违法信息公示收集所需监管信息的尝试可行性较低,因此,人工成本信息缺乏完备证据(尤以账外经营资金流突出)严重局囿了行业协会监管能力的发挥空间;对税务机关来说,由于涉税信息获取、数据分析能力的明显不足,同时,也没有采纳财务公平行业自律规则作为一般经营常规标准,所以纳税机关始终放任对于职业足球支出扣除项目的税法规制。

二、对于支出项目税法规制失败的反思

(一)何为实践问题的滥觞所出

1. 软法硬法衔接失败溯源

在职业足球领域,引援调节费规则与税前扣除支出规则法法衔接失败,主要是因为双方沟通不足。相对而言,在职业足球领域,无论是转会费等支出项目,抑或球员、教练员作为无形资产的价格评估,其专业性突出。税务机关对于职业足球领域的一般经营常规缺乏足够的数据信息获取与分析。同时,中国足协也没有主动与税务机关进行信息沟通,因此,引援调节费规则难以运用到税收管理与税务稽查之中。

2. 人工成本治理困境溯源

其实,税务机关与中国足协对于高额人工成本治理的双重困境产生于同一个根源:税务机关缺乏人工成本稽查选案标准。如此一来,税务机关对于相关涉税信息的动态监控与精细管理能力尚且不足,迟迟不能在职业足球领域开展顺畅监管。而税收征管职能的过度限缩,必然使得可以传递给中国足协的涉税违法信息极为有限,信息严重不对称极大地局囿了中国足协监管能力的发挥空间,由此形成了职业有俱乐部规避行业监管行为长期存在的外部条件。

以上两个具体问题,其实可以归结到一处:囿于纳税风险指标的缺失,税务机关对于职业足球领域的人工成本与无形资产支出扣除采取放

---

① “侧自律”描述的是,在职业足球领域中的高额人工成本问题,现行治理模式以行业自律为主要发力点,其中的税收监管工作尚不严密。参见师璇:《职业足球“侧自律”人工成本治理模式的困境及其破解》,载《天津体育学院学报》2019年第1期。

任的态度。前文已经分析了纳税风险指标缺失的原因,不难看出,依靠传统路径确定纳税风险指标体系存在现实困难。

(二)税务稽查风险指标生成是否存在其他可行路径

如若反其道而行之,沿着内生机制这个研究思路,还可以发现与人力资源相关的纳税风险指标制定的另一条路径:将行业协会制定的与合理人工成本标准相关的行业自律规则进行能动移植。

1. 将与合理人工成本标准相关的行业自律规则进行能动移植的路径具有可行性

首先,与合理人工成本标准相关的行业自律规则之间具有紧密关联性,可为税务稽查指引方向。如中国足协制定了5项限额,具体包括支出限额、注资限额、亏损限额、薪酬限额和奖金限额,[①]如果俱乐部存在规避行业自律规则情形,在账目上将呈现低支出、低亏损、低注资的表象。然俱乐部的母公司均为税务稽查的重点企业,其资金流动本就处在税务机关的重点监管范畴,因此,如果在母公司与俱乐部之间出现资金流与票据流的差异,就会成为税务稽查的突破口。其次,在合理人工成本规则的决策方式中,行业自发形成较税务机关自行探索更为高效。美国学者科恩曾描述性地表达过"功能匹配"理论的内容:假定不存在垄断,由于特性差异,某些社会职能由私人部门履行最为高效。[②] 这是因为,市场主体(私人部门)最贴近市场,深谙本行业人工成本价值,这种专业性是税务机关远不能及的。最后,中国足协内部不同主体之间进行充分博弈作为一种社团决策机制,能够保障人工成本规则具有较高的合理性。行业自律规则以行业整体论和共同利益论为价值导向,自发形成的标准则会将原本松散的俱乐部利益形成共同体,有助于俱乐部表达真实想法、自觉约束自利行为,从而提升俱乐部对于规则的认同感和遵从度。

2. 将与合理人工成本标准相关的行业自律规则进行能动移植的必要性

除却形塑纳税风险指标外,将与支出扣除标准相关的行业自律规则

---

① 参见《关于转发并执行〈中超俱乐部财务约定指标(2019—2021)〉的通知》(足球字〔2018〕892号)。

② See Steven C., *A Strategic Framework for Devolving Responsibility and Functions from Government to the Private Sector*, Public Administration Review, Vol. 61, p. 434(2001).

进行借鉴的路径还具有多重必要性。首先,弥补税法模糊性缺憾需要一种征纳双方公认的标准。税法的模糊性带来了税收执法中的实务难点,如何提升税法的明确性亦成为重要的理论争点。如企业所得税法需要客观性依据充实"合理性支出"条款的内核,并将其用于判断某一项人工性资金支出是否符合经营常规,个人涉税信息采集及分析利用机制的困境还会导致企业所得税人工成本的合理扣除标准无法确定。与此相应地,中国足协出台了"奖金限额""薪酬限额"。同理,税法中"与经营有关的无形资产"与引援调节费规则相对应。也就是说,税法规则所需正是行业自律规则所行。其次,市场主体自我保护亟待法律规则的回应。现代以降,市场主体的权利意识日渐彰显,使传统意义上征税机关的绝对权威地位开始动摇,是以,税法谦抑理念的地位越来越高。将行业自发形成的自律规则作为一种政策建言甚至为硬法所认可,可有效形成对本行业纳税人集体性、普遍性利益的保护机制,以抵御政府的不当干预。是故,中国足协与税务机关的协作治理,也应该表现在中国足协对会员合法权利的保护,得到税法规则认可的层面上,通过行业协会建言途径将税务机关的自由裁量权"关入法治的笼子中",从而符合"反思性合作"理论强调通过法治对体育行业自治的保障与尊重来实现"合作"的要旨。[①] 最后,协作可以创造"力量增倍器"。对于中国足协来说,由于缺乏必不可少的资源来完成一项管理职能,寻求协作就势在必行。从中国足协推行引援调节费规则后俱乐部行为反馈来看,存在即使接受惩罚也要进行非理性人工支出的情形。如在 2018 年夏季转会窗口中,莫德斯特加盟天津权健俱乐部的形式由租借变为转会,合计近 2.66 亿元的引援调节费[②]在 7 月中旬缴纳。然 8 月 7 日莫德斯特离队,并以被拖欠 200 万元工资为由上诉瑞士国际体育仲裁法庭。可见,市场盲目性的缺陷何等突出,亟须通过税款征收等手段加大违反规则的成本。综上可见,在行业自律与税收征管之间蕴含着内在的"相互取予关系",这是由中国足协与税务机关能力的"局限

---

① 参见韦志明:《论体育行业自治与法治的反思性合作:以中国足球协会为中心》,载《体育科学》2016 年第 4 期。

② See *Data of Anthony Modest*, Transfermarkt(Jul. 28, 2018), https://www.transfermarkt.com/anthony-modeste/profil/spieler/50512.

性”与“互补性”形成的，税务机关有权采集涉税信息，但不擅长评估人工成本的公允价值，中国足协虽然深谙其道但却不掌握调取金融大数据的公权力。如果涉税违法信息反馈不足，中国足协就会缺少强化监管能力和发现、检验不合理决策的工具，同样，缺失合理成本标准的税收征管只能是空中楼阁，其势难以为继，两者各有得失，取舍之间，所宜详慎。而且，税法作为对抗征税权滥用的“纳税人权利之法”，[①]将行业自律规则引入税法指导税收执法实践是必要且可行的。

三、预约定支制度的创新对策

（一）合理性支出监管模式的改革

中国足协为治理高额支出问题，出台了《职业俱乐部财务监管规程（2019 年版）》，其中规定的薪酬限额、奖金限额、支出限额和亏损限额共同组成了一般经营支出标准的规则束。这一规则束应从行业规则走向通用规则，实现其在行业自律与税收征管两种治理工具协作机制上的拓展。两种工具各自功能的实现均依赖于另一种工具功能的良好发挥，二者相互支撑、均衡互动，对于走出自律规则的威慑效用困境并强化规制效果，提升税法规则的明确性、减少税务争议，皆有所裨益。可见，理性支出与依法纳税这两大治理目标的实现需要两种治理工具不偏废地相互依赖。[②]同时，运转良好的治理模式如同一台机器，各个零件密切配合固然重要，“单一的、协调的、具有多重职能的指令中心”[③]的居中调和亦不可或缺：通过信息交换检验、调试最终形成两法通行的合理人工成本标准，可使“零件”之间制式统一，以免相互抵触。是故，建议税务机关与中国足协构筑以“合理人工成本标准一体化”为法法衔接中枢的“均衡协作”治理模式。

---

① 参见[日]北野弘久：《税法学原论》，郭美松、陈刚译，中国检察出版社 2008 年版，第 453 页。

② See Roberts G. & Sherratt T N, *Coopercrtive Reading: Some Suggestions for Integration of the Cooperation Literature*, Behavioral Processes, Vol. 76, p. 126 – 130(2007).

③ See G. Poggi, *The Development of the Modern State: A Sociological Introduction*, Stanford University Press, 1978, p. 98.

（二）预约定支制度的运行机制

1. 激励机制设计

一方面，在《企业所得税法》中确认支出类（工资薪金、劳务费、购进无形资产等）行业自律规则作为一般经营常规的判断标准，实现法法衔接。这样一来，行业协会自律规则可以得到税法的强化，同时，税务机关可以便捷地制定相关行业一般经营常规的公允性标准。另一方面，尽管行业协会可以通过多种非正式信息渠道掌握会员企业的交易信息，但是，囿于不具备从银行机构调取资金流信息的权力，在实践中常常陷入举证不能的困境。通过税务机关的稽查，如果存在逃税、避税问题，相应的资金流信息就不属于保密信息范畴。行业协会可以通过合法渠道获取正式的资金流证据，从而可以在很大程度上突破行业协会监管中证据严重不足的困境。

2. 约束机制

在申请裁定时提交的资料中，必须可以证明行业协会支出类规则的决策程序符合本行业章程中的程序规则。

（三）预约定支制度的规则创新

借《税收征收管理法》修改之机构建“预约定支”制度，用于确定具有行业自律因素的纳税人可以扣除的“合理性支出”。

1. 概念界定

预约定支，是指行业协会代表本行业内企业就未来年度一般经营常规所要求的支出扣除类行业自律规则，向税务机关提出申请，与税务机关依据行业自律规则进行协商、确认后达成的协议。也就是说，一般而言，预约定支由本地区行业协会代表纳税人集体签订，但是，当行业协会没有形成行业管理规则或者其行业规则尚未得到税务机关认可之前，纳税人可以自行申请。建议在《企业所得税法》中增加预约定支规则，并规定免除纳税人因遵从预约定支协议而出现未缴或少缴税款的法律责任。其中的未来年度一般以行业自律规则为基础，由税务机关与行业协会、企业进行协商。

2. 功能定位

预约定支法律制度是一项纳税服务，可以为具有行业自律监管的市场主体的税前扣除合理性支出条款提供征纳双方共同认可的客观性标准,通过促使纳税调整合理性裁量空间最小化,最大限度地避免征纳双方就未被税法明确规定的人工支出产生的争议。

3. 适用范围

以上只是以足球行业自律规则为例进行的介绍。其实,预约定支制度可以扩展到更广泛的领域。一方面,预约定支制度可以在多种行业中进行扩展。在民主集中制的原则下,行业协会可以制定某些行规、行法,也可以协议制定技术标准、工资标准以及商品、劳务的浮动价格等。各个行业协会可以代表其会员企业针对政府的政策、法令提出建议,反之,也可以接受政府的咨询或是委托进而草拟本行业的发展规划。① 其中,影响纳税人企业所得税应纳税额的因素包括工资标准和劳务的浮动价格,而工资、价格往往与行业发展规划相关。比如,影视业四大行业协会(中国广播电影电视社会组织联合会电视制片委员会、中国广播电影电视社会组织联合会演员委员会、中国电视剧制作产业协会、中国网络视听节目服务协会)针对高额人工成本问题制定了"限薪令"。② 另一方面,预约定支制度也可以扩展扣除支出的具体范围,力求在更多的支出扣除规则中发挥积极作用。比如,企业自制凭证影响税前费用支出,由于缺乏第三方制约,容易引发税企争议。那么,统一行业或者近似行业的企业差旅费管理制度,也可以由行业协会制定统一标准。

4. 提交申请时需要准备的主要资料

提交申请时需要准备的主要资料包括 4 项:一是申请人所属行业。二是与支出扣除项目相关的行业自律规则。本项具体包括:工资薪金标准和整体限额比例,奖金限额,亏损限额,购进无形资产支出限额、差旅费

---

① 参见蒋一苇:《经济民主论》,载《中国社会科学》1989 年第 1 期。

② 2017 年 6 月,影视业四大行业协会联合发布了《关于支持电视剧繁荣发展若干政策的通知》,要求把片酬比例限定在合理范围内。2017 年 9 月,影视业四大行业协会联合发布的《关于电视剧网络剧制作成本配置比例的意见》提出,若出现总片酬超过制作总成本 40% 的情况,需向协会进行备案并说明情况。2018 年 10 月,广电总局颁布了《关于进一步加强广播电视和网络视听文艺节目管理的通知》,为"限薪令"补充了"不得参加党委政府部门和群团组织的评选奖励,不能享受政府资助补贴"等系列罚则,并要求影视业四大行业协会要积极推进,调研论证并制订出台切实可行的电视剧网络剧(含网络电影)片酬执行标准,明确演员最高片酬限额,并作为行业自律规定发布施行。

支出标准等。三是支出限额自律规则体系的决策理由与程序。四是相关经济业务信息基础数据资料。

5. 主管税务机关

可以比照预约定价制度，将预约定支的主管税务机关设定为“设区的市、自治州以上税务局”。

6. 权利救济

一方面，针对税务机关拒绝企业提交谈签申请的行为和程序性瑕疵，行业协会与纳税人有权提出税务行政复议与税务行政诉讼；另一方面，当纳税人认为支出类行业自律规则不符合本行业章程所规定的决策程序的，可以向人民法院起诉，主张撤销该行业规则。

第四节　风险提示法律制度的拓展

一、风险提示制度的域外考察

（一）纳税风险分类专门管理实践

在2002年和2008年，OECD曾分别针对中小企业和大企业的税收遵从风险管理问题进行定项关注与专门研究。①

（二）开展税收流失评估实践

为了指导风险处理措施（包括风险转移、风险减轻和风险覆盖等）的选择，英美等国已经开展了专门的税收流失评估实践，通过选取行业样本、实施税务审计和获取典型数据，把握税收流失布局的科学性，深入了解各类税收流失风险成因，逐步建立并完善税收风险特征库。②

（三）纳税风险意识培养与重视弱势群体

纳税风险意识培养需要采取多种形式，而且，税务机关在日常税收法律政策宣传服务中也应该更加关注纳税人中的弱势群体。比如，美国税务机关就曾提出小企业主税收宣传教育计划。在美国企业中，有八成是

---

① 参见国家税务总局税收科学研究所主编：《中国税收研究报告（2012—2013年）》，中国财政经济出版社2014年版，第283页。

② 参见国家税务总局税收科学研究所主编：《中国税收研究报告（2012—2013年）》，中国财政经济出版社2014年版，第283页。

小企业，税务机关捉住这一特征，主动与中专学校、大学、小企业发展中心和商会等单位、社会组织通力合作，面向小企业主宣传税法知识，用以提升小企业主的诚信纳税意识和依法纳税的专业能力。[①] 此类成功做法值得借鉴。

二、国内学界研究主要观点梳理

税务风险管理的核心目标是以有限的资源最大限度地降低税收风险。那么，如何才能将风险降低推向最大化？

首先，应把税收风险管理作为一个整体框架。鉴于在信息不充分基础上开展的各种纳税评估、风险排序甚至纳税人分类都有可能出现偏差，一方面，急需实现信息的大集中；另一方面，也需要判断高风险来源，具备税源风险识别能力。[②] 其次，囿于税收监管任务与执法人员数量、精力之间的明显差距，区分不同企业之间存在的税法遵从风险程度差异与轻重缓急，将有限的管理资源向高风险企业和高风险问题进行倾斜。[③] 为提供及时、便利的优质服务，应尽量前置纳税风险管理的关键环节。比如，定期归集、整理纳税风险信息，进而适时推送，提醒到每户纳税人。[④] 再次，对纳税人进行类型划分以实施专业化管理，比如，依据纳税人的经济属性、经营规模、所属行业、信用等级等重要指标进行科学区分，从而可以针对其中的重点纳税人配备专家指导、设置专门管理机构。最后，多层次预防风险，税务机关主动采取预防措施以强化涉税风险甄别和分类处置机制建设，优化纳税服务以消除非主观故意的税收风险，比如，税法条款的理解偏差。[⑤]

---

① 参见杜剑：《我国税收征纳成本研究》，西南财经大学2008年博士学位论文，第138页。

② 准确地分析和判断风险来源点，是进一步实施风险管理的基础。这就需要结合企业效率、经济发展、地区环境等因素，综合评价、确定高风险税源点片区、行业和企业，及时针对最容易出现“跑冒滴漏”税款现象的风险点与企业实际纳税情况进行比对。参见贾绍华：《中国税收流失问题研究》，中国财政经济出版社2015年版，第42页。

③ 参见贾绍华：《中国税收流失问题研究》，中国财政经济出版社2015年版，第349页。

④ 参见张国钧：《优化税收营商环境的调查与思考》，载《税务研究》2018年第11期。

⑤ 参见国家税务总局税收科学研究所主编：《中国税收研究报告(2012—2013年)》，中国财政经济出版社2014年版，第285～287页。

三、风险提示制度的拓展建议

(一)将风险提示制度入法

依据税收征纳合作机制法定化的完善指向,笔者建议借助《税收征收管理法》修订之机,将风险提示制度写入税法,并在《全国税务机关纳税服务规范》专设一节,设计其具体规则。

(二)明确风险提示制度的功能定位

控制风险并非阻却责任。风险提示制度是预防纳税风险的一项服务,它不能囊括纳税风险预防的全部要领,所以不能以税务机关提示风险替代纳税人履行依法纳税责任。

在正式填制申报纳税表之前,纳税风险的控制模式依据主体标准可以分为内控与外控两大类型,纳税人在纳税筹划、税额核算、申报纳税的过程中会对自身的纳税风险进行评估与控制,此为内控模式;税务机关针对纳税人的申报与风险点指标体系进行比较、分析与评估,发出纳税风险提示,并要求纳税人进行回复,此为外控模式。在纳税人进行内控的过程中,由于"不确定性"难以避免,风险量化评估对于解决风险接受问题只能发挥有限的工具作用。[①] 这就使风险与责任的关系更加密切,风险一旦从"幕后"走向"台前",纳税人就不得不承担法律责任。因此,当税务机关意识到申报纳税存在可能的纳税风险时,首先应当提供善意的提示;当纳税人的具体义务可能由于不熟悉税法而出现问题时,税务机关首先应当进行辅助性提示。这些服务符合"无罪推定"的税收执法理念。[②] 可见,为了构建合作型税收征纳关系,税务机关需要提供更优质的纳税服务,帮助纳税人自发遵从税法,具体到纳税风险应对问题,就是要提前提示纳税风险点,为纳税人提供风险外控服务。这样一来,便可通过"内控 + 外控"的双重预防机制最大化地防范税收风险。

---

① See Jenny Steele, *Risks and Legal Theory*, Hart Publishing, 2004, p. 194.

② 近年来,"无罪推定"的税收执法理念在那些民主法制比较健全的国家日渐兴起:纳税人是诚实可信的,税务机关应当尊重纳税人,并为其提供优质服务;应在征纳之间构建一种合作关系,而非延续一方压制或管制另一方的关系模式。参见杜剑:《我国税收征纳成本研究》,西南财经大学 2008 年博士学位论文,第 104 页。

（三）补充风险提示制度的作用机制

1. 激励机制的完善

针对纳税人的激励机制完善的建议包括两个方面：一方面，纳税风险提示需要做到税种全覆盖。目前只有企业所得税实现了纳税期限截止之前的风险提示，这对于满足纳税人风险外控强化需求还远远不够。另一方面，相关提示的精准度、有效性都需要逐步提升。为此，针对税务机关的激励机制提出如下建议：首先需要选定高风险税源，然后组织开展专门的税收流失评估实践，最后逐步建立并完善分行业、分区域、分企业规模的税收风险特征库。其间，可以通过政府购买服务扩展数据信息，并完善税务机关与公职机关、市场主体、行业协会之间信息沟通平台，依法最大限度地实现信息大集中。同时，需要做出专项预算以提供财政支持。

2. 约束机制的构建

纳税风险提示服务的法律效力是个有待深入探讨的问题。从目前看，企业所得税税收政策风险提示服务的功能定位于供纳税人“参考”。换言之，即便纳税人按照风险提示点逐一进行了修改，各项指标均不再突破预警线，仍不能排除在申报纳税之后，纳税人被税务约谈或者被处罚的可能性。这是因为，税务机关进行风险提示是一种促进征纳合作的具体服务，但却不能绝对替代纳税人自己遵守税法的义务。纳税风险提示不能完全取代税务检查、税务稽查。作为平衡，在纳税期限截止之后，纳税人依然享有进行申报修正的权利，同时适用自首免罚规则。对于这些平衡制度的构建，将在以下章节进行展开。

第五节　纳税辅导法律制度的拓展

现行纳税辅导工作主要存在两类方式：一类是体现为税法宣传、纳税咨询等形式的申报前的纳税辅导；另一类是处于纳税调整阶段的纳税辅导，多以约谈辅导形式出现。本书反复强调的是：预防强于救济，在纳税期限截止之前的申报内容确定化最有利于保障纳税人利益、控制双方风险、节约征纳成本。因此，建议税收立法着重强化在申报纳税阶段的纳税辅导制度构建。

一、纳税辅导相关经验总结

2019年减税降费的力度空前，也为税务机关纳税辅导服务能力提出了新挑战。在此之前，纳税辅导工作也积累了一定的成功经验。比如，江苏省无锡地方税务局按照国家税务总局“实施个性化宣传辅导”的要求，以“因需办学”为原则，出台集中办班滚动举办、固化办班、5个“纳税人学校”同步开班3种方式；与专业技术公司合作，每季度开展专项问题培训班；重视建立制度保障，强化流程管控。① 又如，孔祥龙、王毅认为，纳税辅导必须跟上实现需求，可对高收入、重点行业进行重点上门辅导，对在地方经济发展中有影响的私营企业主，采取有重点的“约谈制”。② 再如，孙树松、李宝亮提出，根据纳税人不同层次、个性化的纳税辅导需求来定制“微课堂”，共分线上与线下两种：其中，线下的“微课堂”应在办税服务厅内设置固定场所，不同于“咨询窗口”，它可以深入地进行纳税业务辅导和培训。③

落实减税降费是税务部门2019年工作的重中之重。为确保小微企业切实享受到减税降费红利，多地税务机关开始尝试创新方法来强化短期新规出台急迫形势下的纳税辅导工作。其一，甘肃省税务局、赣江新区税务局④都提出了“减税降费政策辅导全覆盖”的工作目标。其二，纳税辅导的主要形式包括线下的上门宣传、点对点培训、纳税人学堂，以及线上的税务网站、微信微博、电子税务局。其三，不乏一些特色制度的推出，比如，浙江省税务局实行减税降费应享户“销号管理”，逐户排查预防应享未享情况；⑤又如，广州税务纳税人学堂升级粤港澳大湾区涉外个税辅导服

---

① 参见李檬、倪丽英、钱建峰：《纳税辅导实现“因需办学”》，载《中国税务》2014年第9期。

② 参见孔祥龙、王毅：《推进“12万”申报纳税辅导需跟上》，载《中国税务报》2013年2月20日，第7版。

③ 参见孙树松、李宝亮：《开辟“微课堂”，提高纳税辅导效率》开辟，载《中国税务报》2014年9月17日，B04版。

④ 参见江西赣江新区税务局：《“一对一”专项辅导获纳税人点赞》，载人民网，http://jx.people.com.cn/n2/2019/0723/c348254－33172235.html。

⑤ 参见傅静之、杨咪：《浙江税务部门走访全国人大代表和全国政协委员　话税改　听心声　赢点赞》，载《浙江日报》2019年2月4日，第4版。

务,创新推出中英双语培训视频直播,在税务培训课件中添加英文翻译;[①]再如,甘肃省税务局考虑到代理记账企业基本上是为小微企业提供涉税服务,为此专门针对代理记账行业协会会员单位开展一次政策辅导培训。[②] 此外,针对个人所得税新规的纳税辅导也在进行。比如,长春市税务局采取纳税人学堂形式开展对扣缴义务人的个税政策培训,并组织面向纳税人、扣缴义务人的软件应用培训和ITS(自然人税收管理系)实操辅导,印制发放《个人所得税扣缴申报图解》《自行纳税申报图解》以及相关个人所得税新政宣传辅导材料。[③]

二、纳税辅导制度的拓展路径

由于涉税经济业务日趋复杂化,税制立法更新频繁,纳税人对于及时、精准的纳税辅导服务需求也日渐强化,尤其是目前增值税和个人所得税新规的密集推出使税务机关纳税辅导工作具有突出的急迫性和重要性。现行的相关规范性文件,无论其法律效力等级还是其规则内容设计,都难以应对现实需求,纳税辅导服务的实施效果亟须制度保障。为此,本书尝试提出纳税辅导法律制度的拓展路径:

(一)明确纳税辅导制度的概念

纳税辅导服务的概念应作广义与狭义的区分。依据《全国税务机关纳税服务规范》的文本表述,现行的纳税辅导与纳税宣传、纳税咨询是并行表述的,即使用其狭义概念。本书构建的纳税辅导法律制度,涵盖法律文本层面的纳税宣传、纳税人提出的纳税咨询与实操层面的纳税辅导3项基本内容,即广义的纳税辅导。

(二)明确纳税辅导制度的法定地位及其基本原则

建议在《征管法征求意见稿》中加入纳税辅导法律制度并进行论证研究,明确将纳税辅导定位为税务机关的重要纳税服务内容。具体措施是,

---

① 参见郑澍:《广州多举措落实减税降费 优化税收营商环境》,载央广网,http://news.cnr.cn/native/city/20190715/t20190715_524691572.shtml。

② 参见甘肃省国家税务局:《专场辅导会:甘肃纳税人对减税降费新政报以热烈掌声》,载中国新闻网,http://www.gs.chinanews.com/news/2019/03-11/314533.shtml。

③ 参见《长春税务开展个人所得税新政辅导》,载凤凰网,http://jl.ifeng.com/a/20181228/7130082_0.shtml。

修改《征管法征求意见稿》第 10 条为：税务机关应当广泛、及时地宣传税收法律、行政法规，普及纳税知识，无偿地为纳税人提供纳税咨询服务；对于四大税种税收基本制度修改所涉及的具体纳税人，要在纳税期限截止之前针对纳税实操内容提供全覆盖的纳税辅导服务。

纳税辅导服务基本原则的适用范围依据税种的重要性、税收基本制度的标准区分为两类：对于大税种设计的税收基本制度的修改，即对于增值税、消费税、企业所得税、个人所得税进行的纳税人、征税对象、计税依据、税率、税收优惠的修改，强调以“主动、及时、精准、全面”为基本原则，扭转税务机关在纳税检查环节针对已经出现的申报问题以进行补救性纳税辅导为主的惯性思维；而对于大税种设计的非税收基本制度的修改，以及其他税收的修改，适宜以宣传、咨询服务为主，以提供主动的纳税辅导为补充。

（三）制定较完备的规范性文件进行制度细化

由于纳税辅导服务主要依托税务机关的主动作为，本节将以税务机关的视角对于激励性与约束性的具体规则进行讨论。

1. 激励性规则

重点建立税务系统内部的纳税辅导信息交流机制，总结纳税辅导中需要的典型问题，并交流执法意见。对于争议较大的规则解读，可以建立汇总上报机制，作为税收立法完善的信息获取渠道。

2. 约束性规则

一方面，在《全国税务机关纳税服务规范》中完善纳税辅导基本规则。重点修订“税收专项培训辅导”部分，从而建立较完备的纳税辅导规则体系。建立纳税辅导的时间约束标准确保其及时性，对于新规的辅导，应当确保在纳税期限截止之前；扩充纳税辅导的主流方式，比如，推广“销号管理”，针对特定地域的特殊需要，还可以推行“双语辅导”个性化服务；建立与专业技术学校的合作机制。

另一方面，建立质量反馈评估机制，并督促落实。比如，在税务机关工作人员的绩效考核制度中，明确将主动性、精准性、及时性、全面性列入纳税辅导服务的考核指标体系。

第五章　纳税调整合作法律制度的优化

第一节　申报修正法律制度的构建

《征管法征求意见稿》第39条、第53条第2款、第99条第2款规定明确提出了设立申报修正制度，并初步设计了具体规则。[①] 有关申报修正制度具体规定的科学性是本节讨论的核心问题。

一、申报修正制度的域外考察

（一）适用规则

1. 德国税法中“对申报进行纠正”制度的适用规则

德国税法中的“对申报进行纠正”规则适用4种情形：其一，申报纳税不正确或者不完整，并且因此可能或者已经出现偷漏税；其二，应使用印花税或完税印鉴征收的税项，未按正确金额征收；其三，

---

① 《征管法征求意见稿》第39条规定，纳税人办理申报纳税后发现需要修正的，可以修正申报。第53条第2款规定，修正的纳税申报涉及退库的，应当经税务机关批准。第99条第2款规定，纳税人、扣缴义务人自法律、行政法规规定或者税务机关依照法律、行政法规的规定确定的申报缴纳税款期限届满之日起至税务检查前办理修正申报，并缴纳税款的，处补缴税款20%以下的罚款。

税收优惠的前提条件在事后全部或者部分被取消;其四,将某一条件下给予税收优惠的货物按不符合该条件的方式使用。①

2. 日本税法中"申报修正"与"更正请求"制度的适用规则

在日本税法中,申报纳税税额低于应缴税额的情况被称为"申报修正",是"申报纳税"的组成部分。而课税基准适用税法规定或税额计算有误造成多缴税款,纯亏损金额过少或者未申报,以及相对于退还金数额的税款过少或者未申报,这些情形需要适用"更正申请"。在税务行政机关作出更正决定的前后,都允许纳税人提出修正或更正申请。②

(二)处罚规则

1. 日本税法关于"申报修正"的处罚

日本税法针对申报修正行为征收加算金。具体是指对于纳税人在申报时少报、经申报修正并获得税务机关确认增加的应纳税额征收加算金。具体按照增加的应纳未纳税额乘以加算金率(依据增加的应纳未纳税额是否超过申报纳税税额 50 万日元区分为 10% 和 5% 两种)来计算。

2. 俄罗斯税法关于申报修正的处罚

在俄罗斯,如果纳税人在申报纳税截止日期后进行申报修正,那么,就只有在税务机关实地核查发现问题之前提出修正申请才能免除自身的法律责任。③

二、国内学界研究主要观点的梳理

(一)适用规则的观点

1. 关于适用期限范围的观点

《征管法征求意见稿》只明确提出了"在申报后"的起始时间,却没有明确规定终止时间。有专项课题研究提出,"具体截止期限根据各税种的征收期限进行单独设置"。④

---

① 参见德国《税法通则》第 153 条。

② 参见日本《国税通则法》第 19 条、第 32 条。

③ 参见广西国家税务局课题组:《建立中国申报纳税修正制度的初步思考》,载《经济研究参考》2016 年第 35 期。

④ 参见广西国家税务局课题组:《建立中国申报纳税修正制度的初步思考》,载《经济研究参考》2016 年第 35 期。

2. 关于适用情形范围的观点

申报修正的适用情形范围，即哪些情形可以进行修正，这一点在《征管法征求意见稿》中并未明确，因而引起了学界的讨论。有研究成果认为，申报修正的目的在于使应纳税额正确，因此，应当将适用情形范围限定在“非主观故意而造成的申报纳税数额的错误或遗漏”。[①]

（二）处罚规则的观点

有研究明确提出，申报修正制度应当对“次数”作出规定，其功能在于避免纳税人的权利滥用行为：通过反复申请修正来达到拖延缴税的目的。[②]

三、申报修正制度构建对策

笔者建议，借《税收征收管理法》修订之机，将申报修正制度引入税法。其制度构建主要包括适用标的规则（包括时间与情形）和处罚规则。其中，对于适用情形规则设计，运用明确的激励机制；对于适用时间与行政处罚规则的设计，要注意将激励机制与约束机制紧密结合。

（一）适用情形规则

笔者认为，出于激励纳税人自发遵从税法的目的，建议修正的适用范围包括主观故意、非主观故意形成的各种错误：可以是过失造成的书写错误，税法规则理解误差形成的漏税，抑或是主观故意的偷逃税款问题，甚至是溢缴税款。而且，依据法律的系统解释方法，这一观点应该得到立法者的支持。这是因为，关于申报纳税中的“修正”一词，在相关规范性文件中曾经使用过，比如，纳税人可以自行决定是否进行风险修正。[③] 在这一

---

① 参见广西国家税务局课题组：《建立中国申报纳税修正制度的初步思考》，载《经济研究参考》2016 年第 35 期。

② 应对申报纳税修正次数进行一定程度的限制，必要时，采取处罚措施予以威慑。如对纳税人有利的首次修正免予处罚，二次修正给予修正的应税所得额的 2% 的处罚，三次修正给予修正的应税所得额的 4% 的处罚，依次递增。对纳税人不利的申报修正不予处罚，次数不限。参见广西国家税务局课题组：《建立中国申报纳税修正制度的初步思考》，载《经济研究参考》2016 年第 35 期。

③ 国家税务总局《关于为纳税人提供企业所得税税收政策风险提示服务有关问题的公告》（国家税务总局公告 2017 年第 10 号）第 4 条第 2 款规定，税收政策风险提示服务是税务机关为纳税人提供的一项纳税服务，纳税人可以根据自身经营情况，自愿选择风险提示服务，自行决定风险修正。

条款中，修正权利适用的范围非常明确，专门针对企业所得税税收政策风险提示服务中提示的风险点。换言之，税收立法者对于偷漏税风险的预防、修复持鼓励态度，对于纳税人的主观方面（是否存在主观故意）不加限制，对于是偷漏税款还是溢缴税款也在所不论。

（二）适用时间规则

《征管法征求意见稿》中明确提出，“税务检查前办理申报修正并缴纳税款的，处补缴税款百分之二十以下的罚款”，从文义看，修正申报截至税务检查开始之前。笔者认为，尽管在税务检查结束之前，纳税人存在自行发现错误的可能，但是，不同制度之间应该有清晰界分。中国税收立法、执法有其自身的历史沿革与背景环境，照搬照抄可能引发原有秩序、执法惯例的混乱。为此，笔者同意《征管法征求意见稿》的本意，认为其中的申报修正制度应当与自动报缴免罚制度相区别：从征纳合作法律体系来看，此时讨论的申报修正适宜将适用时间划定在纳税期限截至税务检查开始之前。在税务检查开始之后，对于纳税人的补税或者退税需要则通过自动报缴制度来实现。同时，也需要相应修改已经使用的概念，比如企业所得税申报纳税表中的“补充申报”，在正式出台申报修正之后，就要作出区分：如果是税务检查之前办理的，适用申报修正规则，否则适用其他规则。

（三）行政处罚规则

《征管法征求意见稿》明确了减轻处罚的立场，但是规定较为粗略，为此，亟待明确化的精准设计。本部分对于修正申报所适用的处罚仅作要点陈述，具体处罚条款将结合税务约谈制度在自动报缴从宽处罚制度中进行一体化研究。

1. 区分违法行为的主客观方面，区别设计不同的处罚

一方面，具体需要考量的因素有：主观方面要注意区分是否存在主观故意；同时，客观方面需要对于补缴税款的具体数额、修正次数作出区别性规定。另一方面，在工具选择与设计上可供尝试的内容包括：引入日本税法的“加算金”规则来调整滞纳金制度，依据补缴税款的多少设置比例不同的罚款，以激励纳税人更多地补缴税款。同时，限制申报修正的次数，次数越多，罚款比例越高。经由以上考量，笔者建议：其一，对于纳税

人第一次存在主观故意的偷漏税行为,适用补税免罚。其二,纳税人本纳税年度内前两次不存在主观故意的偷漏税行为免罚,以前年度和本年度第三次及其以后的申报修正,无论主观方面,均依据补缴税款是否超过之前已纳税额,设置两档比率的罚款。在同一纳税年度中,纳税人累积申报修正进行补税3次以上的,在纳税信用评定中进行相应减分处理。若为退税修正,则不在处罚之列。这样一来,可在激励纳税人更多补缴税款的同时兼顾控制规则滥用。

2. 践行征纳合作制度完善的整体化设计路径

申报修正适用于税务检查开始之前,那么,与税务检查启动之后纳税人被查出违法行为的处罚相比,在其他条件相同情形下,前者应当相对较轻。尤其是注意在进行税务约谈程序后,纳税人主动补缴税款,其处罚也要较申报修正期间为重。

第二节　税务约谈法律制度的优化

税务约谈制度的主要问题是激励有余而约束不足,突出表现在以谈代罚问题,此外,还包括适用对象、程序规则等。其中,税务约谈中存在的以谈代罚问题需要通过自动报缴从宽处罚制度进行规制,进而与修正申报制度从宽处罚规则进行衔接,实现征纳合作纳税调整激励的一体化、规范化,结束自由裁量权缺乏细致参照标准甚至滥用的现状。

一、税务约谈制度的域内现状述评

(一)概念及其基本功能

"执法和解说"①将税务约谈与税务行政复议、诉讼划清了界限,还

---

① 税务约谈是税务机关在办案过程中遇到举证不能时的一个捷径,可以通过税务机关放弃部分债权来换取纳税人对其债务的履行,以此来达到一个"双赢"的效果。参见程国琴:《新时期建立税务稽查约谈的必要性》,载《湖北社会科学》2005年第4期。

有一些研究更是明确地使用"税务稽查约谈"[①]一词。税务约谈是具有独立的工具主义价值的,比如缓解税收执法信息不对称压力、法律讲解[②]、指导督办[③]等,这些基本功能都是在各地方税务机关执法实践中显现出来的。

(二)激励性规则

1. 税务约谈的启动权限

依据现行规定,[④]只能由税务机关裁量是否适用税务约谈制度,纳税人不能自行申请约谈,只能依法申请听证。[⑤] 为此,有学者认为,基于保障纳税人权利,应增订税务行政执法、税务行政复议与税务行政诉讼中,对于课税事实依据不清或者法律规则不明的争议,纳税人均可依法主动申请约谈的规定。[⑥]

2. 税务约谈后补缴税款的处罚规则

目前,学界有关税务约谈处罚规则的研究主要是免于处罚的主张,[⑦]相关具体条款的研究甚为少见,尤其是缺乏与功能衔接的其他征纳合作法律制度一并研究、整体规划的研究。

---

① 税务稽查约谈是税务机关对所辖纳税人或扣缴义务人在日常检查、所得税汇算、纳税评估、税源监控、接受举报、协查、检查等过程中发现一般涉税违章违法行为或疑点后,由于证据不足,主动约请纳税人或扣缴义务人沟通相关征纳信息,在拥有裁量权的前提下与纳税人就税款和处罚进行协商,促使纳税人和扣缴义务人主动自查自报,减少税收征纳成本的一种工作方式。参见巴海鹰:《税务稽查约谈制度研究——以"新公共管理运动"的视角》,载《税务与经济》2009年第1期。

② 参见练华坚、周建华:《集体约谈帮企业规避涉税风险》,载《中国税务报》2008年3月24日,第4版;王欣、张剑桥:《企业连续多期"零税申报"引来税务机关重点关注福永国税集体约谈敦促企业纳税》,载《深圳特区报》2006年10月24日,第B06版。

③ 参见寒江:《兴隆高收入者自行申报缴纳个税300万元》,载《承德日报》2007年4月2日,第3版;钱飞鸣:《个税申报北京经验值得借鉴》,载《深圳商报》2007年4月5日,A02版。

④ 国家税务总局《关于进一步加强税收征管工作的若干意见》(国税发〔2004〕108号)第2条第6款规定,对纳税评估发现的一般性问题,如计算填写、政策理解等非主观性质差错,可由税务机关约谈纳税人。

⑤ 参见《行政处罚法》第63条。

⑥ 参见倪维:《税务约谈法制化建构之研究》,中国政法大学2008年博士学位论文,第136页。

⑦ 参见巴海鹰:《税务稽查约谈制度研究——以"新公共管理运动"的视角》,载《税务与经济》2009年第1期。

(三)约束性规则

1.税务约谈的适用对象

税务约谈在税收执法中的运用已经较普遍,已经取得了较多有益的经验,比如,在适用对象方面强调对于引发纳税人申报差错的主观方面因素的考量。[①] 厘清过失与故意的边界,进而防范适用情形的随意扩大。

2.税务约谈的程序设置

税务约谈法律制度需要参与、协商或合作的程序来补强其正当性。为此,对于税务约谈程序的研究建议不少。比如,强调科学选案、固定场所、多名执法人员、加强培训;[②]又如,突出税务约谈人员的独立性,约谈时须出示税务检查证,记录约谈情况并将交予被约谈人确定后签字。[③]

二、税务约谈制度的优化建议

本书围绕尚存分歧的重点问题,[④]建议借《税收征收管理法》修订之机,将税务约谈制度入法,并出台《税务约谈管理办法》,将以下规则法定化。

(一)明确定位税务约谈的核心功能

税务约谈的功能定位问题即是其与相关征纳合作制度之间的关系界定问题。税务约谈与税务争议消解相关制度的关系处置需要尊重既成立法与实践事实。从税收征纳合作法律制度体系的整体视角看,税务约谈的功能定位应当与税务争议的和解、调解制度进行整体规划。一方面,税务行政复议中的和解、调解,以及税务行政诉讼中的调解,3种争议消解方式都有其特定的适用环节和概念名称;另一方面,中国的税务约谈在税法

---

① 国家税务总局《关于进一步加强税收征管工作的若干意见》(国税发〔2004〕108号)第2条第6款规定,对纳税评估发现的一般性问题,如计算填写、政策理解等非主观性质差错,可由税务机关约谈纳税人。

② 参见倪维:《税务约谈法制化建构之研究》,中国政法大学2008年博士学位论文,第146页。

③ 参见巴海鹰:《税务稽查约谈制度研究——以"新公共管理运动"的视角》,载《税务与经济》2009年第1期。

④ 其中,对于税务约谈中少有研究且是立法亟待完善重点的"处罚规则",由于文本对于征纳合作法律制度构建的体系视角,将在本章第三节"自动报缴从宽处罚法律制度的创新"中,与修正申报对应的处罚规则一并研究。

立法与税务实践中已经存在于纳税调整阶段。在进行立法完善时，这些既成立法现状、执法惯例不宜轻易改变，以免引起概念的认知混乱。基于以上分析，笔者建议，将税务约谈制度界定在征纳合作纳税调整阶段，作为在纳税期限届满之后、纳税处罚生效之前的激励纳税人自动遵从税法的沟通式执法方式。

（二）完善激励性规则

如合作问题考察部分所述，税务机关在纳税调整领域存在排除合理性商谈现象，而且，现行税法也是将税务约谈的启动权单方地赋予了税务机关，致使税务机关的此类执法行为“有权而任性”。鉴于此，笔者建议，赋予纳税人在纳税调整阶段申请税务约谈的权利。既然将税务约谈界定为纳税调整阶段的合作方式，自然不能出现在税务行政复议和诉讼阶段；既然为沟通式执法方式，就得注重征纳双方沟通的便利与权力（利）保护。论及权力（利），就应当分属于征纳双方。现行税法只是从征税便利的视角赋予了税务机关启动税务约谈的权力，却未考虑纳税便利，对于纳税人的权利保护不充分。这是因为：虽然听证程序是纳税人在纳税调整阶段权益救济的方式，但是，相对而言，约谈程序有利于更好地保障纳税人隐私权。更重要的是，由于现行税法有关纳税人申请听证适用范围的条款只明确了罚款数额标准，容易将申请事由限定于“税收债务的正确性”，而忽略了对于纳税人实际负担能力和特殊事由的考量。可见，听证制度在征纳合作所推崇的沟通协商、优质服务、人文关怀方面体现不足，不能合格地承担起征纳合作的理念意蕴。[①] 基于以上分析，建议赋予纳税人申请税务约谈的权利。

（三）完善约束性规则

1. 税务约谈的适用对象

税务约谈的适用不宜推广到所有存在欠税问题的纳税人，主要理由如下：从税收征纳合作法律制度体系构建的整体观出发，税务约谈并非促

---

① 约谈是税务机关服务于纳税人理念的体现。约谈体现了税务机关由原先的以自身为出发点向以市场经济活动的主体纳税人为出发点这一转变。因为约谈是一种平等协商、充分了解、考虑纳税人实际情况的谈判方式。参见程国琴：《新时期建立税务稽查约谈的必要性》，载《湖北社会科学》2005 年第 4 期。

进纳税人自发遵从税法的唯一合作制度，且设置在税收风险提示和修正申报之后，其对纳税人自发遵从税法的促进功能的发挥主要是补充性的。税收风险提示和修正申报平等适用于所有纳税人，但是，税务约谈则应对于纳税人进行适当的选择，体现征纳双方相互的、自发的合作。比如，将纳税信用考量进来，对于纳税信用低（如纳税信用为D级）的纳税人不宜适用税务约谈。

2. 税务约谈的适用标的

税务约谈体现着执法和解理念，其适用标的需要与税务行政复议和解保持同一性。因此，税务约谈不宜局限于现行立法中的“一般性问题”，建议立法将“事实难以查清”明确规定为税务约谈适用标的的限定条件，这对矫正“执法和解过度化”、促进税务约谈中的方式公平意义重大，此其一。其二，从纳税便利的实际需求看，税收立法也应该明确列举纳税人可以在收到《税务行政处罚事项告知书》之后的一定时限之内，主动提出税务约谈的具体事由，比如不认可税务机关的处罚意见，无力负担全部的税收责任，或者存在特殊情势（如合理性欠缺）需要与税务机关进行特别沟通。

第三节　自动报缴从宽处罚法律制度的创新

纳税调整合作法律制度是通过激励纳税人自我修正的方式展开的。具体到激励工具，就是运用自动报缴从宽处罚制度，在税务约谈、申报修正中进行一体化设计。一方面，从征纳合作的视角谈税务约谈制度的完善，就要抓住“合作尺度”这一核心未解问题进行深入探讨。社会最重要的功能是规范化。[①] 所以，要改善纳税调整阶段利益格局的调整秩序，最核心的工作就是保留顺应人性的激励机能，制定规范、明确的从轻、减轻或者免除处罚规则。另一方面，《征管法征求意见稿》中只是建议针对纳税人在纳税期限之后、税务检查之前的修正申报处以补缴税款20%以下的罚款，这种从宽处罚的规则过于宽泛，亦需要结合主客观多重因素细致

① 参见[德]尤尔根·哈贝马斯：《合法化危机》，刘北成、曹卫东译，上海人民出版社2009年版，第129页。

推敲,并与税务约谈之后的从宽处罚规则完成顺畅对接,最终使行为与责任合乎比例。

围绕申报修正与税务约谈的处罚规则规范化、一体化这个核心,本节尝试通过考察税法领域的自动报缴免罚制度、刑事诉讼法认罪认罚从宽制度和具体处罚裁量影响因素实践,以期得到有益的借鉴。

一、自动报缴免罚制度考察

(一)德国自动报缴免罚制度的要件设置

德国《税收通则》对于具有主观故意的逃税行为适用自动报缴免罚的要件包括:

首先,设置了 2 项积极要件。一是摒弃全部逃漏税的不法行为:对于单一税目的所有逃漏税行为,均可更正错误的申报、补充不完整的申报、补行以往消极不作为的申报。德国联邦最高法院判决对于轻微小额落差在不超过短漏税款 5% 的范围内,针对具体个案进行整体评价,经判断认为可以界定为"轻微落差"后,再准予认定自动报缴免罚,这一规则是为了避免税法在适用中过于严苛。[①] 二是排除违法漏税结果:在税务机关指定的期间内缴清所逃漏的税款,并加计利息。[②]

其次,设置了 4 项消极要件。一是逃避税收的行为在更正、补充或者追补税款之前就已经完全或部分被发现,且行为人已经知道这一点或者通过评估实际情况应当可以考虑到这一点。实际运用时应当注意辨别是否符合"发现"概念,如果在纳税人更正、补救时对其行为进行判断,税务机关已经足以认定存在税收犯罪行为的可能性时,则将认定该行为已经被发现。二是在行为人更正、补充或追补税款之前,财政管理机构的官员已经开始税收检查,或者已经开始调查违反税法的刑事行为。同时,被发现或开始调查的"基准时间"原则上采取"客观标准",[③]比如,纳税人已经收到涉税犯罪刑事诉讼或者行政罚款诉讼的受理通知。三是已经向行为

---

① See BGH, *v.* 25. 7. 2011 – 1 *StR* 631/10, *BGHSt* 56, 298*ff.*, BGH(Nov. 3, 2018), https://www.hrr-strafrecht.de/hrr/1/10/1 – 631 – 10.php.

② 参见德国《税法通则》第 235 条。

③ 参见陈清秀:《自动报缴免罚制度的比较研究》,载《财经法学》2019 年第 2 期。

人或者其代理人提起了行政罚款诉讼。[①] 四是每一短漏税款的行为为自己或者第三人换得的不正当税收利益超过2500欧元。[②]

最后,德国《税法通则》还规定了大额偷税行为免予刑事追诉的要件。在逃漏税款合计金额超过25,000欧元时,纳税人虽然可以通过自首免受行政处罚,但却无法同时排除其刑事违法性。为了弥补这一漏洞,自2015年起,德国开始实施以支付金钱换取免于追诉刑罚的规则。这是一种适用超额累进型加征率[③]的“刑事课征金”,[④]类似“缓起诉金钱负担给付”规则。[⑤] 如此一来,纳税人便可就是否进入刑事诉讼程序行使选择权。

(二)德国税法中的自动报缴免罚范围

在符合各项规定的条件下,纳税人自首则可就逃税罪免受刑罚。这是因为,鉴于对在无法取得精准直接证据时税务机关可能运用间接证据推定案件事实等因素的考量,德国《租税通则》遵守“事实及证据利用之禁止原则”。但是,应当注意的是,如果为了达到逃税目的还涉及了其他罪行,就不能被包括在免罚范围以内。比如,存在非法进出口行为,[⑥]存在职业走私、贸易走私及团伙走私行为,[⑦]存在唆使偷漏税行为等。[⑧]

(三)德国税法关于过失偷漏税行为的处罚规则

如果纳税人由于“轻率”而过失违反税收秩序,视为违反规章制度。相应的规则适用分为3个部分:其一,如果纳税人在被提起行政罚款诉讼之前更正、补充或者追补相应税款,可以免受罚金处罚。其二,违反规章制度的罚金最高限额为50,000欧元。为不具备主观故意的过失逃漏税行为设置处罚上限是非常必要的,与德国类似,澳大利亚《1953年税收管理法》中也存在最高罚金条款:纳税人由于疏忽大意所致的虚假或有误导性的申报,以及疏忽大意所致的不当保存记录,将被判处不超过30个罚

---

① 参见德国《税法通则》第371条第2款。

② 参见陈清秀:《自动报缴免罚制度的比较研究》,载《财经法学》2019年第2期。

③ See Klaus Tipke & Joachim Lang, Steuerrecht, 23. Aufl. 2018, § 23 Rn. 64.

④ See Klaus Tipke & Joachim Lang, Steuerrecht, 23. Aufl. 2018, § 24 Rn. 43.

⑤ 参见陈清秀:《自动报缴免罚制度的比较研究》,载《财经法学》2019年第2期。

⑥ 参见德国《税法通则》第372条。

⑦ 参见德国《税法通则》第373条。

⑧ 参见德国《税法通则》第374条。

款单位的罚金；如果该纳税人是自然人，不按照税务局长处理的规定办理并且做出判决的法庭确认此人有相关前科，将被判处不超过50个罚款单位的罚金，或是不超过12个月的监禁，又或者两者并判。[①] 其三，其他规则的适用与具有主观故意的逃税行为相同。[②]

二、认罪认罚从宽制度

在刑事诉讼法领域，围绕认罪认罚从宽制度已经展开了关于立法完善的学界讨论。其功能已经基本达成共识：鼓励认罪是一种治理策略，可以在很大程度上抵销犯罪分子趋利避害、否认犯罪的本能，有利于及时侦破、指控犯罪，有效减少对抗、修复社会关系。[③]

（一）约束机制设计——规范化、精准化的量刑

量刑建议的提出需要通过控辩协商，但是这一过程应当依法受到严格的程序约束。这里的“法”，更核心的是一定的量刑指引。量刑指引可以高效约束司法人员的自由裁量权：根据犯罪行为不同的严重程度，对不同犯罪形成量化的指数体系，并依据认罪、坦白等影响量刑的因素调节犯罪严重程度指数，再与前科指数结合起来形成量刑表，最后按照量刑表确定最终的量刑区间。[④]

（二）制度构建的学界观点梳理

1. 制度的价值优势

精准量刑要求主要表现为“确定刑”方式。认罪认罚从宽制度通过提出“确定刑”的方式，可以更好地激活“激励机制”：通过鼓励自愿认罪认罚强化协商过程及其结果的稳定性。而且，“确定刑”形式，还使控辩双方展

---

① 参见澳大利亚1953年《税收管理法》第3章第2条A款8N项、8Q项、8R项。

② 参见德国《税法通则》第378条。

③ 参见杨先德：《认罪认罚从宽量刑建议精准化的域外启示》，载《检察日报》2019年7月16日，第3版。

④ 量刑表是一个由横、竖两个轴构成的表格。竖轴代表犯罪等级，根据犯罪的严重性及各种情节计算形成43个犯罪等级。量刑表的横轴代表前科记录或者前科点数，划分为6级。前科点数根据不同的前科累计计算。横轴和竖轴交叉的领域就是刑罚区间，从0个月直到终身监禁。每个量刑区间的最高值与最低值的差为6个月或者不超过最低刑的25%。参见杨先德：《认罪认罚从宽量刑建议精准化的域外启示》，载《检察日报》2019年7月16日，第3版。

开实质性平等协商成为可能。[①]

2. 处罚幅度立法建议

(1)"从宽"应当包括3个不同幅度

在具体案件中，对于准确把握量刑从宽的幅度，首先要求依据事实和法律在从轻处罚、减轻处罚或免除处罚这3个情节中作出正确选择。[②]

(2)制定处罚规则的考量要素

建立要素式量刑建议确定机制，优化配置量刑减让梯度：将认罪时机、认罪程度、认罪对破案定案的作用，以及和解赔偿、退赃挽损等酌定情节对修复社会关系的作用等情形，作为衡量因素，并要科学、精细规定上述各要素对量刑建议的影响权重。[③]

三、税务酌情处罚制度考察

我国香港特别行政区《税务条例》对于罚款政策规则有较详尽的规定，其影响因素主要分为3大类：

首先，税务局局长在针对违例行为进行具体处置之时，会考虑主客观多重因素，主要包括：证据是否充足、已经或将会少征收税款的数额、违例行为是否经精心策划、有关违规行为历时多久等，最终可能提出检控、以罚款代替检控或评定罚款这3种具体处置方式。其中，向纳税人加征的罚款额，基本上是按其漏报或少报入息或利润的性质、其合作或披露事实的程度以及违规行为历时长短等作为计算基础。

其次，裁量罚款具体数额时考虑两大基本要素。一方面，漏报或少报入息或利润的性质依据纳税人的主观故意程度和客观行为具体方式由重到轻依次区分为a、b、c组别。另一方面，披露事实程度具体区分为4类：完全自愿披露事实、在受质疑后迅速披露全部事实、不完全披露或延迟披露事实、拒绝披露事实。上述这两个方面分别作为横纵坐标，将

---

① 参见樊崇义：《关于认罪认罚中量刑建议的几个问题》，载《检察日报》2019年7月15日，第2版。

② 参见孙长永：《认罪认罚从宽制度的基本内涵》，载《中国法学》2019年第3期。

③ 参见王丹：《重罪案件适用认罪认罚从宽制度亟待探索》，载《江苏法制报》2019年7月8日，第00C版。

具体处罚方式区分为12种情形，每种情形再分别制定一般加征比率和最高比例。就整体而言，加征罚款比率表的幅度从5%到260%，总共24级。不仅如此，税务机关更是致力于构建征纳沟通的治理机制，比如鼓励纳税人自愿披露其全部违规行为，并依其意愿自行提出合理的结案建议，以便税务机关予以考虑。若纳税人没有作自愿披露，则将依据结案时间长短来评价纳税人披露事实程度的具体类别。比如，由初次会晤之日起3个月内完结的实地审核案件，以及由初次会晤之日起6个月内完结的调查案件，一般会被认定为纳税人“在受质疑后迅速披露全部事实”。

最后，税务局局长还将依据纳税人背景及业务的复杂程度、纳税人的态度、事件历时长短、业务规模大小及少报款额的多少这4项主客观因素进行宽减或者加重处罚的考量。就大部分个案而言，最终罚款数额会视具体案件情况上调或下调最多25%。①

四、自动报缴从宽处罚制度的创新对策

税收处罚制度亟须规范化，在税务约谈与申报修正制度中适用“自动报缴从宽”就是其中的重要一环。为此，建议借《税收征收管理法》修订之机，将自动报缴从宽处罚制度写入税法。而后，出台税收自动报缴从宽处罚办法，用以制定精细、规范的处罚细则，以规制税务约谈、修正申报过程中税务机关的裁量权，推进税法适用的公平化，实现效率和公正双提升的制度目标。

（一）自动报缴激励规则概念用词的选择

笔者认为，“自动报缴从宽”的词语选择比“自动报缴免罚”和“自首免罚”都要更为贴切。这是因为，现行税收征纳合作法律制度的构建，需要的是激励纳税人自发合作的一整套处罚规则，为的是将《行政处罚法》中“应从轻、减轻、不予处罚”条款②具体化，并明确适用到税法领域，从而有效规制滥用自由裁量权的执法现状。“从宽”一词可以较好地概

① 参见《罚款政策》，载香港特别行政区政府税务局官网2019年8月17日，https://www.ird.gov.hk/chs/pol/ppo.htm。

② 参见《行政处罚法》第32条。

括从轻、减轻和不予处罚3种情况，相比之下，"免罚"一词不能完整地承担起整套激励性处罚规则的现实任务。而"自首"一词也不能涵盖纳税人针对纳税违法行为作出自动补缴税款减轻违法行为危害后果的情形。

（二）约束性规则的创新

自动报缴从宽处罚制度需要精细立法，用以增强纳税调整合作中从宽处罚执法行为的规范性、公平性与稳定性：其将有利于矫正税务约谈中"执法和解过度化"问题，完善《征管法征求意见稿》中有关修正申报的粗略立法建议，最终促进纳税调整合作的结果公平。

1. 规则设计宗旨、原则与步骤

鉴于中国税收执法领域以罚代刑现象的相对合理性所折射出来的具体国情，在《税收征收管理法》中设计税务约谈阶段的自动报缴从宽处罚规则，适宜采用更加强化的激励机制。规则设计的基本原则是：明确从宽幅度，优化处罚减让梯度。基本步骤分为：首先，明确税务约谈的具体处罚方式可以适用从轻、减轻或者不予处罚3种类型。即是说，可以适用0.5倍以下的罚款。其次，划定需要被考量的因素。再次，明确划定免罚范围，设计积极要件和消极要件。最后，分级次设计具体从宽幅度。

2. 需要考量的主要因素

在税务约谈中，有关从宽处罚的具体幅度设计要结合主观方面是否存在故意、自首的程度、补税数额的高低几个方面进行考量。

3. 税务约谈制度适用自动报缴免罚的构成要件

依据主观方面的不同分别设置积极要件。一方面，对于存在主观故意的偷漏税行为，存在两类可以适用自动报缴免罚的情况：其一，对于5年内偷逃税款的全部事实进行自首，并且在税务机关指定的缴纳期间内，缴清所逃漏的税款，并加计滞纳金。在此，可以引入德国联邦最高法院的"轻微落差"条款，即落差幅度在5%以内的自首，可以认定为全部自首。其二，该纳税人是第1次申请适用主观故意的偷漏税自首，并且在税务机关指定的缴纳期间内，缴清所逃漏的税款，并加计滞纳金。另一方面，对于不存在主观故意的过失漏税行为，在每1个会计年度，在税务约谈开始之后,有1次只要自首补税就会被适用免罚条款的机会,但是,可以在纳税信用等级评价中作为1项指标予以考量。同时,对于不存在主观故意的过失漏税行为,设计处罚上限。

消极要件主要包括3项内容。其一,逃避税收的行为在更正、补充或者追补税款之前已被发现或已开始刑事调查,其中的基准时间遵循纳税人收到税务检查通知书、涉税犯罪刑事诉讼受理通知的"客观标准"。其二,该纳税人在申报修正期已经适用过主观故意偷漏税免罚规则。其三,在税务约谈后,税务机关制定的补税期限已经截止。笔者认为,德国税法中"已经开始税务检查的消极要件"不宜引入,这是因为:在中国,进入税务检查之后,税务机关通过纳税风险预警工具选择税务约谈目标时,一般还未明确认定纳税违法行为,此时,税务机关发出《税务检查约谈通知书》,并在约谈程序中辅助纳税人自查问题,最后制定期限补缴税款。在此过程中,纳税人具备发现问题与补缴税款的主动可能性;同时,税务机关也不必然明确认定纳税人的违法行为。

4. 税务约谈制度适用自动报缴免罚的范围

因逃漏税而涉及其他刑事犯罪责任时,如果满足免罚要件,则可免除其他刑事犯罪的刑罚。① 如果将来出现新的证据,证明纳税人"全部事实进行自首"的情节不实,则要按照不能满足免罚要件追诉行政处罚与刑事处罚。

5. 配套处罚规则

对于偷漏税达到非常严重的情形是否还能适用免罚存在争议。笔者建议,此情节不作为免罚的消极要件进行规定,而是通过设置一个数额标准,当超过这一标准时给予降低一级纳税信用评级的方式进行处罚。具体数额需要进行数据统计研究,同时,进行考量时也可结合《刑法》有关偷税罪的认定标准,②以兼顾法法衔接的体系性。

---

① 参见陈清秀:《自动报缴免罚制度的比较研究》,载《财经法学》2019年第2期。

② 参见最高人民法院《关于审理偷税抗税刑事案件具体应用法律若干问题的解释》(法释〔2002〕33号)第1条规定,纳税人……不缴或者少缴应纳税款,偷税数额占应纳税额的10%以上且偷税数额在1万元以上的,依照《刑法》第201条第1款的规定定罪处罚。

(三)激励性规则的创新

自动报缴从宽处罚制度需要依据整体化原则统筹设计不同阶段征纳合作制度中的从宽处罚细则,以更高效地发挥激励机制。首先,在风险提示阶段,申报修正适用绝对免罚。其次,在纳税期限截至税务检查开始之前,免罚的适用条件不考虑是否补缴全部逃漏税款,只要纳税人满足第一次主观错误自查补税、本纳税年度内前两次非主观错误的补税即可;以前年度和本年度第三次及其以后的非主观错误申报补税修正,无论主观方面,均依据数额设置罚款;在每一纳税年度中,纳税人累积申报补税修正3次以上的,在纳税信用评定中进行相应减分处理,以防止滥用。同时,依据补缴税款与已纳税款的差额关系,设计超额累进式的滞纳金加计率。最后,在税务检查阶段开始以后,则适用最严格的免罚标准,免罚的适用条件是报缴全部逃税款,且为第一次违法。以上两点的具体罚则建议如表4所示。

表4 自动报缴从宽之处罚标准(一)

<table>
<tr><th rowspan="2">阶段</th><th rowspan="2" colspan="2">行为的主观方面与客观方面</th><th colspan="2">处罚</th><th rowspan="2">纳税信用评价</th></tr>
<tr><th>纳税违法犯罪</th><th>其他刑事犯罪</th></tr>
<tr><td rowspan="4">纳税期限截止——下发《税务检查约谈通知书》</td><td colspan="2">报缴本纳税年度内前两次不存在主观故意地偷漏税</td><td>免罚</td><td>免罚</td><td>—</td></tr>
<tr><td colspan="2">报缴第一次存在主观故意的偷漏税,且数额未达到巨大的标准</td><td>免罚</td><td>免罚</td><td>—</td></tr>
<tr><td rowspan="2">报缴以前年度和本纳税年度内第三次以上的申报修正</td><td>补缴税款超过之前已纳税额</td><td>0.1倍以下</td><td>并处</td><td>—</td></tr>
<tr><td>补缴税款未超过之前已纳税额</td><td>0.1~0.2倍</td><td>并处</td><td>—</td></tr>
</table>

续表

<table>
<tr><th rowspan="2">阶段</th><th rowspan="2" colspan="2">行为的主观方面与客观方面</th><th colspan="2">处罚</th><th rowspan="2">纳税信用评价</th></tr>
<tr><th>纳税违法犯罪</th><th>其他刑事犯罪</th></tr>
<tr><td rowspan="5">下发《税务检查约谈通知书》——指定补税期限截止</td><td colspan="2">报缴全部第一次不存在主观故意的偷漏税行为</td><td>免罚</td><td>免罚</td><td>—</td></tr>
<tr><td rowspan="2">全部报缴第一次存在主观故意的偷漏税，且数额未达到巨大的标准</td><td>未适用过上一阶段的免罚规则</td><td>免罚</td><td>免罚</td><td>—</td></tr>
<tr><td>已适用过上一阶段的免罚规则</td><td>0.2～0.3倍</td><td>并处</td><td>—</td></tr>
<tr><td rowspan="2">报缴第二次以上的偷漏税</td><td>补缴税款超过之前已纳税额</td><td>0.3～0.4倍</td><td>并处</td><td>—</td></tr>
<tr><td>补缴税款未超过之前已纳税额</td><td>0.4～0.5倍[1]</td><td>并处</td><td>—</td></tr>
</table>

〔1〕各级次均不含上限本数。

与此同时，当满足一定的主观与客观方面的适用条件时，相应处罚规则不受阶段限制，具体处罚建议如表5所示。

表5　自动报缴从宽之处罚标准(二)

<table>
<tr><th rowspan="2">阶段</th><th rowspan="2">行为的主观方面与客观方面</th><th colspan="2">处罚</th><th rowspan="2">纳税信用评价</th></tr>
<tr><th>纳税违法犯罪</th><th>其他刑事犯罪</th></tr>
<tr><td rowspan="3">纳税期限截止——指定补税期限截止</td><td>符合免罚要件，但累积自动报缴的偷漏税数额达到巨大的标准</td><td>免罚</td><td>免罚</td><td>降一级</td></tr>
<tr><td>在一个纳税年度内，纳税人累积申报修正进行补税三次以上的</td><td>—</td><td>—</td><td>减分</td></tr>
<tr><td>报缴不存在主观故意的偷漏税</td><td>设最高限额</td><td>并处</td><td>—</td></tr>
</table>

如前文所述，由于法律的模糊与缺位，纳税人的自动报缴行为面临

"收益不确定"的困境。想要改变这种困境,就必须将这种收益设置为"确定性"的。换言之,只要从轻、减轻或者不予处罚的规则足够精确即可。自动报缴从宽处罚的激励规则设计,只有在以立法形式明晰从宽幅度的基础之上,才能真正做到兼顾纳税人"在接近确定事件时偏好安全"的人性心态和依法征税原则。

第六章　争议消解合作法律制度的续造

第一节　在理想与现实之间：剖辨适用标的之争后的路径选择

争议消解法律制度包括税务行政复议和解、税务行政复议调解和税务行政诉讼调解，以上制度的适用标的在现行立法中的规则设计是受到学界广泛质疑的热点。

一、学界质疑争议消解适用标的规则的表征

税务复议和解、调解的适用标的，在税法学界也有广泛研讨。众多学者对于现行立法出于"合理性问题"进行和解、调解的立法设计存有质疑，主张应在无法查清的事实原因情形中或者裁量权范围内适用税务行政复议和解、调解。陈清秀教授认为，征纳双方为除去该事实关系的不确定性，就涉税经济事实状态互相让步，有助于解决困难，并平衡利益。德国学者克鲁泽也认为，征纳双方就课税基础推计达成之和解有助于事实的查明，因而可被赞同。在税收实践中，大量的事实表明，税务争议的产生是由于双方对课税事实的认定、课税依据的理解和应纳税额的计算等方面存在分歧，这种理解、

认识上的分歧,可以通过沟通避免对抗。[①] 陈少英教授认为,税务机关与纳税人之间在纳税事实难以查清时签订的协议,这种情况在法律上应理解为双方当事人对于课税事实的妥协,而不应理解为就某种税法上的效果达成合意。[②] 叶金育教授认为,税务和解发生功效的区域与税收行政复议机制难以发挥作用的区域刚好重合,因此,税务和解适用标的应当是"不明确的事实状态或法律关系"。[③] 赵银翠教授认为,在事实确定与法律明确的情况下,税务机关必须依法行使行政权,即使存在裁量的空间,也必须依法保持适度、合理,不得任意行使;而在事实或法律状态不明确的情况下,即便遇到羁束性规定,税务机关也有权缔结和解协议。[④] 周佑勇教授认为,税务和解必须在裁量权运行范围内[⑤]达成,裁量的法定范围同时也是税务和解的适用空间。[⑥]

二、对于学界质疑争议消解适用标的的反思

(一)抽丝剥茧:"适用标的"包括3个组成部分

笔者认为,既然是征纳双方通过相互让步来应对合理判断中的事实或者法律问题的不明确状态。[⑦] 那么,争议消解的"适用标的"实际上应当包括3个组成部分:"事项类型""原因条件""结果特征"。"自由裁量行为""行政赔偿""行政补偿"属于"事项类型","事实难以查清"[⑧]与"法律状态不明确"[⑨]是问题产生的"原因条件","具体行政行为的合理性不足"是事项最终表现出来的"结果特征"。对比现行立法与学界的质疑可知:

---

① 参见高铭伟:《论税务行政诉讼协调和解的理论基础》,载《经济论坛》2009年第14期。

② 参见陈少英、许峰:《税务争议替代性解决机制探析》,载《北方法学》2008年第5期。

③ 参见叶金育:《税务和解实施的法律规制》,载《内蒙古社会科学(汉文版)》2013年第6期。

④ 参见赵银翠:《行政复议和解制度探讨》,载《法学家》2007年第5期。

⑤ 参见孙兵、黎学基:《理念重述与制度重构:行政执法协商研究》,载《西南民族大学学报(人文社会科学版)》2012年第3期。

⑥ 参见周佑勇:《行政裁量治理研究——一种功能主义的立场》,法律出版社2008年版,第194~195页。

⑦ 参见[德]哈特穆特·毛雷尔:《行政法学总论》,高家伟译,法律出版社2000年版,第355~356页。

⑧ 参见陈少英、许峰:《税务争议替代性解决机制探析》,载《北方法学》2008年第5期。

⑨ 参见赵银翠:《行政复议和解制度探讨》,载《法学家》2007年第5期。

现行税收立法在针对税务争议和解、调解制度适用标的规则进行设计之时,实际上只包含了“事项类型”和“结果特征”两项内容;而学界质疑的理由则主要集中于强调“原因条件”的核心地位。

(二)追根溯源:现行立法何以忽略“原因条件”

无论是现行行政复议立法、税收立法还是行政诉讼立法,都没有明确规定适用标的的“原因条件”。笔者认为,究其原因,与其说是立法漏洞,不如说是“现实需要”下的无奈选择。合理性不足是“结果特征”,而事实难以查清、法律状态不明只是产生上述结果的一部分起因,即有一部分合理性缺陷的确源于“不明确的事实状态或法律关系”,但又不仅仅是“不明确的事实状态或法律关系”。应当重视的是,具体行政行为的合理性不足还植根于“不适当的立法”之中。

三、设置“存在其他合理性问题”条款并忽略“原因条件”的必要性分析

(一)设置“存在其他合理性问题”条款的必要性

1. 增进税收执法的可接受性、税收法治的实践化的现实意义

在复议和解、调解适用标的中设置“存在其他合理性问题”,对于增进税收执法的可接受性、税收法治的实践化具有鲜明的现实意义。依法征税未必就会通往税收法治。从前述经典案例可知,我们至少可以发现三个层面的合理性问题。其一,从税收法律文本层面看,法律本身可能存在漏洞,法律的滞后性可能将直接威胁税收公平,同样是取得利息收入,个人向公司放贷与银行放贷、个人在银行存款的税负出现显著差异,纳税人认为不公平、不合理是出于自身朴素的法感情,也是有其理据的。其二,从税务机关执法层面看,由于专业性、权威性的明显差异,纳税人对于税务机关的信赖利益应该得到充分考量,因此,先例是限制税收法定原则发挥作用的重要因素。纳税人信赖先例进行纳税,却在税务稽查中被认定逃税,是存在合理性疑问的。其三,从纳税人守法层面看,法律运行的顺畅与否与执法者、守法者的实操水平都密不可分,执法者要求纳税人熟悉税法的细节规定,就目前中国的纳税人总体情况而言,是脱离现实的。对于纳税人的逃税行为,税务机关尚可给予补救的机会,而拒绝超过时效提

出的退税申请,这种差异不符合税法的意图、精神和宗旨,不符合公平正义等法治理念,对于纳税人来说,是难以接受的。税收司法、税收执法不能运行于真空状态,要追求法律效果与社会效果的统一,就需要可接受性的强化。可见,"合理性"高于"合法性"的主张有助于中国从形式法治迈向实质法治。[①] 综上,由于立法、执法、守法三方面都存在的影响合理性的现实因素,通过"存在其他合理性"条款进行表述是可行的。

2. 税务争议和解、调解制度是纳税人权益救济的"无奈选择"

税法频繁地进行技术性完善以促进税收公平的实践化,并通过大量规范和严格训练来制约税务机关的自由裁量行为,这些控制税务执法过程和结果中不合理行为产生的手段,在中国尚有不足。换言之,现阶段,如果在中国税务争议和解、调解制度适用标的规则设计中,直接移植"事实无法查清"这一"原因条件",将对和解、调解制度功能的适用造成明显的局限。

(二)忽略"原因条件"的必要性

追根溯源,现行立法何以忽略"原因条件"?查阅相关立法,无论是现行行政复议立法、税收立法还是行政诉讼立法,都没有明确规定和解制度适用标的的"原因条件"。笔者认为,究其原因,与其说是立法漏洞,不如说是"现实需要"下的无奈选择。这种"无奈"不仅来自"维护和谐稳定"的政治性需要,[②]更来自在税收公平原则跟进之前必须面对的阶段性的立法不完备现实。这种"无奈"或许可以在为什么调解制度将保密原则作为内在要求[③]中得到印证。而且,具体行政行为的合理性不足还植根于"不适当的立法"之中,"不适当的立法"会导致"形式合法、内容却不合理"的具体行政行为的产生。如果在税收立法中明确将"事实难以查清""法律状态不明"设置为"原因条件",进而将纠纷解决、维护稳定等作用剔除在功能设计之外,势必使税收执法与税收司法的思维渐行渐远,甚至危及复

---

① 参见陶莉:《行政法与合理性原则——兼论现代行政法应当坚持"合理性"高于"合法性"》,载《杭州商学院学报》2004年第2期。

② 参见叶金育:《国税总局解释权的证成与运行保障》,载《法学家》2016年第4期。

③ 最高人民法院司法解释性质文件《死刑复核、热点案件是否网上"晒"文书——最高人民法院有关负责人详解最高法院裁判文书上网热点问题》指出,考虑保密原则是调解的内在要求,从尊重当事人的角度出发,调解书和同意当事人撤诉的裁定书一般不应上网公布。

议制度的实质性存在价值。因此,笔者认为,短期内不宜在和解适用标的规则中设置“原因条件”规定。

四、争议消解适用标的规则优化的建议

囿于立法的滞后性、不完满性等技术性欠缺难以完全避免,笔者认为,争议消解适用标的规则更宜延续“事项类型”式的现行立法思路,以及为了在具体个案中更好地实现纳税人的权益保障,在适用标的规则设计中省略“原因条件”、设置“存在其他合理性问题”条款是有现实必要性的。既然“存在其他合理性问题”必不可少,那么,具体研究如何设计该条款以应对“形式合法、内容却不合理”的现实问题才是争议消解所面临的最棘手的问题。为此,本书提出如下建议:

(一)激励性规则:修改《税务行政复议规则》第86条

就目前而言,建议修改《税务行政复议规则》第86条,去掉“按照自愿、合法的原则”的文字表述,并可以借鉴《行政复议法实施条例》中反向列举的表述方式。[①] 这是因为,如果税收立法突出和解、调解必须以“合法”为原则,那么,将对“其他合理性问题”条款的适用形成重大甚至是直接的阻碍。依法征纳税不等于税收法治,从税收实质公平的视角看,前述案例适用和解、调解程序维护纳税人的权益其实并“不损害社会公共利益和他人合法权益”。比如,在“个人放贷利息最高法再审案”中,如果纳税人借款的事实存在,按照差额计算应纳税所得额是税收横向公平的必然要求;在“白条收据入账案”,虽然白条形式不合法,但是,由于白条所记载的经济业务实际存在,予以扣除符合税款抵扣制度的内容实质存在;在“超期申请退税案”中,由于民事法律关系实际并未发生,即便已过3年申请期限,予以退税也不涉及损害国家所有的公共财产权。转化适用标的的表述方式,一方面,可以增加适用标的规则的正当性,以对抗执法责任风险,有利于缓解税务执法人员不敢用、不愿用、不急用、不善用的观念障碍;另一方面,也可以在此处解决下位法《税务行政复议规则》对其上位法

---

① 《行政复议法实施条例》第40条规定,和解内容不损害社会公共利益和他人合法权益的,行政复议机构应当准许。

《行政复议法实施条例》的违法问题。

(二)约束性规则:尽快落实税收公平以缩小兜底条款的实际适用范围

必须正视的是:作为兜底条款,“其他合理性问题”条款在实际适用时超越“事实难以查清”的原因范围,反映应然状态与实然需要的矛盾,而这一矛盾无法根治,只能缓和。就根本上而言,争议消解适用标的规则的法治化,必然依赖于税收公平的实践化。从较长的一段时间来看,甚至在完成形式上的税收法定的进程之后,都需要加紧进行税收立法完善以便逐步落实税收公平,进而使得税收征纳的过程与结果的合理性不断提升,如此才能逐步推进形式合法与实质合理的统一。具体而言,税法立法的实质公平与合理性深化需要从税法漏洞的弥补、裁量权的严谨化规制、服务理念的提升等方面下手,并且需要执法与守法能力的培养、提升同步而行。

1. 需要明晰模糊性规则以减少征纳理解分歧

具体包括权义结构设计精准化和条款文辞选择适读化两大方面。比如,统一《企业所得税法》和《一般反避税管理办法(试行)》对于避税安排构成要件规定,并对“经济实质”的内涵、“合理商业目的和经济实质”的关系作出界定,解决两法混乱引发的广泛性认识分歧问题。又如,可以参考澳大利亚的“税法改进项目”,以平白的语言、友好的表达方式重新改写税法。[①] 这对于征纳双方执法、守法能力的提升都有明显助益。

2. 更新滞后规则以提升纳税人对于规则的认可度

如前所述,征纳合作制度建构须以遵从税法的限制性规定为底线,因此,尽管适用标的规则忽略“原因条件”并设置兜底性条款是面对阶段性立法不完备的现实而作出的“无奈”选择,但是,这种选择也同样要受到“阶段性”的属性制约。

法律的实然效力根源于规则的正当性,只有内容实质符合税收公平的规则才能受到纳税人的认可和自愿遵从。税收法定与税收公平分别从

---

① 20世纪90年代,澳大利亚政府将大量的人力、物力投入“税法改进项目”,如运用了一览表、流程图和指示标;又如,将纳税人的称谓换成“你”,进而大幅增加了税法的可读性。参见[美]休·奥尔特、[加]布莱恩·阿诺德:《比较所得税法——结构性分析》,丁一、崔威译,北京大学出版社2013年版,第10页。

形式与实质两个方面构成税收的正当性基础。换言之,税收法定与税收公平共为税收法治之两翼,税收公平是对所立之法的质量提出更高标准的要求。落实税收法定只是起点,在税法中融入公平、效率原则以实现税收领域的“良法之治”则是更高层次的追求。① 比如,对于个人与金融企业在吸收存款到发放贷款的全流程中设置公平的增值税与所得税税负。又如,细化无形资产摊销的限制性规定,将“与经营活动无关的无形资产”这样的空泛表述转变为明确列举。

3. 扭转“管理论”观念提升税收立法蕴含的服务理念

征纳双方的关系不应当定位于管理与被管理的关系。现行税收征管模式定位于“以税收申报与优质服务为重心”,就首先需要通过严密的立法使征纳便利地同步实现。

如果税收立法相对完备,征纳就此产生争议的可能性便会大为降低。如此一来,在适用“其他合理性问题”条款进行税务争议和解时,超越“事实难以查清”这一原因的“正当性危机”就会逐渐得到有效控制,从而走出认可效力困境②。

第二节　从“合一”到“分设”:和解、调解适用范围的厘清

《行政复议法实施条例》有关税务行政复议和解、调解适用范围的规定是有所区分的,《税务行政复议规则》《征管法征求意见稿》以及一些地方规范性文件对于税务行政复议和解、调解适用范围的规定则是相同的。与此同时,《行政诉讼法》对于税务行政诉讼调解适用范围的规定与《行政复议法实施条例》是相同的。所以,税务争议的和解、调解是不是同一制度,是否应当设置相同的适用范围,已经引起了学界关注,③但是相关研究

① 参见刘剑文:《落实税收法定原则的意义与路径》,载《中国人大》2017 年第 19 期。

② 参见师璇:《税务和解适用标的兜底条款的认可效力困境及其消解》,载《税务与经济》2020 年第 2 期。

③ 参见赵银翠:《行政复议和解制度探讨》,载《法学家》2007 年第 5 期;叶金育:《国家税务总局解释权的证成与运行保障》,载《法学家》2016 年第 4 期;张晓光:《刍议行政复议中的行政赔偿调解》,载《中央政法管理干部学院学报》2001 年第 3 期。

的说理、结论还尚存不完备之处,值得深入研究。

一、和解、调解适用范围规则概览

(一)和解、调解适用范围的规则展开

在现行法律体系中,税务争议和解、调解可以依据的法律、法规和规范性文件的如表6所示。

表6 和解、调解适用规则及其法律效力规则

名称	税务行政复议和解	税务行政复议调解	税务行政诉讼调解
《行政复议法》	—	—	—
《行政诉讼法》	—	—	行政赔偿、补偿;行使自由裁量权案件。调解书可强制执行
《行政复议法实施条例》	行使自由裁量权作出的具体行政行为	行使自由裁量权作出的具体行政行为;行政赔偿或者行政补偿纠纷。调解书具有法律效力	—
《征管法征求意见稿》	可以适用和解、调解	可以适用和解、调解	—
《税务行政复议规则》	行使自由裁量权作出的具体行政行为;行政赔偿;行政奖励;存在其他合理性问题的具体行政行为	行使自由裁量权作出的具体行政行为;行政赔偿;行政奖励;存在其他合理性问题的具体行政行为。调解书具有法律效力,可依法强制执行,或申请人民法院强制执行	—

续表

名称	税务行政复议和解	税务行政复议调解	税务行政诉讼调解
《上海市税务行政复议和解调解实施办法》	正面清单：行使自由裁量权作出的具体行政行为；行政赔偿或者行政补偿；涉税检举奖励；上位法不明确，税务机关主要依据政策调整作出决定的案件；依法可以和解、调解的其他行政复议案件。负面清单：明显违法的具体行政行为 和解、调解协议具有法律效力	正面清单：行使自由裁量权作出的具体行政行为；行政赔偿或者行政补偿；涉税检举奖励；上位法不明确，税务机关主要依据政策调整作出决定的案件；依法可以和解、调解的其他行政复议案件。负面清单：明显违法的具体行政行为 和解、调解协议具有法律效力	—
《安徽省税务行政复议和解调解办法》	涉及税务行政裁量权行使的；税务行政赔偿、补偿争议；税务行政奖励争议；具体税务行政行为存在其他合理性问题的 可依法强制执行或者申请人民法院强制执行和解、调解协议	涉及税务行政裁量权行使的；税务行政赔偿、补偿争议；税务行政奖励争议；具体税务行政行为存在其他合理性问题的 可依法强制执行或者申请人民法院强制执行和解、调解协议	—
《海南省税收保障条例》	税收征缴异议	税收征缴异议	—
《江西省税收保障条例》	—	税收征缴异议	—

（二）和解、调解适用范围规则的矛盾提要

1. 合法性根基不稳

尽管《行政复议法实施条例》规定了税务行政复议和解、调解制度，但是，由于《行政复议法》中没有提出税务行政复议可以适用和解、调解，使得税务行政复议和解、调解的合法性根基不稳。

2. 上位法与下位法之间规定不够规范化

税务行政复议和解、调解适用规则在上位法与下位法之间的混乱突出。其一,《行政复议法实施条例》作为上位法,对于和解、调解的适用范围规定不尽相同:对于和解制度,只能适用于行使自由裁量权作出的具体行政行为;而调解制度还可以适用于行政赔偿或者行政补偿纠纷。相比而言,《税务行政复议规则》《上海市税务行政复议和解调解实施办法》《安徽省税务行政复议和解调解办法》《海南省税收保障条例》作为下位法,对于和解、调解的适用范围规定却是相同的。其二,就整体而言,下位法对于和解、调解适用范围的规定已经明显超过了上位法。明显地表现在《行政复议法实施条例》对和解、调解的适用范围规定不包括"其他合理性问题"之类的兜底条款。其三,《行政诉讼法》有关税务行政诉讼调解适用范围的规定与《行政复议法实施条例》相同,不包含兜底条款。但是,《税务行政复议规则》《上海市税务行政复议和解调解实施办法》《安徽省税务行政复议和解调解办法》关于税务行政诉讼调解适用范围的规定却都包含兜底条款。《海南省税收保障条例》《江西省税收保障条例》的规定非常模糊,笼统地表述为"税收征缴异议",似乎可以理解为所有征缴异议均可适用。

(三)和解、调解法律效力条款中的主要问题

税务争议和解、调解适用范围与和解协议、调解书的法律效力息息相关。税务行政复议和解、调解法律效力条款中的问题最突出地表现为上位法与下位法的规定冲突。从法律、行政法规和部门规章的范围看,《行政复议法实施条例》《税务行政复议规则》一致规定:只有税务行政复议调解书才具有法律效力,即和解协议不具有法律强制力。但是,地方规范性文件却规定了和解、调解协议都具有法律效力。应该说,下位法对于上位法的违背是无效的。因此,以下对于税务争议和解、调解适用范围的讨论,是建立在和解协议不具有法律约束力而调解书具有法律强制力的基础上的。

二、和解、调解适用范围冲突的剖析

从适用于全国范围的法律、法规与部门规章范围看,《行政诉讼法》《行政复议法实施条例》有关税务行政诉讼调解适用范围的规定相同,都包括行使自由裁量权作出的具体行政行为、行政赔偿和行政补偿 3 种类型,同时,将复议和解的适用范围仅限定在行使自由裁量权作出的具体行政行为中。可见,行政复议和解与调解制度的适用范围是不同的。相比而言,《税务行政复议规则》与两部上位法的规定是不同的,不仅为和解与调解的适用划定了相同的范围,更是增加了"行政奖励"和"存在其他合理性问题的具体行政行为",去除了"行政补偿"。那么,《税务行政复议规则》对于上位法的违反是否正当?

(一)行政赔偿可否适用税务行政复议和解

如前所述,税务行政复议和解协议不具有法律约束力,如果税务机关拒不执行行政赔偿、行政补偿和解协议,纳税人将无法得到法律救济。具体而言,在这种情况下,纳税人既不能再次提起行政复议,[①]也不能以"对行政复议决定不服"为由向人民法院提起行政诉讼,[②]亦不能以"对税务机关的具体行政行为不服"为由提起税务行政诉讼,[③]更不能比照"诉讼执行和解"。[④] 相反,如果不涉及税务机关的金钱给付,只是纳税人的补缴税款、支付滞纳税与罚款的问题,和解就意味着纳税人税收利益的增加,纳税人不履行和解协议或者提起税务行政诉讼并不会使国家税收利益受损。所以,从纳税人权益保障的角度出发,行政赔偿这类税务机关负有给付义务的纠纷只能适用税务行政复议调解和税务行政诉讼调解程序,不可适用于税务行政复议和解程序。

(二)税务行政补偿可否适用税务行政复议调解

《税务行政复议规则》在和解、调解适用范围条款中去除了"行政补偿"一项,笔者认为不妥。税务行政补偿产生的原因是税务机关撤回或者变更行政决定给纳税人造成财产损失。[⑤] 相关的纳税人到各地办税服务厅即可申请税务行政补偿,届时需要填写《税务行政补偿申请表》,税务机

---

① 参见《税务行政复议规则》(中华人民共和国国家税务总局令第44号)第88条。

② 参见《税务行政复议规则》(中华人民共和国国家税务总局令第44号)第33条、第80条。

③ 参见《税务行政复议规则》(中华人民共和国国家税务总局令第44号)第34条、第14条第6款第3项。

④ 参见最高人民法院《关于执行和解若干问题的规定》(法释〔2018〕3号)第9条。

⑤ 参见《行政许可法》(中华人民共和国主席令第29号)第8条,国务院《关于印发全面推进依法行政实施纲要的通知》(国发〔2004〕10号)。

关最终下发《税务行政补偿决定书》。由于税务机关不履行行政补偿,可以申请税务行政复议。[1] 因此,税务行政补偿和税务行政赔偿一样,可以适用税务行政复议调解和税务行政诉讼调解程序,却不能适用和解程序。

(三)税务行政奖励是否应当单独列举

税务行政奖励一般对应检举税收违法行为、表彰诚信纳税企业等情形,如果涉及和解、调解的适用,则应局限于奖金奖励形式。比如,依据《检举纳税人税收违法行为奖励暂行办法》规定了检举人计发奖金的标准。由于是分为6级且有幅度变化奖励标准,税务机关将会依据具体情况行使自由裁量权。因此,"行政奖励"应当包含在"行使自由裁量权作出的具体行政行为"之中,在税务行政复议调解和税务行政诉讼调解适用范围中无须单独列出。但是,在税务行政复议和解适用范围条款中,应以"负面清单"的方式予以排除。

(四)适用范围"存在其他合理性问题"条款是否应当

从目前情况来看,"其他合理性问题"适宜成为和解、调解制度适用范围的组成部分。主要理由包括两点。一是"其他合理性问题"在税务争议案由中的重要性较突出。如诸多涉及合理性问题的经典案例所示,其他合理性问题在税务争议中为数不少。由于税务机关的具体行政行为多存在明确的法律依据,同时,其合理性不足问题又相对突出,因而,征纳双方的争议较为激烈。更值得关注的是,这些案例都很主要,其中不乏最高人民法院再审案件、全国年度涉税案例第一名等案例,进而可以推知,"合法却不合理"的问题已经明显影响税务机关具体行政行为的可接受性,成为税务争议的一项重要且棘手的案由。二是适用和解、调解程序可能是现阶段处理相关争议的无奈选择。从这些争议案件的处理路径来看,往往需要税务机关重新作出税务处理决定。对于原具体行政行为存在明确法律依据的案件,当税务行政诉讼以合理性不足为由要求重新作出行政决定之时,税务机关无法找到"适当"的法律依据,此时,适用和解、调解是较优的路径选择。

---

[1] 参见《税务行政复议规则》(中华人民共和国国家税务总局令第44号)第34条、第14条第6款第5项。

三、和解、调解各自适用范围厘清的建议

综合以上分析,可以得出两点结论:其一,严格约束税务争议的和解与调解制度的适用范围,两者应当有所区分:由于行政赔偿、行政补偿与行政奖励带有税务机关进行给付的特征,如果适用和解程序将不能有效保护纳税人的权利。换言之,必须适用调解程序以取得法律约束力。其二,“其他合理性问题”适宜成为和解、调解制度适用范围的组成部分,以体现引导与激励目标。为此,针对税务争议和解、调解适用范围规则,本书提出如下建议:

(一)税务争议和解适用范围的完善建议

首先,建议修改《行政复议法实施条例》第 40 条,对于税务争议和解适用范围作出明确规定。须对和解适用范围列出“正面清单”,具体包含两项:行政机关行使自由裁量权作出的具体行政行为;存在其他合理性问题的具体行政行为。另授权国务院相关部门以部门规章形式对于“存在其他合理性问题的具体行政行为”进行具体规定,建议采用列举方式进行明确。实事求是地讲,此条款的具体设计是一处法规完善的难点,还需要以大量的调研、论证、意见征询等工作为基础。与此同时,对于税务争议和解适用范围列出“负面清单”:明确规定有关行政奖励的纠纷不适用行政复议和解。

其次,修改《税务行政复议规则》第 86 条,对于税务争议和解适用范围作出明确规定。须对和解适用范围列出“正面清单”,具体包含两项:行使自由裁量权作出的具体行政行为;存在其他合理性问题的具体行政行为。另外,对于税务争议和解适用范围列出“负面清单”:明确规定有关行政奖励的纠纷不适用行政复议和解。

最后,有关《税收征收管理法》中税务行政复议和解适用范围规则的修订,本书建议与《税务行政复议规则》第 86 条保持一致,如此进一步夯实税务行政复议和解制度的正当性根基。

(二)税务争议调解适用范围的完善建议

一方面,建议修改《行政复议法实施条例》第 50 条、《税务行政复议规则》第 86 条,以及《税收征收管理法》的相关条款,将税务行政复议调解的

适用范围作出统一性确定,具体包含 3 项:其一,行政机关行使自由裁量权作出的具体行政行为;其二,行政赔偿或者行政补偿纠纷;其三,存在其他合理性问题的具体行政行为。"存在其他合理性问题的具体行政行为"是税务争议和解适用标的的重要兜底条款,有必要对具体的合理性问题做出列举。有关合理性问题的具体范畴,建议可以先结合目前实践中比较集中的问题,研究、出台试行办法,评估法律效果,而后逐渐完善。

另一方面,对于税务行政诉讼调解制度的适用范围,建议暂且先不进行修改,待考察税务行政复议和解、调解制度以及其他税收征纳合作法律制度完善后的实施效果后,再考量是否需要修改税务行政诉讼调解制度的适用范围。

(三)相关地方规范性文件的完善建议

全面规范地方规范性文件,明确要求各地方制定的税务行政复议和解调解相关办法,其适用范围、法律效力等条款必须严格依据《行政复议法实施条例》《税务行政复议规则》的相关规定,不得发生冲突。比如,《上海市税务行政复议和解调解实施办法》中"上位法不明确"的情形,应当鼓励、引导纳税人通过申请预约裁定予以应对。而对于已经出台相关地方性法规的地区,比如海南省和江西省,应尽快制定、出台《税务行政复议和解调解实施办法》,以落实《海南省税收保障条例》《江西省税收保障条例》中有关"健全和解、调解机制"①的要求,明确、细化可以适用和解、调解的"税收征缴异议"范畴。建议可以先研究、制定试行办法,作为试点先行先试,为相关条款的完善打下基础。

第三节　争议消解公正保障机制其他相关规则的优化

从理论上讲,相比行政复议决定和行政诉讼判决,复议和解、调解对于纳税人权益的保护更便利。然而,在税法实践中,由于立法权与执法权过度合一,以致争议消解的公正性受到质疑。为此,欲提升纳税人的合作意愿,必须通过补足征纳合作制度的公正性以有效保障纳税人合法权益。

---

① 参见《海南省税收保障条例》(海南省人民代表大会常务委员会公告第 46 号)第 27 条,《江西省税收保障条例》(江西省人民代表大会常务委员会公告第 107 号)第 32 条。

上一节集中论述了基于纳税人权益保障的需要，行政赔偿、行政补偿、行政奖励纠纷不适用于税务行政复议和解。本节将围绕争议消解公正保障机制其他相关规则展开讨论。

一、中立第三方调解机构的设置

（一）中立第三方调解机构设置的域外考察

税务行政复议权限由独立于联邦税务局的上诉部行使，[①]是美国联邦税务局复议部门得到纳税人的信任的重要根源。在日本，专司国税行政复议的机构是"国税不服审判所"，其审判官来自精通税收业务的税务人员和司法工作人员，而且，该机构独立于国税局和税务署。[②] 在韩国，行政复议权由行政审判委员会行使，由于其存在于复议机关内部，为有效保障复议当事人的程序性权利，法律规定了准司法审理程序；同时，为了保障复议结果的公正性，行政审判委员会的委员中包含了许多民间人士。[③]

（二）中立第三方调解机构设置的学界观点借鉴

学界不乏有关设置中立第三方调解机构的研究。比如，建议吸取部分试点城市建立行政复议委员会的科学经验，给予税务复议办公室独立的预算经费保障，保障专款专用；应对复议人员的税务专业素质和法律水平提出相应要求，对其任职作出准入限制。[④] 对于新录用人员开展岗前培训，适时设立专门的税务行政复议委员会。[⑤] 又如，设立跨区的税务行政复议机关。[⑥] 再如，建议律师以中介机构身份作为第三方调解主体。[⑦]

（三）中立第三方调解机构的设置建议

笔者认为，可以从独立机构建制、专业人才培养、沟通机制建立三方

---

① 参见刘兵：《税收程序法概论》，兰州大学出版社 2011 年版，第 317 页。

② 参见张小平：《日本的税务行政复议制度及其借鉴》，载《税务研究》2004 年第 10 期。

③ 参见马占稳：《从反腐败制度建设视角看韩国的行政复议制度》，载《北京行政学院学报》2014 年第 3 期。

④ 参见赵宁：《论我国行政复议机构的独立性和专业化》，载《甘肃联合大学学报（社会科学版）》2009 年第 6 期。

⑤ 参见敖玉芳、李刚：《我国税务行政救济制度的完善建议——兼评〈税收征收管理法修订草案（征求意见稿）〉有关规则》，载《税务与经济》2017 年第 4 期。

⑥ 参见廖仕梅：《论税务行政争议的调解机制》，载《地方财政研究》2016 年第 6 期。

⑦ 参见陈少英、许峰：《税务争议替代性解决机制探析》，载《北方法学》2008 年第 5 期。

面进行激励。囿于实际国情，设置具备独立经费保障的税务复议办公室的路径建议可行性较高。具体而言，需要注重培养税务复议工作人员的职业素养，在人才选拔上注重税收实务工作经验；建立税务复议办公室与行业协会、涉税服务中介组织的常规沟通制度，让税务复议工作人员了解不同行业的业务特点；在有条件的税务机关，可以尝试按照不同行业大类来培养具有行业专门性的税务复议工作人员，不断提高税务复议工作人员的技能的专业性。

二、争议消解监督机制的优化

（一）争议消解监督机制的现存问题

关于法律制度的常规监督方式，主要包括行政监督、司法监督和社会监督。争议消解监督机制的有效发挥，需要立法设置完备的监督机制。然而，在事实上，其存在的问题也较明显。如前所述，就整体面而言税务系统行政监督的有效性存疑，内部控制机制推进流于表面、内部控制考核评价与问责衔接不紧密等问题不单存在于和解、调解程序。与此同时，检察院提起税务公益诉讼和国家监察委员会提出监察意见还处在摸索阶段。另外，社会监督渠道堵塞。这是因为，尽管《税务行政复议规则》规定，税务行政复议应当遵循公开原则，但是，公开原则主要是指听证程序的公开，并不包括和解协议、调解书的公开。在多重监督方式都存在明显缺憾的情形下，如何保障和解、调解过程的自愿性，如何监督和解协议书不沦为“征纳合谋”，如何监督合作结果符合实质公平原则、合理性原则，都是立法与实务层面的艰巨挑战。

（二）争议消解监督机制的优化建议

笔者认为，争议消解阶段的监督与税收征纳全程的监督并无二致。从外部监督来看，检察院提起税务公益诉讼和国家监察委员会提出监察意见的监督方式还处在摸索阶段的主要原因在于，人力资源不充足：税法专业知识的缺乏是税收司法监督的主要障碍，同样也会在一定程度上影响监察工作开展。为此，从激励视角看，培养专门从事税务裁判、检察、监察工作的司法与监察人员是首要应对途径。建议完善预算制度，给予税务监督工作必要的经费保障，尽快培养具有一定税法专业知识的公务人员从事税务工作的外部监督，此其一。其二，从约束视角出发，继续强化内部监督依然不可或缺。应当看到，尽管现行的内部监督机制尚存问题，但是，内部控制考核评价与问责、软件系统等内部监督控制机制也在磨合中逐步走向成熟，相关工作应当深入研究、不断推进。此外，还可以借鉴个案批复制度的法律程序，设置税务复议部门拟准许税务和解的，应将准许文本、税务和解协议书送交负有税收执法监督检查职能的部门及其他相关业务部门会签；对会签中存在不同意见且经过协商难以达成一致的，税务复议部门应将各方意见及相关材料报主管局领导裁定。其三，税收征纳合作相关制度还应当遵从公开性原则，进而建立更加规范的约束机制。比如，预约裁定、预约定价涉及的税收协议都是在做技术处理以后进行公开的。那么，对于和解协议、调解书的公开和争议消解的社会监督问题，需要审慎制定相关规则。建议明确规定和解协议、调解书的公开原则，同时明确"个案协议"原则，即规定和解协议、调解书不具有普遍适用性。

三、争议消解沟通机制的优化建议

争议消解沟通机制的优化主要体现在激励角度。一方面，正如哈耶克所言：程序规则是人类社会中不同利益主体之间进行博弈的基本规则，[①]是一种从内部建立起来的平衡。[②] 所以，征纳沟通程序应当注重沟通、协商过程的交互性，以保障意见交流的充分化、实质化。比如制定调解方案修改程序条款，在纳税人已经同意调解的前提下，如果调解方案与纳税人意见相差较大，可以要求修改调解书。另一方面，纳税人提起税务行政复议的案件往往存在特殊性，从解决问题、实现个案正义的现实需要出发，改变税务行政复议以书面审理为原则的税法规则，税务机关行政复议部门应当积极与征纳双方进行沟通，尤其是听取申请人意见，并充分运用电话、电子邮件等多种灵活方式为纳税人提供便利。积极的沟通态度、灵活的沟通方式也是税务机关提供优质服务、真诚参与征纳合作的内在

---

① 参见李雪松：《博弈论与经济转型》，社会科学文献出版社1999年版，第26页。

② 参见[英]弗里德利希·冯·哈耶克：《法律、立法与自由》，邓正来、张守东、李静冰译，中国大百科全书出版社2000年版，第183页。

要求，让纳税人感受到复议工作的人文关怀更有利于达成和解、调解。

综上，设置中立第三方调解机构，完善争议消解阶段监督机制与沟通机制，以及明确行政赔偿、行政补偿、行政奖励 3 项税务机关负有给付义务的事项只能适用调解制度，这些具体措施对于争议消解的公正性保障意义重大。只有通过制度完善让纳税人信赖和解、调解的公正性，才能提升纳税人自发参与、自愿接受争议消解制度的积极性。

结　论

基于税收征纳双方合作机制，本书对税收征纳合作法律制度进行了较翔实的研究，主要包括理论阐释、合作问题与制度缘由、制度体系完善的整体思路与具体建议。经过研究，可以得出如下几点结论：

第一，税收征纳合作包含申报纳税合作、纳税调整合作、争议消解合作3个基本构成要素，其以自发合作的动力机制为内在内容特征，以征纳沟通式的税收执法为外在形式特征。税收征纳合作法律制度的构建是通过征纳沟通执法模式制度化的方式，保障征纳双方权利的实现、利益的平衡与行政管理能力的提升。在税务机关与纳税人之间构建公私合作型的税收执法模式，是当前以申报纳税和优质服务为核心的税收征管模式的必然要求。为了获取受干预对象或其他利益相关者的认同，使其在利益衡量的基础上自愿选择服从或合作，确保干预的民主性和可接受性，税务机关可以采用利益引导、沟通协商、教育说服等具体方式。

第二，税收征纳合作的突出问题表现在3个合作基本构成要素中：一是申报纳税合作尚未实现合法化；二是纳税调整合作尚未达至税法公平；三是争议消解合作尚存制度认可问题。征纳合作相关法律制度不完善，是征纳合作实践问题频出的根本缘由：现行征纳合作法律制度存在税法基本原则落实不到位、功能结构不当、运行基础薄弱的问题。

第三，税收征纳合作法律制度是一系列相关制度构成的体系。本书先将申报纳税合作法律制度、纳税调整合作法律制度与争议消解合作法律制度设置为征纳合作法律制度体系的二级制度框架，再增减、整合现行制度以确定三级具体制度：预约裁定、预约定价、预约定支、风险提示、纳税辅导、修正申报、税务约谈、自动报缴从宽处罚、税务行政复议和解、税务行政复议调解、税务行政诉讼调解。优化税收征纳合作制度体系，目的在于落实制度体系的整体化安排，保证具体制度之间衔接顺畅，最终优化制度体系的功能结构。

第四，税收征纳合作制度的完善应该践行法治路径，从内容上体现“激励 + 约束”的运行机制，从形式上实现相关制度的税收法定，并注重具体制度之间的功能衔接、统筹布局。因此，需要践行征纳合作机制的法定化、自发合作激励机制充足且适度、依法合作约束机制严谨化和制度体系功能设计整体化的路径。

第五，徒法不足以自行，税收征纳合作法律制度的良好实施不能脱离配套的法治环境。具体包括：完善税收基本法立法宗旨条款以彰显征纳合作理念，完善纳税人信赖利益保护相关权利以推进税法公平；确保征纳双方不合作行为责任制度的落实以起到反向敦促作用，同时培养征纳互信意识；构建权力制衡需要下的能力平衡机制。

第六，征税便利与纳税便利在本质上是统一的。由于税收征管模式以纳税人自行核算、申报纳税为基础，税收征纳合作法律制度的构建，更需要着重考虑纳税人便利的需要，站在纳税人的视角提供更优质的纳税服务。然而，这是税收征管模式长期忽略的突出问题。为此，本书创新提出相关制度的构建和完善。比如，构建预约定支法律制度，设计自动报缴从宽处罚标准，以应对税前扣除支出存在一些模糊性规则、税收风险较大、税务争议较多问题。

第七，在和解、调解适用标的中，“事实难以查清”并非“合理性不足”的全部原因。囿于立法的技术性欠缺难以完全避免，且现阶段税收立法的确存在实质公平不足的缺陷,因此,和解、调解适用标的规则忽略“原因条件”并设计“存在其他合理性问题”条款有其现实意义。税收执法行为的合理性欠缺问题,仅仅依靠和解、调解制度来应对是远远不够的。这是因为,合理性问题的产生的重要根源是税收立法滞后、粗略、纳税便利性不足导致的税收公平不足,最终导致执法行为“合法却不合理”。因此,制度完善的短期方向应该是通过优化具体规则来尽量缓和适用标的超越“事实难以查清”的矛盾,而从长期看,和解、调解适用标的规则认可效力问题的根本路径在于税制所承载的税收公平原则的逐渐补强。

参考文献

一、中文类参考文献

(一)著作类

1.[古希腊]亚里士多德:《政治学》,吴寿彭译,商务印书馆 1981 年版。

2.[美]E.博登海默:《法理学:法律哲学与法律方法》,邓正来译,中国政法大学出版社 1999 年版。

3.[美]约翰·F.纳什、劳埃德·S.沙普利、约翰·C.海萨尼:《博弈论经典》,韩松、刘世军、张倩伟译,中国人民大学出版社 2013 年版。

4.[美]哈罗德·M.格罗夫斯:《税收哲人:英美税收思想史二百年》,刘守刚、刘雪梅译,上海财经大学出版社 2018 年版。

5.[美]约瑟夫·E.斯蒂格利茨:《公共部门经济学》(第 3 版),郭庆旺、杨志勇、刘晓路等译,中国人民大学出版社 2013 年版。

6.[美]约翰·D.多纳休、理查德·J.泽克豪泽:《合作:激变时代的合作治理》,徐维译,中国政法大学出版社 2015 年版。

7.[美]汉密尔顿等:《联邦党人文集:关于美国宪法的论述》,程逢如译,商务印书馆 1980 年版。

8.[美]约翰·罗尔斯:《正义论》,何怀宏等译,中国社会科学出版社 1988 年版。

9.[英]彼得·斯坦、约翰·香德:《西方社会的法律价值》,王献平译,中国法制出版社 2004 年版。

10.[美]尤查·本科勒:《合作的财富》,简学译,浙江人民出版社 2018 年版。

11.[美]理查·A. 穆斯格雷夫、皮吉·B. 穆斯格雷夫:《美国财政理论与实践》,邓子基、邓力平译,中国财政经济出版社 1987 年版。

12.[美]戴维·奥斯本、特德·盖布勒:《改革政府:企业精神如何改革着公营部门》,上海市政协编译组东方编译所译,上海译文出版社 1996 年版。

13.[美]伯纳德·施瓦茨:《美国法律史》,王军等译,中国政法大学出版社 1989 年版。

14.[美]理查德·格里格、菲利普·津巴多:《心理学与生活》,王垒、王甦等译,人民邮电出版社 2003 年版。

15.[美]乔·萨托利:《民主新论》,冯克利、阎克文译,东方出版社 1998 年版。

16.[美]约翰·亨利·梅利曼:《大陆法系》,顾培东、禄正平译,知识出版社 1984 年版。

17.[美]伯纳德·施瓦茨:《行政法》,徐炳译,群众出版社 1986 年版。

18.[美]马克·E. 沃伦编:《民主与信任》,吴辉译,华夏出版社 2004 年版。

19.[美]欧内斯特·盖尔霍恩、罗纳德·M. 利文:《行政法和行政程序概要》,黄烈译,中国社会科学出版社 1996 年版。

20.[美]凡勃伦:《有闲阶级论:关于制度的经济研究》,蔡受百译,商务印书馆 1997 年版。

21.[美]彼得·斯坦、约翰·香德:《西方社会的法律价值》,王献平译,中国人民公安出版社 1990 年版。

22.[以色列][美]罗伯特·J. 奥曼:《博弈论讲义》,周华任、佘潇、王俐莉等译,中国人民大学出版社 2017 年版。

23.[美]丹尼尔·卡尼曼、保罗·斯洛维奇、阿莫斯·特沃斯基:《不确定状况下的判断:启发式和偏差》,方文等译,中国人民大学出版社 2018 年版。

24. [美]伯纳德·施瓦茨:《行政法》,徐炳译,群众出版社 1986 年版。

25. [美]休·奥尔特、[加]布莱恩·阿诺德:《比较所得税法——结构性分析》,丁一、崔威译,北京大学出版社 2013 年版。

26. [美]杰克·赫什莱佛、约翰·G. 赖利:《不确定性与信息分析》,刘广灵、李绍荣译,中国社会科学出版社 2000 年版。

27. [美]约瑟夫·斯蒂格里兹:《政府经济学》,曾强等译,春秋出版社 1988 年版。

28. [美]史蒂芬·霍尔姆斯、凯斯·R. 桑斯坦:《权力的成本——为什么自由依赖于税》,毕竞悦译,北京大学出版社 2004 年版。

29. [美]汉密尔顿、杰伊、麦迪逊:《联邦党人文集》,程逢如、在汉、舒逊译,商务印书馆 2004 年版。

30. [美]朗·富勒:《法律的道德性》,郑戈译,商务印书馆 2005 年版。

31. [美]丹尼斯·朗:《权力论》,陆震纶、郑明哲译,中国社会科学出版社 2001 年版。

32. [美]托马斯·谢林:《冲突的战略》,赵华等译,华夏出版社 2011 年版。

33. [日]金子宏:《日本税法原理》,刘多田、杨建津、郑林根译,中国财政经济出版社 1989 年版。

34. [日]北野弘久:《税法学原论》,吉田庆子、陈刚等译,中国检察出版社 2001 年版。

35. [日]金子宏:《日本税法》,战宪斌等译,法律出版社 2004 年版。

36. [日]金泽良雄:《经济法概论》,满达人译,甘肃人民出版社 1985 年版。

37. [英]亚当·斯密:《国民财富的性质和原因的研究》,郭大力、王亚男译,商务印书馆 2002 年版。

38. [英]威廉·配第:《赋税论》,邱霞、原磊译,华夏出版社 2013 年版。

39. [英]珍妮·斯蒂尔:《风险与法律理论》,韩永强译,中国政法大学出版社 2012 年版。

40. [英]约瑟夫·拉兹:《法律体系的概念》,吴玉章译,中国法制出版社 2003 年版。

41. [英]威廉·韦德、克里斯托弗·福赛:《行政法》,骆梅英、苏苗罕等译,中国人民大学出版社 2018 年版。

42. [英]肯·宾默尔:《博弈论教程》,谢识予等译,格致出版社、上海三联书店、上海人民出版社 2010 年版。

43. [英]约翰·洛克:《政府论》(上篇),瞿菊农、叶启芳译,商务印书馆 1981 年版。

44. [英]威廉·韦德:《行政法》,楚建译,中国大百科全书出版社 1997 年版。

45. [英]弗里德利希·冯·哈耶克:《法律、立法与自由》,邓正来、张守东、李静冰译,中国大百科全书出版社 2000 年版。

46. [英]弗里德利希·冯·哈耶克:《自由秩序原理》,邓正来译,三联书店 1997 年版。

47. [英]霍布斯:《利维坦》,黎思复、黎廷弼译,商务印书馆 1985 年版。

48. [法]卢梭:《社会契约论》,何兆武译,商务印书馆 2003 年版。

49. [法]孟德斯鸠:《论法的精神》(上册),张雁深译,商务印书馆 1961 年版。

50. [英]西蒙·罗伯茨、彭文浩:《纠纷解决过程:ADR 与形成决定的主要形式》,刘哲玮等译,北京大学出版社 2011 年版。

51. [法]孟德斯鸠:《罗马盛衰原因论》,婉玲译,商务印书馆 1962 年版。

52. [法]皮埃尔·勒鲁:《论平等》,王允道译,商务印书馆 1991 年版。

53. [德]迪特尔·比尔克:《德国税法教科书》(第 13 版),徐妍译,北京大学出版社 2018 年版。

54. [德]奥托·迈耶:《德国行政法》,刘飞译,商务印书馆 2013 年版。

55. [德]阿图尔考夫曼:《后现代法哲学——告别演讲》,米健译,法律出版社 2000 年版。

56. [德]哈特穆特·毛雷尔:《行政法学总论》,高家伟译,法律出版社2000年版。

57. [德]魏德士:《法理学》,丁晓春、吴越译,法律出版社2005年版。

58. [德]尤尔根·哈贝马斯:《合法化危机》,刘北成、曹卫东译,上海人民出版社2009年版。

59. [德]卡尔·拉伦茨:《法学方法论》,陈爱娥译,台北,五南图书出版股份有限公司2010年版。

60. [印]阿马蒂亚·森:《以自由看待发展》,任赜、于真译,人民大学出版社2018年版。

61. [印]M. P. 赛夫:《德国行政法——普通法的分析》,周伟译,台北,五南图书出版股份有限公司1991年版。

62. [荷]胡果·格劳秀斯:《战争与和平法》,何勤华等译,上海人民出版社2013年版。

63. [德]柯武刚、史漫飞:《制度经济学——社会秩序与公共政策》,韩朝华译,商务印书馆2000年版。

64. 张怡:《衡平税法研究》,中国人民大学出版社2012年版。

65. 张怡:《人本税法研究》,法律出版社2016年版。

66. 李昌麒:《经济法理念研究》,法律出版社2009年版。

67. 李昌麒:《经济法学》,法律出版社2007年版。

68. 李昌麒:《经济法学》,中国政法大学出版社1999年版。

69. 葛克昌:《税法基本问题》(财政宪法篇),北京大学出版社2004年版。

70. 黄茂荣:《法学方法与现代税法》,北京大学出版社2011年版。

71. 陈清秀:《税法总论》,法律出版社2019年版。

72. 陈清秀:《税法各论》,法律出版社2016年版。

73. 葛克昌:《租税国的危机》,厦门大学出版社2016年版。

74.《外国税收征管法律译本》组:《外国税收征管法律译本》,中国税务出版社2012年版。

75. 刘剑文、王桦宇:《两岸税法比较研究》,北京大学出版社2015年版。

76. 陈敏:《行政法总论》,台北,三民书局 1999 年版。

77. 城仲模:《行政法之一般法律原则(二)》,台北,三民书局 1997 年版。

78. 翁岳生教授六秩诞辰祝寿论文集编辑委员会编辑:《当代公法理论》,台北,月旦出版股份有限公司 1993 年版。

79. 陈少英:《税法基本理论专题研究》,北京大学出版社 2009 年版。

80. 王鸿貌:《税法学的立场与理论》,中国税务出版社 2008 年版。

81. 刘剑文主编:《财税法学研究述评》,高等教育出版社 2004 年版。

82. 施正文:《税收程序法论——监控征税权运行的法理与立法研究》,北京大学出版社 2003 年版。

83. 贾绍华:《中国税收流失问题研究》,中国财政经济出版社 2015 年版。

84. 熊伟:《美国联邦税收程序》,北京大学出版社 2006 年版。

85. 叶姗:《税法之预约定价制度研究》,人民出版社 2009 年版。

86. 张治宇:《合作论——从政治哲学、法哲学到行政法哲学》,法律出版社 2017 年版。

87. 王明世:《税收预约裁定制度——路径与方法选择》,中国税务出版社 2016 年版。

88. 张文显:《法哲学范畴研究》,中国政法大学出版社 2001 年版。

89. 付子堂主编:《法理学高阶》,高等教育出版社 2018 年版。

90.《世界税制现状与趋势》课题组编著:《世界税制现状与趋势》,中国税务出版社 2017 年版。

91. 张守文:《税法原理》,北京大学出版社 1999 年版。

92. 孙世强、尤绪超:《中西方税收制度理论与实践比较》,中国经济出版社 2017 年版。

93. 程燎原、王人博:《权利论》,广西师范大学出版社 2014 年版。

94. 黎江虹:《中国纳税人权利研究》,中国检察出版社 2014 年版。

95. 沈岿主编:《风险规制与行政法新发展》,法律出版社 2013 年版。

96. 潘天群:《合作之道:博弈中的共赢方法论》,北京大学出版社 2010 年版。

97. 刘剑文、侯卓等:《财税法总论》,北京大学出版社 2016 年版。

98. 全国人大常委会预算工作委员会编:《增值税法律制度比较研究》,中国民主法制出版社 2010 年版。

99. 国家税务总局税收科学研究所编译:《外国税制概览》,中国税务出版社 2012 年版。

100. 王乔、席卫群主编:《比较税制》(第 3 版),复旦大学出版社 2013 年版。

101. 刘溶沧、赵志耘主编:《税制改革的国际比较研究》,中国财政经济出版社 2002 年版。

102. 丰霏:《法律制度的激励功能研究》,法律出版社 2015 年版。

103. 单飞跃:《经济法理念与范畴的解析》,中国检察出版社 2002 年版。

104. 张树义:《行政合同》,中国政法大学出版社 1994 年版。

105. 王全兴:《经济法基础理论专题研究》,中国检察出版社 2002 年版。

106. 罗豪才主编:《现代行政法制的发展趋势》,法律出版社 2004 年版。

107. 孟凡永、张强、谭春桥:《合作对策论理论基础》,科学出版社 2016 年版。

108. 刘剑文:《重塑半壁财税法》,法律出版社 2009 年版。

109. 王学辉、宋玉波等:《行政权研究》,中国检察出版社 2002 年版。

110. 胡建淼主编:《公权力研究——立法权·行政权·司法权》,浙江大学出版社 2005 年版。

111. 叶明:《经济法实质化研究》,法律出版社 2005 年版。

112. 周佑勇:《行政裁量治理研究——一种功能主义的立场》,法律出版社 2008 年版。

113. 何兵:《现代社会的纠纷解决》,法律出版社 2003 年版。

114. 李幼穗主编:《儿童发展心理学》,天津科技翻译出版公司 1998 年版。

115. 陈庆云主编:《公共政策分析》,北京大学出版社 2006 年版。

116. 刘剑文、熊伟:《税法基础理论》,北京大学出版社 2004 年版。

117. 国家税务总局税收科学研究所编:《中国税收研究报告(2014年)》,中国财政经济出版社 2016 年版。

118. 国家税务总局税收科学研究所编:《中国税收研究报告(2012—2013 年)》,中国财政经济出版社 2014 年版。

119. 郑春燕:《现代行政中的裁量及其规制》,法律出版社 2015 年版。

120. 柳亦博:《合作治理:构想复杂性背景下的社会治理模式》,中国社会科学出版社 2018 年版。

121. 黄璜:《合作的逻辑:一种演化模拟的视角》,科学出版社 2017 年版。

122.《吉尔吉斯共和国税法》,新疆维吾尔自治区国家税务局译,中国税务出版社 2016 年版。

123. 马骏、谭君久、王浦劬主编:《走向"预算国家":治理、民主和改革》,中央编译出版社 2011 年版。

124. 于立深:《契约的方法论——以公法哲学为背景的思考》,北京大学出版社 2007 年版。

125. 杨辉洪:《香港税务精要》,飞鸿税务顾问 2006 年版。

126. 罗传贤:《行政程序法基本理论》,台北,五南图书出版股份有限公司 1993 年版。

127. 胡建淼主编:《行政法与行政诉讼法》,中国法制出版社 2010 年版。

128. 刘剑文:《走向财税法治——信念与追求》,法律出版社 2009 年版。

129. 张旭昆:《制度演化分析导论》,浙江大学出版社 2007 年版。

130. 郭维真:《税法学》,北京师范大学出版社 2013 年版。

131. 李纾:《决策心理:齐当别之道》,华东师范大学出版社 2016 年版。

132. 熊伟主编:《税法解释与判例评注》(第 1 卷),法律出版社 2010 年版。

133. 刘天永主编:《中国税法疑难案件解决实务》,法律出版社 2016

年版。

134. 张守文:《财税法疏议》,北京大学出版社 2005 年版。

135. 朱新力、金伟峰、唐明良:《行政法学》,清华大学出版社 2005 年版。

136. 刘剑文主编:《财税法论丛》(第 7 卷),法律出版社 2005 年版。

137. 施锡铨编著:《合作博弈引论》,北京大学出版社 2012 年版。

138. 周敏、彭骥鸣主编:《税务行政管理学》,社会科学文献出版社 2005 年版。

139. 李雪松:《博弈论与经济转型》,社会科学文献出版社 1999 年版。

140. 王连昌主编:《行政法学》,中国政法大学出版社 1994 年版。

141. 罗豪才主编:《行政法学》,中国政法大学出版社 1989 年版。

142. 朱智贤主编:《心理学大词典》,北京师范大学出版社 1989 年版。

143. 吴忠民:《社会公证论》,山东人民出版社 2004 年版。

144. 刘兵:《税收程序法概论》,兰州大学出版社 2011 年版。

145. 罗豪才主编:《行政法论丛》(第 5 卷),法律出版社 2002 年版。

146. 辛自强主编:《经济心理学:经典与前沿实验》,北京师范大学出版社 2014 年版。

147. 杨富斌:《旅游法研究:问题与进路》,法律出版社 2011 年版。

148. 俞可平主编:《治理与善治》,社会科学文献出版社 2000 年版。

149. 夏勇:《人权概念起源——权利的历史哲学》,中国政法大学出版社 2001 年版。

150. 法学教材编辑部《西方法律思想史编写组》编:《西方法律思想史资料选编》,北京大学出版社 1983 年版。

151. 辞海编辑委员会编纂:《辞海》,上海辞书出版社 1999 年版。

(二)论文类

1. 张怡、陈卫林:《论非均衡经济制度下税法的公平与效率》,载《现代法学》2007 年第 4 期。

2. 张怡、陈卫林:《衡平理念下的财税法治构想》,载《税务研究》2011 年第 11 期。

3. 陈清秀:《自动报缴免罚制度的比较研究》,载《财经法学》2019 年第2期。

4. 单飞跃:《纳税便利原则研究》,载《中国法学》2019年第1期。

5. 朱大旗、姜姿含:《税收事先裁定制度的理论基础与本土构建》,载《法学家》2016年第6期。

6. 孙长永:《认罪认罚从宽制度的基本内涵》,载《中国法学》2019年第3期。

7. 孟强龙:《行政约谈法治化研究》,载《行政法学研究》2015年第6期。

8. 刘剑文:《论财政法定原则——一种权力法治化的现代探索》,载《法学家》2014年第4期。

9. 羊震:《走向能动:利益衡量在行政审判中的导入与展开》,载《法律适用》2012年第1期。

10. 陈治:《经济法上的非强制性干预研究》,载《现代法学》2010年第4期。

11. 于立深:《行政立法过程的利益表达、意见沟通和整合》,载《当代法学》2004年第2期。

12. 周佑勇:《行政法基本原则的反思与重构》,载《中国法学》2003年第4期。

13. 姜明安:《新世纪行政法发展的走向》,载《中国法学》2002年第1期。

14. 刘剑文、李刚:《税收法律关系新论》,载《法学研究》1999年第4期。

15. 张守文:《论经济法的现代性》,载《中国法学》2000年第5期。

16. 李昌麒、鲁篱:《中国经济法现代化的若干思考》,载《法学研究》1999年第3期。

17. 张泽想:《论行政法的自由意志理念——法律下的行政自由裁量、参与及合意》,载《中国法学》2003年第2期。

18. 蔺耀昌:《行政争讼中的和解与调解》,载《行政法学研究》2006年第3期。

19. 陈光宇:《税收和解制度浅议》,载《税务研究》2007年第9期。

20. 颜运秋:《税务和解的正当性分析》,载《法学杂志》2012 年第 8 期。

21. 邓成明、阳建勋:《论税收民生与中国的税法转型》,载《江西社会科学》2010 年第 9 期。

22. 叶姗:《一般反避税条款适用之关键问题分析》,载《法学》2013 年第 9 期。

23. 温辉:《论行政和解的理论基础》,载《法学杂志》2008 年第 3 期。

24. 陈毅:《基于行政民主的国家治理:以非强制性行政为视角》,载《行政论坛》2016 年第 5 期。

25. 叶金育:《国税总局解释权的证成与运行保障》,载《法学家》2016 年第 4 期。

26. 王天华:《行政法上的不确定法律概念》,载《中国法学》2016 年第 3 期。

27. 周佑勇:《论依法行政的宪政基础》,载《政治与法律》2002 年第 1 期。

28. 赵银翠:《行政复议和解制度探讨》,载《法学家》2007 年第 5 期。

29. 施建辉:《行政执法中的协商与和解》,载《行政法学研究》2006 年第 3 期。

30. 施正文:《论征纳权利——兼论税权问题》,载《中国法学》2002 年第 6 期。

31. 王保树:《市场经济与经济民主》,载《中国法学》1994 年第 2 期。

32. 章剑生:《现代行政程序的成因和功能分析》,载《中国法学》2001 年第 1 期。

33. 刘剑文:《落实税收法定原则的现实路径》,载《政法论坛》2015 年第 3 期。

34. 陈新民:《论行政惯例的适用问题——评最高人民法院“广州德发房产建设有限公司诉广州市地方税务局第一稽查局税务处理决定案”判决》,载《法学评论》2018 年第 5 期。

35. 陈兵:《新经济时代从“以票控税”到“信息管税”的转向——由 B2T 税收征管问题引发的思考》,载《法学》2014 年第 12 期。

36. 葛克昌:《藉税捐简化以达量能平等负担——核实、实价与推计课税之宪法基础》,载《交大法学》2014 年第 1 期。

37. 邢会强:《信息不对称的法律规制——民商法与经济法的视角》,载《法制与社会发展》2013 年第 2 期。

38. 胡元聪:《我国法律激励的类型化分析》,载《法商研究》2013 年第 4 期。

39. 蒋一苇:《经济民主论》,载《中国社会科学》1989 年第 1 期。

40. 万佩刚:《"放管服"环境下建筑企业涉税风险及应对》,载《税务研究》2018 年第 12 期。

41. 曹胜亮、刘权:《和谐社会视野下行政复议机构的构建与完善——以设立统一的行政复议委员会为视角》,载《法学杂志》2009 年第 7 期。

42. 徐阳光:《民主与专业的平衡:税收法定原则的中国进路》,载《中国人民大学学报》2016 年第 3 期。

43. 叶姗:《社会财富第三次分配的法律促进——基于公益性捐赠税前扣除限额的分析》,载《当代法学》2012 年第 6 期。

44. 熊伟:《财政法基本原则论纲》,载《中国法学》2004 年第 4 期。

45. 李娟:《行政法中平衡论的对立观念探源》,载《法商研究》1997 年第 5 期。

46. 张国钧:《优化税收营商环境的调查与思考》,载《税务研究》2018 年第 11 期。

47. 席卫群、胡芳:《税务事先裁定制度在我国的建立:前景与挑战》,载《税务研究》2018 年第 7 期。

48. 任东飚、刘炜等:《试析自然人税收征管的问题及对策》,载《税务研究》2017 年第 10 期。

49. 邓永勤:《税收共治的历史逻辑与实现路径》,载《税务研究》2016 年第 12 期。

50. 黄凤羽、刘畅:《行为经济学视角下的自雇创业者税收行为研究》,载《税务研究》2015 年第 8 期。

51. 郝朝信、汪丽丽:《柔性执法:税务行政行为方式之趋向与选择》,载《税务研究》2014 年第 5 期。

52. 刘剑文:《论税务行政诉讼的证据效力》,载《税务研究》2013 年第 10 期。

53. 刘磊、熊晓青、周妍:《事先裁定制度研究》,载《税务研究》2012 年第 9 期。

54. 安然:《互信产生和谐:心理契约视角的税收征纳关系》,载《税务研究》2006 年第 2 期。

55. 张小平:《日本的税务行政复议制度及其借鉴》,载《税务研究》2004 年第 10 期。

56. 薛荣芳、魏海鸥、王英政:《预约定价推行中存在的问题及解决办法》,载《税务研究》2003 年第 4 期。

57. 殷明璐:《优化跨国公司纳税服务的国际经验与政策建议》,载《国际税收》2019 年第 4 期。

58. 杨同宇:《税收预约裁定制度之解构与路径展望》,载《税务与经济》2018 年第 3 期。

59. 李凯、李捷、孙金山:《税务事先裁定的国际经验及借鉴》,载《国际税收》2016 年第 4 期。

60. 徐长英、张红东:《非居民税收管理中存在的问题和解决办法》,载《涉外税务》2007 年第 3 期。

61. 樊勇、韩文达:《我国税收事先裁定制度之完善》,载《国际税收》2016 年第 4 期。

62. 陈琍:《欧盟新一轮增值税改革及启示》,载《国际税收》2017 年第 2 期。

63. 刘剑文:《掠夺之手抑或扶持之手——论私人财产课税法治化》,载《政法论坛》2011 年第 4 期。

64. 陈立兵、周宏慧:《基层税务机关绩效管理中的问题与完善措施》,载《税务研究》2009 年第 11 期。

65. 重庆市国家税务局课题组等:《以票控税:基于信息管税的视角》,载《税务研究》2012 年第 12 期。

66. 陈治:《税法的私法化及其限度》,载《税务研究》2008 年第 3 期。

67. 李长江:《税收执法的机制性困局》,载《税务研究》2006 年第

9 期。

68. 杨斌:《亚当·斯密以来的西方治税观研究》,载《税务研究》1989 年第 12 期。

69. 蔡昌:《税收征纳行为的博弈分析》,载《中央财经大学学报》2011 年第 6 期。

70. 滕祥志:《税收事先裁定的理论基础和制度考量》,载《国际税收》2018 年第 1 期。

71. 聂淼、熊伟:《预先裁定制度与纳税人权利保护》,载《国际税收》2016 年第 1 期。

72. 李长江:《税收执法的机制性困局》,载《税务研究》2006 年第 9 期。

73. 韦志明:《论体育行业自治与法治的反思性合作:以中国足球协会为中心》,载《体育科学》2016 年第 4 期。

74. 王铭欣:《转会市场二元分割下的足球运动员转会费决定机制》,载《体育科学》2018 年第 4 期。

75. 相鹏、耿柳娜等:《沉没成本效应的产生根源与影响因素》,载《心理科学》2017 年第 6 期。

76. 卢阳:《德发案对税务行政执法的启示》,载《税务与经济》2018 年第 4 期。

77. 林晓:《税收公平的四种体现与重塑我国税收公平机制》,载《税务研究》2002 年第 4 期。

78. 郑巧、肖文涛:《协同治理:服务型政府的治道逻辑》,载《中国行政管理》2008 年第 7 期。

79. 王春婕:《我国税法私法化的变革环节及其价值探讨》,载《山东经济》2003 年第 5 期。

80. 欧纯智、贾康:《纳税人权益保障:征税权力制约范式考察分析》,载《地方财政研究》2017 年第 2 期。

81. 陈少英、许峰:《税务争议替代性解决机制探析》,载《北方法学》2008 年第 5 期。

82. 邓成明、阳建勋:《论税收民生与中国的税法转型》,载《江西社会科学》2010 年第 9 期。

83. 张峰振:《税款滞纳金的性质与法律适用——从一起税款滞纳金纠纷案谈起》,载《河北法学》2015 年第 1 期。

84. 谢群:《话语互动的目的协商论》,载《外语学刊》2014 年第 3 期。

85. 张义明、夏志祖、吴德良:《涉嫌税收犯罪案件“以罚代刑”现象的成因分析》,载《税收征纳》2014 年第 11 期。

86. 延峰、冯炜、陆京娜:《国际反避税环境中的预约裁定实践与启示》,载《国际税收》2016 年第 4 期。

87. 朱为群、谭郁森:《论中国引进税务事先裁定制度的必要性和可行性》,载《现代经济探讨》2012 年 6 月。

88. 张建忠:《美国税收事先裁定的实践及经验》,载《税收经济研究》2016 年第 3 期。

89. 敖玉芳、李刚:《我国税务行政救济制度的完善建议——兼评〈税收征收管理法修订草案(征求意见稿)〉有关规则》,载《税务与经济》2017 年第 4 期。

90. 熊晓青:《事先裁定热点问题研究》,载《国际税收》2016 年第 4 期。

91. 师璇:《职业足球“侧自律”人工成本治理模式的困境及其破解》,载《天津体育学院学报》2019 年第 1 期。

92. 师璇:《税务和解适用标的兜底条款的认可效力困境及其消解》,载《税务与经济》2020 年第 2 期。

93. 师璇:《逻辑缺陷与法治进路:引援调节费规则的自洽性研究》,载《天津体育学院学报》2018 年第 3 期。

94. 李帅:《论我国税收预约裁定的制度构建》,载《经济法论坛》2017 年第 19 卷第 2 期。

95. 施文:《大企业税收管理:阻力与对策》,载《国际税收》2014 年第 8 期。

96. 华国庆:《我国〈税收征收管理法〉应当遵循的理念及其定位》,载《税务研究》2009 年第 3 期。

97. 黄志东、陈友伦等:《日本预约定价税制及其启示》,载《涉外税务》

2004 年第 10 期。

98. 翁武耀:《评〈税收债法论〉》,载《中国政法大学学报》2008 年第 4 期。

99. 方卫平:《修改我国〈预约定价安排(参照文本)〉的建议》,载《税务研究》2006 年第 8 期。

100. 李檬、倪丽英、钱建峰:《纳税辅导实现"因需办学"》,载《中国税务》2014 年第 9 期。

101. 金灿、张鸿顺:《税务稽查约谈:解决非对抗性争议的有效途径》,载《中国税务》2007 年第 1 期。

102. 叶金育:《税务和解实施的法律规制》,载《内蒙古社会科学(汉文版)》2013 年第 6 期。

103. 邱华炳、刘瑞杰:《西方税收原则理论演变》,载《厦门大学学报(哲学社会科学版)》1996 年第 2 期。

104. 广西国家税务局课题组:《建立中国纳税申报修正制度的初步思考》,载《经济研究参考》2016 年第 35 期。

105. 郭亚冰:《对预约定价制的探讨》,载《涉外税务》2002 年第 12 期。

106. 刘伟:《我国预约定价制度的路径选择——中韩首例双边预约定价安排的签署引发的思考》,载《税务与经济》2009 年第 1 期。

107. 姬亚平:《行政合法性、合理性原则质疑》,载《行政法学研究》1998 年第 3 期。

108. 胡平仁:《法律接受初探》,载《行政与法》2001 年第 2 期。

109. 廖仕梅:《论税务行政争议的调解机制》,载《地方财政研究》2016 年第 6 期。

110. 师璇:《"营改增"后旅游服务税收监管风险研究——以河北省为例》,载《地方财政研究》2017 年第 3 期。

111. 黄立新:《我国如何施行税收预约裁定制度》,载《中国财经报》2017 年 6 月 6 日。

112. 曾思红:《香港税收"事先裁定"介绍及启示》,载《涉外税务》2002 年第 4 期。

113. 陈剩勇:《协商民主理论与中国》,载《浙江社会科学》2005 年第 1 期。

114. 张松:《在我国设立税收事先裁定制度的探讨》,载《税务与经济》2013 年第 2 期。

115. 马占稳:《从反腐败制度建设视角看韩国的行政复议制度》,载《北京行政学院学报》2014 年第 3 期。

116. 叶金育:《税务和解的法律要义:功能、标的与协议要件》,载《云南大学学报(法学版)》2013 年第 5 期。

117. 巴海鹰:《税务稽查约谈制度研究——以"新公共管理运动"的视角》,载《税务与经济》2009 年第 1 期。

118. 戚建刚、易君:《论我国行政诉讼调解制度的合理性基础与基本原则》,载《湖北行政学院学报》2011 年第 5 期。

119. 赵芳春:《论我国税法的价值选择》,载《安徽大学法律评论》2007 年第 2 期。

120. 焦海涛:《纳税人退税权悖论及其克服》,载《安徽大学法律评论》2007 年第 1 期。

121. 邓成明、阳建勋:《论税收民生与中国的税法转型》,载《江西社会科学》2010 年第 9 期。

122. 赵宁:《论我国行政复议机构的独立性和专业化》,载《甘肃联合大学学报:社会科学版》2009 年第 6 期。

123. 曹锦阳、刘娅楠:《关于加强绩效文化建设若干问题的理性思考——以税务绩效文化构建为例》,载《经济研究导刊》2015 年第 3 期。

124. 李晓安:《压力型税收征收管理体制与我国税法的价值理念冲突》,载《北京行政学院学报》2010 年第 4 期。

125. 孙兵、黎学基:《理念重述与制度重构:行政执法协商研究》,载《西南民族大学学报(人文社会科学版)》2012 年第 3 期。

126. 鲁篱、苏明:《经济法价值新论》,载《西南民族学院学报(哲学社会科学版)》2001 年第 3 期。

127. 严进、王重鸣:《两难对策中价值取向对群体合作行为的影响》,载《心理学报》2000 年第 3 期。

128. 谢文澜、汪祚军等:《合作行为的产生机制及影响因素——基于进化心理学视角下的探讨》,载《心理科学进展》2013 年第 11 期。

129. 叶金育:《美国预约定价的新发展》,载《重庆工商大学学报(西部论坛)》2007 年第 4 期。

130. 谢晓非、陈曦:《合作意识的认知成份分析》,载《心理科学》2002 年第 3 期。

131. 张治宇:《合作行政法——行政法学之理论基础之重构与应用》,西南政法大学 2016 年博士学位论文。

132. 倪维:《税务约谈法制化构建之研究》,中国政法大学 2008 年博士学位论文。

133. 王宗涛:《反避税法律规制研究》,武汉大学 2013 年博士学位论文。

134. 龚伟:《税法中的利益及其平衡机制研究》,华东政法大学 2015 年博士学位论文。

135. 陈怡西:《中小企业集合债券法律制度研究》,西南政法大学 2015 年博士学位论文。

136. 司久贵:《行政权正当性导论》,武汉大学 2001 年博士学位论文。

137. 胡俞:《人际信任论》,武汉大学 2011 年博士学位论文。

138. 朱友刚:《服务型政府视角下的政府信息公开研究》,山东大学 2012 年博士学位论文。

139. 杜剑:《我国税收征纳成本研究》,西南财经大学 2008 年博士学位论文。

140. 赵晋琳:《跨国公司预约定价研究》,暨南大学 2004 年博士学位论文。

141. 杨杨:《和谐社会下税收公平制度选择》,西南财经大学 2008 年博士学位论文。

142. 苏曦凌:《行政决策的非理性维度研究》,湘潭大学 2011 年博士学位论文。

(三)其他类

1. 国家税务总局办公厅:《中国预约定价安排年度报告(2019)》,载国家税务总局官网 2020 年 10 月 29 日，http://www.chinatax.gov.cn/chinatax/n810214/n810606/c5157990/content.html。

2. 国家税务总局办公厅：《中国预约定价安排年度报告（2018）》，载国家税务总局官网 2019 年 4 月 12 日，http://www.chinatax.gov.cn/n810214/n810606/c4244610/content.html。

3. 国家税务总局办公厅：《中国预约定价安排年度报告（2015）》，载国家税务总局官网 2016 年 12 月 26 日，http://www.chinatax.gov.cn/chinatax/n810214/n810606/c2420314/content.html。

4.《关于 2018 年度企业所得税汇算清缴报送及留存备查资料的问题解答》，载天津市税务局官网 2019 年 3 月 14 日，tianjin.chinatax.gov.cn/11200000000/8000/800012/20190314135426694.shtml。

5. 任一林、姜萍萍：《习近平倡导破解 4 大"赤字"：为全球治理提供中国方案》，载人民网，http://theory.people.com.cn/n1/2019/0327/c40531-30998300.html。

6. 滕祥志：《建立总法律顾问制度推动税收征管改革》，载滕祥志博客 2016 年 1 月 25 日，http://tenglawyer.blog.163.com/blog/static/208457121201411504156455。

7. 易明：《2018 年中国税务行政诉讼大数据报告》，载德恒律师事务所官网 2019 年 4 月 26 日，http://www.dhl.com.cn/CN/tansuocontent/0008/015036/7.aspx？MID=0902。

8.《罚款政策》，载香港特别行政区政府税务局官网 2019 年 8 月 17 日，https://www.ird.gov.hk/chs/pol/ppo.htm。

9. 万静：《税务行政复议每年案件占比不足 1%　修法后将致涉税复议案件大幅增加》，载法治网，http://www.legal daily.com.cn/index/content/2015-02/08/content_5963024.htm？node=20908。

10. 广东省医学科学院财务科：《关于受试者补贴征收税费的补充说明》，载广东省医学科学院官网 2016 年 5 月 27 日，http://www.gdghospital.org.cn/NewsMessage.aspx？ID=15651。

11.《湖北检察机关对地方税务机关提起两起行政公益诉讼》，最高人民检察院官网 2017 年 1 月 25 日，http://www.spp.gov.cn/spp/zdgz/

201701/t20170125_179672. shtml。

12.《山东聊城检察机关对一国税局提起行政公益诉讼》,最高人民检察院官网 2017 年 3 月 29 日, http://www. spp. gov. cn/xwfbh/wsfbt/201703/t20170323_186100. shtml。

13.《关于小微企业普惠性税收减免政策追溯实施涉及退还多缴税款有关事项的通告》,国家税务总局长沙市税务局官网 2019 年 6 月 24 日, hunan. chinatax. gov. cn/cs/show/20190720074696。

14. 江西赣江新区税务局:《"一对一"专项辅导获纳税人点赞》,载人民网, http://jx. people. com. cn/n2/2019/0723/c348254 - 33172235. html。

15. 郑澍:《广州多举措落实减税降费　优化税收营商环境》,载央广网, http://news. cnr. cn/native/city/20190715/t20190715 _ 524691572. shtml。

16. 甘肃省国家税务局:《专场辅导会:甘肃纳税人对减税降费新政报以热烈掌声》,载中国新闻网, http://www. gs. chinanews. com/news/2019/03 - 11/314533. shtml。

17. 参见《长春税务开展个人所得税新政辅导》,载凤凰网, http://jl. ifeng. com/a/20181228/7130082_0. shtml。

18. 最高人民检察院:《云南临沧临翔税务局怠于履职被提起公益诉讼》,载中国长安网, http://www. chinapeace. gov. cn/chinapeace/C54298/2016 - 11/24/content_12046945. shtml。

19. 李愿、王哲、路英:《基金业协会紧急与国家税务总局沟通　创投基金税率调整仍存在变数》,载财联社 2018 年 8 月 30 日, https://www. jiemian. com/article/2430342. html。

20. 广州市汽车服务业协会:《协会秘书处应邀与市税务局第二税分局工作交流》,载搜狐网 2019 年 6 月 20 日, https://www. sohu. com/a/321822938_372699。

21. 骆晓辉、马建敏:《2018 年度河北 31487 户纳税人评价为纳税信用 A 级》,载河北新闻网, http//hebei. hebnews. cn/2019 - 05/08/content_7397897. htm。

22. 最高人民法院行政判决书,(2018)最高法行申 209 号。

23. 河北省唐山市中级人民法院行政判决书,(2018)冀02行终474号。

24. 山东省青岛市中级人民法院行政判决书,(2018)鲁02行终500号。

25. 成都市锦江区人民法院行政判决书,(2015)锦江行初字第1号。

26. 衢州市柯城区人民法院行政判决书,(2014)衢柯行初字第3号。

27. 安徽省滁州市中级人民法院行政判决书,(2013)深中法行终字第126号。

28. 广东省高级人民法院行政裁定书,(2018)粤71行终237号。

29. 四川省泸州市江阳区人民法院行政裁定书,(2017)川0502行审2号。

30. 山西省汾阳市人民法院行政判决书,(2017)晋1182行初7号。

31. 新疆维吾尔自治区伊宁市人民法院行政判决书,(2016)新4002行初65号。

32. 江苏省兴化市人民法院行政判决书,(2015)泰兴行初字第0001号。

33. 长春市南关区人民法院行政判决书,(2017)吉0102行初48号。

34. 北京市西城区人民法院行政判决书,(2017)京0102行初813号。

35. 吉林省四平市中级人民法院行政判决书,(2017)吉03行终36号。

36. 浙江省绍兴市中级人民法院行政裁定书,(2017)浙06行终127号。

37. 辽宁省昌图县人民法院行政判决书,(2016)辽1224行初7号。

38. 最高人民法院行政判决书,(2015)行提字第13号。

39. 浙江省衢州市中级人民行政判决书,(2017)浙08行终110号。

二、外文类参考文献

(一)著作类

1. Jenny Steele: *Risks and Legal Theory*, Hart Publishing, 2004.

2. Carlo Romano, *Advance Tax Rulings and Principles of Law: Towards*

a European Tax Rulings System, Amsterdam: IBFD Publications BV, 2002.

3. Klaus Tipke & Joachim Lang, *Steuerrecht*, 23. Aufl. 2018, § 23 Rn. 64.

4. Kenneth Culp Davis, *Administrative Law*, West Publishing Company, 1972.

5. Michael I. Saltzman, *IRS Practice and Procedural*, Gorham & Lamont Inc., 1981.

6. G. Poggi, *The Development of the Modern State: A Sociological Introduction*, Stanford University Press, 1978.

（二）论文类

1. Steven Cohen, *A strategic Framework for Devolving Responsibility and Functions from Government to the Private Sector*, Public Administration Review, Vol. 61, p. 434(2001).

2. Alm J., Jackson B. & McKee M., *Estimating the Determinants of Taxpayer Compliance with Experimental Data*, National Tax Journal, Vol. 45, p. 107 – 114(1992).

3. Giuseppe Di Vita, *Institutional Quality and the Growth Rates of the Italian Regions: The Costs of Regulatory Complexity*, Papers in Regional Science, Vol. 97, p. 57(2018).

4. Shu Li, *What is Wrong with Allais' Certainty Effect?*, Journal of Behavioral Decision Making, Vol. 6, p. 271 – 281(1993).

5. Ballet D., *Communication and Cooperation in Social Dilemmas: A Meta-analytic Review*, Journal of Conflict Resolution, Vol. 54, p. 39(2010).

6. D. G. Rand et al., *Positive Interactions Promote Public Cooperation*, Science, Vol. 325, p. 1272 – 1275(2009).

7. Yuval Arbel, Chaim Fialkoff & Amichai Kerner, *Public Policy for Reducing Tax Evasion: Implications of the Yule-Simpson Paradox*, Applied Economics Letters, Vol. 26, p. 1092(2019).

8. Roberts G. & Sherratt T N, *Cooperative Reading: Some Suggestions for Integration of the Cooperation Literature*, Behavioral Processes, Vol. 76,

p. 126 – 130(2007).

9. J. H. Dyer & H. Singh, *The Relational View: Cooperative Strategy and Sources of Inter Organizational Competitive Advantage*, Academy of Management Review, Vol. 23, p. 660 – 679(1998).

10. S. Chung, H. Singh & K. Lee, *Complementarity, Status Similarity and Social Capital as Drivers of Alliance Formation*, Strategic Management Journal, Vol. 21, p. 1 – 22(2000).

11. Kuhiman D. M. & Marshello A. F., *Individual Differences in Game Motivaiton as Moderators of Preprogrammed Strategy Effects in Prisoner's Dilemma*, Journal of Personality and Social Psychology, Vol. 32, p. 922 – 931 (1975).

后　记

国家税务总局在2016年出台的《关于全面推进政务公开工作的意见》中明确提出了“征纳合作”概念,此后还在多部文件中强调征纳沟通的重要性。“征纳合作”作为一种新型执法理念,需要较完备的制度支撑才能落于实处。相较而言,学界对于征纳合作的关注更早:在2009年,学者叶姗、应燕不约而同地提出了预约定价是强调征纳合作的具体制度。那么,还有哪些制度设计体现征纳合作?笔者认为,随着法治建设的不断推进,现行税法视野中不乏意蕴征纳合作理念的具体制度:预约定价和税务行政诉讼调解已经立法,预约裁定、申报修正、税务行政复议和解、税务行政复议调解也已进入了立法征求意见阶段。

有关本书所论及的制度体系,多数的具体制度已经取得了一定的研究成果,然现有研究尚未以“征纳合作”理念作为基础,在税收征纳相关制度研究中形成一以贯之的逻辑与脉络,以整体观视角进行体系性的问题审视、制度安排与规则设计,探究消解合作不足、过度合作、不认可合作等实践问题的“良方”,以上即是笔者想要写作本书的初衷。征纳间合作关系的建立应是贯穿税收征管全程的,须在前后相继的多个制度之间形成层次递进、功能衔接的逻辑关系,进而才能发挥引导纳税人在更早的阶段选择自愿守法、修正不合法行为的功效,同时,亦能通过更明晰、精确的规则设计规制税务机关的自由裁量权。然回归基础理论的思辨,这一概念在制度中的运用直接引发了如何处置税收法定与征纳合作关系的课题。依法纳税,作为宪法明确规定的公民义务,是否排除了征纳合作的空间?随着本书写作的推进,笔者也逐步完成了对两者关系的总结。合作虽好,然还需"不逾矩"。税收法定原则是税法最重要的基本原则,从整体上看,其对征纳合作制度发挥约束、保障之功能,此其一。其二,我们说税收法定原则是税法的第一原则,主要强调其适用范围的广泛性最大化,而非意旨其"无所不在",比如,在存在行政先例且在具体个人利益值得法律保护的前提下,税收法定原则也需让位于合作与协商。其三,在税务诉讼个案中,有时司法机关的判决、裁定似乎是在给税务机关"出难题"。笔者在搜集、剖析几则有关税务机关依法行政却被法院认为缺乏行政合理性的案件时,深感重新作出税务处理决定的不易,如果适用和解不失为止息纷争的"另一条路径"。可见,饱受理论非议的税务争议和解、调解制度适用标的兜底条款虽有超越理论方圆之嫌,但却有增进执法结果可接受性、修复征纳关系的重要实践价值。当征纳矛盾起于税法不公平规则之时,消解征纳合作与税收法定之间张力的路径需要跳出征纳合作制度完善的视野,以税收公平原则加快指导税收立法建设方为治本之策。

本书的内容基本囊括了笔者攻读博士学位期间的几篇主要研究成果。回头看,每一篇论文在写作之时似乎并无明显关联,但是,随着本书题目、结构框架的确定,发现几篇论文的不少观点竟可以各得其所,其中的关联性就在于"征纳合作"机制。从形式上看,呈现的是期刊、专著如此几篇习作,但着眼细节,尤其是不少联结了税法学、会计学的观点是在我从教十余载的反复揣摩中慢慢悟出来的,是对我学习、教学中思考心路所作的一次小结。作为一个经管学科出身、硕士期间开始研读财税法学的学生,实事求是地讲,在财税法学、经济法学的学习过程中走过很多弯路。始终在思考如何补足法学思维的欠缺,同时,也在尝试能否借助经管学科的知识捕捉法学问题研究的新颖视觉。细细想来,感觉自身数载对于财税法的学习与思考是比较连贯的,虽然并非始于法学,但却是"条条大路通罗马”。庆幸于没有放弃对于问题的追问,在攻读博士学位期间对于财税法学、经济法学进一步深入学习,带着原来的问题不断探求。随着一个个困扰自身的疑惑被解开,研究的孤寂、苦闷也开始增加了甜的滋味。

值此付梓之际,衷心感谢博士研究生导师张怡教授对我学习方法、研究观点、写作能力等各个方面的悉心指导,感谢硕士研究生导师马永双教授多年来的指点、鼓励与栽培,两位恩师是我财税法学学习的引路人,成为我一次次战胜自己、不断前行的力量源泉。感谢卢代富老师、邓永勤老师、李玉虎老师、王婷婷师姐、张成松师兄、刘志伟师兄对本书写作的真诚意见与宝贵建议。感谢西南政法大学的老师,诸位老师不厌其烦地为我释疑解惑,引导、启发我对于法学思维方式逐渐深入的认知,在学业上你们给予颇多帮助,何时想起都让我感到何其幸哉。感谢亲爱的同学,你们是我的多闻益友,在坎坷、漫长的求学之路上,我们相互勉励、共同进步。感谢河北经贸大学领导和同事的关怀与帮助,并感谢他们对本书出版提供的资助。最后,要感谢我的家人,是你们默默地付出与包容,无悔地支持与鼓励,才让我成为今天的自己。

2022 年 10 月

于河北经贸大学法学院